高等学校"十二五"规划教材·经济与管理类

社会主义市场经济学

杜跃平　王林雪　编著

西安电子科技大学出版社

内 容 简 介

本书以市场经济学基本理论为基础，结合我国经济发展和改革开放的重大问题，全面阐述了社会主义市场经济学的基本原理和基本规律、我国基本经济制度与市场经济体制、企业制度与管理创新、居民经济行为和市场体系建设、财政税收与金融体系完善、经济增长发展与宏观经济平衡协调可持续发展、市场经济国际化、政府宏观经济调控与社会保障体系建设完善。

本书适合作为各类高校学生了解、学习有关社会主义市场经济理论知识的教材，也可供党政管理人员、企业管理人员和社会各方面读者学习使用。

图书在版编目(CIP)数据

社会主义市场经济学/杜跃平，王林雪编著. —西安：西安电子科技大学出版社，2013.8
高等学校“十二五”规划教材
ISBN 978-7-5606-3117-2

Ⅰ. ① 社…　Ⅱ. ① 杜…　② 王…　Ⅲ. ① 社会主义经济学—市场经济学—中国—高等学校—教材
Ⅳ. ① F04

中国版本图书馆 CIP 数据核字(2013)第 160460 号

策　　划　李惠萍
责任编辑　李惠萍　何　园
出版发行　西安电子科技大学出版社(西安市太白南路 2 号)
电　　话　(029)88242885　88201467　　邮　　编　710071
网　　址　www.xduph.com　　电子邮箱　xdupfxb001@163.com
经　　销　新华书店
印刷单位　西安文化彩印厂
版　　次　2013 年 8 月第 1 版　　2013 年 8 月第 1 次印刷
开　　本　787 毫米×1092 毫米　1/16　印　张　16
字　　数　374 千字
印　　数　1～3000 册
定　　价　28.00 元
ISBN 978-7-5606-3117-2/F
XDUP 3409001-1

前言

我国经济改革的目标是建立社会主义市场经济。1978年开启的经济体制改革，使我国成功实现了从高度集中的计划经济体制到充满活力的社会主义市场经济体制的伟大历史转折。卓有成效的经济体制改革极大地解放和发展了社会生产力，使我国的经济社会快速发展，综合国力不断增强。系统地学习社会主义市场经济理论，对于我们科学把握社会主义市场经济的基本规律，深入领会我国社会主义市场经济体制改革和经济社会发展的重大决策，自觉投入到我国改革开放和科学发展的伟大事业中具有重要的意义。

本书编写过程中对体系结构进行了一些新的尝试：以市场经济学的基本原理为基础，按照以下的内在逻辑结构逐步展开：市场经济规律、我国基本经济制度与市场经济体制、企业制度与管理创新、居民经济行为和市场体系建设、财政税收与金融体系完善、经济增长发展与宏观经济平衡协调可持续发展、市场经济国际化、政府宏观经济调控与社会保障体系的建设完善。

本书是在2002年版本的基础上根据我国经济社会发展的新的背景进行修改形成的。近年来，我国改革开放和经济建设发生了许多新的变化，理论探索取得了许多新成果，特别是党的十八大以后，提出了许多创新性的理论，对我国经济社会发展作出了许多创新性的战略决策和对策选择，原有教材的许多内容需要根据经济理论和经济发展变化进行修改补充，因此，我们在原来教材的基础上进行了比较大的修改补充，特别是充分吸收了有关党的十八大报告的权威研究解读成果，以体现与时俱进的要求。本书系统地阐述了现代市场经济学的基本原理，注重运用经济学理论分析我国改革开放和经济社会发展的基本经济问题。内容包括：

(1) 经济学研究的基本问题和基本方法。概括介绍了经济学产生和发展的历史、经济学研究的基本问题和基本方法，可以使我们初步了解经济学研究不断创新发展的历史过程，认识到推动经济学不断发展的重要使命，激发读者刻苦学习经济学的积极性。

(2) 市场经济学关于商品、货币、价值规律、市场机制的基本内容。从总体上了解现代市场经济的内涵和基本特征，把握现代市场经济的功能和局限性，为学习社会主义市场经济学奠定理论基础，为分析经济生活中的一系列问题提供理论指导。

(3) 社会主义初级阶段的基本经济制度、分配制度及社会主义市场经济体制。阐述了我国的基本经济制度的规定和社会主义市场经济体制的基本框架，了解深化我国市场经济体制改革面临的核心问题和主要任务，为进一步研究经济运行中的其他问题奠定制度分析的框架和特殊规定，使我们能够从制度和体制上把握我国经济改革和发展的基本规律与未来发展方向。

(4) 现代企业制度与企业经营机制。介绍企业的起源和本质、功能和作用，把握现代企业制度的基本内容和组织结构，了解公司制的基本类型和特征；把握我国国有企业改革的基本方向和主要任务，明确我国国有企业管理创新的基本内容和方向；学习和研究企业经营机制、企业经营行为的主要规律和过程，了解企业战略管理创新、营销管理创新、技术创新管理和人力资源管理创新的基本内容。

(5) 居民的经济行为。介绍了居民的收入行为、消费行为、储蓄行为和投资行为的基本原理，从总体上把握居民经济行为的规律和特征。

(6) 现代市场经济中的市场结构和市场体系。包括市场结构的划分和基本类型，不同市场类型的基本特征，现代市场体系的基本构成、特征和功能，建设和完善我国市场体系的基本方向。

(7) 财政、税收与金融体系。介绍了财政的概念、职能和财政体系的构成，财政收支关系和财政平衡的基本原理，基本的财政政策的类型、工具和手段；税收及税收制度的基本知识；信用与金融体系的基本内容，货币的供给、需求及货币的均衡，货币政策的基本类型和工具手段，现代市场经济条件下的通货膨胀问题。使读者掌握财政、税收和金融方面的基本理论，把握现代财政、税收和金融经济的基本运行规律，为进一步研究宏观经济运行和管理提供基础和条件。

(8) 经济增长、经济发展与宏观经济调控。讲述了社会再生产的基本比例关系，产业结构演变的一般规律、影响因素和我国产业结构优化的基本方向与内容，我国区域经济协调发展的基本要求，经济可持续发展战略；分析了经济增长、经济发展与我国经济发展方式转变的途径，全面建成小康社会的基本目标；分析了宏观经济的均衡、非均衡以及市场失灵，提出政府宏观调控的必要性，描述宏观调控体系的主要内容；讨论了建立和完善我国社会保障制度的有关问题。通过学习，读者可以从总体上了解我国经济增长、经济发展方式、区域经济协调发展、经济可持续发展的基本规律，面临的重要机遇和挑战以及未来的基本发展方向。

(9) 市场经济的国际化。现代市场经济是开放的经济，越来越全球化的经济，因此必须了解市场经济国际化的基本规律和基本内容。市场经济国际化包括的主要方面是：国际贸易规模不断扩大，资本国际化加速与跨国公司快速发展，国际收支与外汇市场的影响力不断强化，技术的国际贸易与劳动力的国际流动不断加强，经济全球化日益扩大的背景下，全面提高我国开放型经济水平的目标与实现的基本途径。

党的十八大报告在总结改革开放30多年特别是十六大以来实践经验的基础上，对于我国所处的国内外经济发展环境和经济发展阶段特征进行了科学分析，为我国经济实现科学发展和进一步深化改革开放提出了一系列新的战略部署和要求。进入新世纪、新阶段，我国经济发展呈现出一系列新的阶段性特征，中国特色社会主义实践出现了许多新情况、新要求，面临许多新课题、新矛盾。经济持续快速增长，但发展质量不高，发展中不平衡、不协调、不可持续的问题突出；社会主义市场经济体制基本建立，但制约科学发展的体制机制障碍仍然较多，转变经济发展方式和深化改革任重道远；全国人民生活总体达到小康水平，但城乡、区域和居民收入分配差距仍然较大；在发展经济的基础上保障和改善民生取得重大进展，人民群众得到较多实惠，但保障人们更加公平享有发展成果的制度还有待完善；社会创造活力普遍增强，但影响社会和谐稳定的各种矛盾还不少；等等。有效解决这些矛盾和问题，不断开创我国经济发展和改革开放的新局面，迫切需要我们以更大的政治智慧和理论勇气，对未来发展给出更加明确、更加清晰、更加科学的理论和实践指引。

我国的经济学教学研究面临新的挑战，也面临创新发展的历史机遇。我们将在学习研究经济学理论的基础上，通过理论与实践的结合，不断探索推进中国特色社会主义道路、中国特色社会主义理论体系和中国特色社会主义制度三者统一的伟大实践，创新发展中国特色的社会主义市场经济学，实现我国经济的新发展和改革开放的新突破。

作　者

2013年5月

目　录

导 论

经济活动是人类社会的基本活动，是人类社会存在和发展的基础。人类社会的经济活动面临两个基本问题，即“资源的稀缺性”和“人的积极性”。经济学研究的核心内容就是如何实现稀缺资源的最佳配置，如何通过某种制度安排调动人的积极性。为此，人类进行了艰苦的探索和实践活动，形成了日趋完整、科学的经济学体系，用以指导人们的经济选择活动。本章通过了解经济学研究的基本问题和基本方法，为学习经济学提供科学的起点，通过介绍经济学产生和发展的历史，了解经济学研究不断进展的历史过程，使我们认识到推动经济学不断发展的重要使命，激发刻苦学习经济学的积极性和推动社会经济不断进步的创造性。

一、经济学的研究范畴

经济学既是一门古老的科学，又是一门比较年轻的科学。说它古老，是因为人类活动一开始就面临着经济问题，在人类经济活动实践中，无时无刻不存在着经济选择问题；说它年轻，是因为在亚当·斯密之前，经济学还不是一门独立的学科，有关的思想或理论往往是哲学、法学或其他科学的副产品。以1766年亚当·斯密的《国富论》出版作为经济学形成的标志，至今不过二百多年的历史。然而，由于经济生活在人类社会生活中的基础地位和经济问题的日趋复杂，使经济学成为了近代以来发展最为迅速的科学。

（一）物质资料生产是人类社会存在和发展的基础

经济学是从人类社会经济活动中逐渐产生和发展起来的。因此，要了解经济学的研究对象，必须从人类最基本的社会经济活动——物质生产活动谈起。

人类要生活，需要食物、衣服、房屋等物质资料，就必须进行物质资料的生产。生产如果停止，人类就无法生活，社会就要灭亡。物质资料生产是人类社会存在和发展的基础。

物质资料的生产，就是人们以一定的方式结合起来，按照自己设想的目的，运用劳动资料去加工劳动对象，改变劳动对象的形状、性质或地理位置，使被加工成的产品能满足人们生产和生活的需要。

物质生产必须具备三个简单的要素：劳动者的劳动、劳动资料、劳动对象。劳动者的劳动是指劳动者通过耗费自己的体力和脑力改变自然物使之适合人类需要的有目的的活动。人能够生产的体力和脑力的总和，构成了人的劳动力，劳动就是劳动力的支出，是人们的体力和脑力的生产耗费。人们进行劳动，就必须要有劳动对象。劳动对象是指被劳动加工于其上的自然物质对象。它包括两类：一类是天然的对象，如原始森林、地下矿藏等；另一类是已被劳动加工过的劳动对象，如生产家具用的木材、冶金用的矿石等，这部分通常叫原料或原材料。任何生产活动都离不开劳动资料。劳动资料或叫劳动手段，是人们用来影响和改变劳动对象的一切物件。它包括生产工具、生产用的容器以及土地、厂房、仓库、道路等等。生产过程或劳动过程就是生产的三个要素相结合发生作用的过程。人们的劳动表现为生产劳动，劳动对象和劳动资料的总和构成生产资料，生产过程的结果便是劳动产品。

物质资料生产是人类社会存在和发展的基础。人们要满足物质生活需要，就必须进行生产。维持人们生存所需要的物质资料，只有通过物质的生产才能获得。物质资料的生产发展了，人们的物质生活随着生产的发展而丰富起来以后，政治、文化、科学和教育等活动才能发展起来。

(二) 经济学研究的基本问题

人类从事物质资料生产，必须以一定的要素资源(如自然资源、资本、人力资源等)为基本条件。这些要素资源的基本特征是稀缺性，也就是说，不管在任何历史发展阶段，人类的生产和生活始终面临着资源稀缺的制约。人的需要的无限性和现有满足需要的物质资源的有限性，始终是伴随着人类社会发展的基本问题。正是由于这对矛盾产生了经济学。经济学就是研究如何用有限的经济资源最大限度地满足人们的无限需要的学问。因此，人们一般将经济学定义为：经济学就是研究资源配置的全过程及决定和影响资源配置的全部因素的科学，即选择的科学。经济学主要研究两个问题：一是“资源的稀缺性”，二是“人的积极性”。这些问题正是人类社会经济活动的基本问题。马克思主义经济学的研究内容同样包含了上述基本问题。如商品价值、价格、供求关系、价值规律问题，生产要素的配置、剩余价值生产及方法，资本有机构成变动，劳动力流动，资本循环和周转，社会资本和宏观经济平衡，平均利润率规律，剩余价值分配等。这些基本理论揭示的资源配置和实现最大限度效率的原理，仍然属于资源配置问题。因此，马克思主义经济学研究的内容仍然属于经济学研究的基本范畴和基本规律。其本质区别在于，马克思以唯物史观和剩余价值理论的研究为基础，从资本主义社会经济问题的生产关系方面揭示了其历史过渡性。

经济学作为研究资源配置的科学，它要研究的基本问题是：

(1) 生产什么及生产多少?即在可供选择的物品和劳务中，如何进行稀缺资源的有效配置，选择哪些来生产，每种生产多少。

(2) 怎样生产? 社会上往往有许多不同的人和不同的生产方式可以用来生产某种物品，需要决定的是，由哪些人、使用哪些资源、应用什么技术和生产方法来生产，经济效益的高低如何。

(3) 为谁生产及如何分配?即生产出来的物品和劳务供谁来享用，如何把它们配置给不同的个人和家庭。

这三个问题是任何经济制度下资源有效配置的基本问题，是全部经济学的核心。

资源的优化配置是一个过程，是在一定的再生产过程和经济制度下由人完成和实现的。因此，经济学研究资源配置问题，并不是超越历史和超越经济制度的，而是人们在一定的生产方式下进行的，因此这一问题就必然包含对生产与再生产过程中“人的积极性”的研究，资源配置手段的研究，一定的资源财产关系的研究，影响资源配置效率的生产关系及相关因素的研究。

(三) 经济学研究的任务

任何一门科学的根本任务，都在于揭示研究对象运动的规律性。人类社会经济活动中的资源配置过程及决定和影响其发展变化的各种因素本身不是杂乱无章的，而是有其规律的。经济学研究的目的就是在于揭示其内在规律性，寻求资源优化配置的目标、方式和过程，以指导人们的选择，提高人们社会经济活动的效率和效益。

经济规律是经济现象和经济过程内在的、本质的、必然的联系，它体现着经济过程的必然趋势。人们在生产、分配、交换和消费过程中形成的社会关系，是一个复杂的体系，社会经济过程的各个方面常常存在着多种趋势和规律，同一种趋势和规律又可以不仅存在于某一个别过程或方面，而且支配着许多过程或方面。由于经济活动的各个方面和各种过程互相联系，各种经济规律也不是孤立存在和发生作用的，它们是在互相联系互相影响下所构成的一个经济规律体系。

经济规律的性质与自然规律的性质一样，具有客观性，这是因为：

(1) 任何经济规律都是在一定的客观经济条件基础上产生和发生作用的，并随着客观经济条件的变化而变化。

(2) 任何经济规律都是不以人们的主观意志为转移的，人们既不能消灭、废除或改造它，也不能创造或制定它。

人们必须尊重客观经济规律，按照它的要求办事。我们承认经济规律的客观性，并不否定人的主观能动性的发挥，人们可以认识和利用客观经济规律。人们可以按照规律的客观要求去规划自己的行动，自觉地利用它们，达到为社会谋福利的目的。所以说，经济规律是客观的，但它的作用形式有两种：在有些条件下它以自发作用的形式表现出来，在有些条件下则通过人们认识了自己活动的客观必然性，并以在全社会范围内自觉利用它的形式表现出来。经济学的任务，要在揭示客观经济规律的同时，进一步研究这些经济规律借以实现的形式和机制，为人类社会经济活动中的资源优化配置所利用。

二、经济学的产生和发展

人们对经济问题的探讨古已有之，经济学正是在物质生产发展，生产力进步，生产关系演变和人们对经济生活的不断探讨与认识的基础上产生的。

(一) 古代思想家和政治家对经济问题的探讨

在西方，最先使用经济一词的是古希腊的思想家色诺芬。经济一词希腊原文为Oikovlia，这个词是由两个希腊语 vouos 和 oikos 组成的，前者做家庭解释，后者是法律和支配的意思。色诺芬写了一部论经济问题的著作，就以《Oikovoui》作为书名，现在中译本译为《经济论》。这部书更贴切的书名应为“家政学”，因为色诺芬探讨的问题正是以家庭为单位的奴隶制经济问题。在色诺芬之前，一些思想家已经谈到家庭管理的重要性，但根据有文字可考证的文献，色诺芬是最早应用经济一词作为书名的。现在英文 Economy 一词就是从希腊文“家庭管理”这个词演变而来的，可以说这种“家庭管理”就是现代经济学的前身。色诺芬的《经济论》是西方历史上第一部经济学著作。

在古希腊，除了色诺芬以外，亚里士多德、柏拉图都对经济问题发表了许多论述，具有一定的借鉴价值指导意义。在古罗马奴隶制生产方式的鼎盛时代，也出现了一些经济思想家(或农学家)，如加图、瓦罗、珂鲁麦拉等人。他们都是奴隶主阶级的思想家，他们的经济学说主要内容为三个方面：一是为奴隶制度辩护；二是维护奴隶制自然经济，三是在一定程度上论述了分工、商品经济、货币发展等方面的问题。

中世纪西欧最著名的教会思想家是意大利的托马斯·阿奎纳(1225～1274 年)。他的经济观点主要包括三个方面的问题：一是维护奴隶制和封建等级制；二是论述了商业、商品价格、货币的问题；三是论述了对高利贷资本和利息的态度。

在古代，许多思想家、政治家虽然对经济问题提出过有价值的见解，但是都还没有把经济关系当做专门研究的对象，还未形成经济思想的体系。

(二) 重商主义学说

重商主义是最早的资产阶级经济学说，出现于西欧资本主义原始积累时期。随着资本主义的发生和发展，商品货币关系的范围扩大，国际贸易频繁，经济关系日益复杂，新兴资产阶级基于政治和经济斗争的需要，开始把经济关系同其他社会关系分开来做专门研究，于是在 15 世纪末至 17 世纪中叶，欧洲产生并流行了重商主义经济学说。它是最早对资本主义生产方式进行理论探讨的学说。政治经济学这一名称就是法国重商主义者蒙克莱田首先使用的，他在 1615 年发表的《献给皇上皇后的政治经济学论》中首次使用。

重商主义的生产是与当时资本主义的发展相适应的，它代表商人资本的利益，对促进资本主义生产方式的确立和发展起了一定的进步作用。但是它不能说明商品与货币的本质，只考察了资本主义流通所呈现出来的现象，不是科学的政治经济学。

在基本观点大体一致的同时，由于历史条件不同，重商主义分为早期和晚期。早期重商主义被称为货币差额论或货币主义，其代表人物有意大利的斯卡克非(1519～1584 年)、法国的蒙克莱田(1575～1622 年)、西班牙的马里亚纳(1573～1624 年)、英国的斯塔福德(1554～1612 年)。晚期重商主义被称为贸易差额论或重工主义，代表人物有意大利的塞拉(生卒年月不详)、奥地利的洪尼克(1638～1713 年)、法国的柯尔柏(1619～1683 年)、英国的米散尔顿(?～1654 年)和托马斯·孟(1571～1641 年)。

(三) 古典经济学

古典经济学是在资本主义建立时期，在英国和法国出现的具有一定科学性的资产阶级经济理论。它使经济学成为一门独立的科学，是历史上最早的经济学。古典经济学是资产阶级经济学中一个进步学派，它是马克思主义三个来源之一。

从 17 世纪中叶开始，首先在英国，然后在法国，工场手工业逐渐发展成为资本主义生产的主要形式，但封建制度仍然严重地阻碍着资本主义的发展。当时，资产阶级面临的是与封建势力作斗争，而与无产阶级之间的斗争则还处于潜伏状态。资本主义的发展从理论上说明在资本主义制度下，如何能够使财富增长，现实生产和分配具有何规律，并且论证了资本主义生产方式优越于封建主义生产方式。由此产生了资产阶级古典经济学。

资产阶级古典经济学代表着上升时期的资产阶级的利益，能够在资产阶级的视野之内进行公正无私的研究。古典经济学家把研究的领域从流通转到生产，并且研究了资本主义生产关系的内部联系，这才使经济学成为一门独立的科学。

古典经济学奠定了劳动价值理论的基础，这是其在科学上的功绩。古典经济学在一定程度上研究了剩余价值、社会总资本的再生产，通过对资本主义生产关系的分析，初步揭示了阶级构成和阶级对立的状况。

古典经济学在当时阶级斗争条件和资产阶级视野允许的范围内，对资本主义制度作了公正和无所顾忌的研究，发现了若干重要规律，成为一份宝贵的科学遗产。但是，古典经济学家终究受到资产阶级立场的局限，不可能彻底了解资本主义经济的发展规律，他们把资本主义看成是唯一符合人的本性的、绝对的、最后的社会生产形式，所以他们的经济学说既有科学的成分，又有庸俗的成分。

古典经济学在英国从配地开始，中经斯密的发展，到李嘉图结束。在法国从布阿青尔贝尔开始，中经魁奈为代表的重农学派的发展，到西斯蒙第结束。斯密的《国民财富的性质和原因的研究》和李嘉图的《政治经济学及赋税原理》是古典经济学最主要的代表作。

（四）庸俗经济学

18 世纪末 19 世纪初，资本主义生产逐渐由工场手工业向机器大工业过渡，无产阶级与资产阶级之间的斗争也逐渐突破潜伏状态，开始采取威胁资产阶级生存的形式。1825 年爆发的第一次经济危机，使资本主义制度的矛盾日益暴露出来。这时，资产阶级对政治经济学的要求已不是对资本主义作科学研究，而是为它作辩护，为适应这种要求，资产阶级庸俗经济学产生了。它抛弃了古典经济学的科学成分，发展它的庸俗成分，它不研究经济现象的内部联系，而只在表面联系中兜圈子，为了对最粗浅的现象作出似是而非的解释，为了适应资产阶级的日常需要，炮制各种各样的辩护理论。19 世纪 30 年代以后，庸俗经济学完全取代了古典经济学。亚当·斯密学说庸俗化的最初代表人物是法国的萨伊；大卫·李嘉图学说的最初庸俗化者是英国的詹·穆勒和约·麦克库洛克，此后，还有英国的西尼耳、法国的巴师夏、美国的凯里等人物。19 世纪 40 年代以后，德国产生了以李斯特为先驱的历史学派，英国的杰文斯、法国的瓦尔拉为洛桑学派的代表，奥地利的门格代表的是以边际效用论为中心的奥地利学派。19 世纪末 20 世纪初，资本主义正在向垄断阶段过渡，与此相适应，出现了以马歇尔为代表的英国剑桥学派、以克拉克为代表的英国边际生产学派和以凡勃仑为代表的美国制度学派。

20 世纪 30 年代以来，帝国主义陷入了深度危机中，各资本主义国家信奉的自由竞争、自动调节、自由放任的经济原则面临挑战，产生了“有调节的资本主义”的凯恩斯学说，出现了所谓的“凯恩斯革命”。此后，凯恩斯主义便盛行于资本主义。50～60 年代以来，凯恩斯的追随者沿着凯恩斯经济学“革命”主要分为两个支派。按照资产阶级经济学家们的流行说法，就是一派向“左”转，企图进一步割断凯恩斯理论与传统庸俗经济理论的联系，形成所谓“新剑桥学派”，又称为“凯恩斯左派”或“新李嘉图学派”，其主要代表人物有罗宾逊、卡尔多、斯拉法、帕西内蒂等。另一派向“右”转，力图把凯恩斯理论与传统庸俗经济理论结合在一起，形成所谓“新古典综合派”，或称为“后凯恩斯主流经济学派”。它的主要代表是美国的经济学家萨缪尔逊、托宾、索洛等。与此同时，战前已经出现的“垄断竞争论”、“福利经济学”也得到发展，影响较大的有：货币主义、新自由主义、新制度主义、瑞典学派、创新理论、经济成长阶段论、供应学派、社会市场经济主义等。70 年代后期以来，以货币主义、供应学派为代表的自由主义经济思潮在西方占有明显优势。

不管是早期的，还是现代的庸俗资产阶级经济学，从总体上看都是维护资本主义制度。当然，我们并不否认它们在某些具体经济问题分析方面作出的科学成果。

(五) 马克思主义经济学

马克思主义经济学是与西方资产阶级经济学有着根本区别的理论经济学，它是马克思和恩格斯共同创立的以研究社会生产关系为核心内容的政治经济学。它阐明人类社会各个发展阶段上支配物质资料的生产、交换以及与之相适应的产品分配的规律。

马克思主义经济学创立于19世纪中叶。那时，资本主义在西方主要国家和美国占了统治地位，但其存在的深刻矛盾也越来越明显地表露出来，无产阶级和资产阶级之间的政治斗争走到了台前。无产阶级斗争和解放需要有自己的经济学。在这样的历史条件下，马克思和恩格斯批判地继承了古典经济学的优秀成果，对经济学进行了彻底的变革，创立了马克思主义的政治经济学，使政治经济学真正成了一门科学。

马克思主义经济学揭示了人类社会发展变化的规律；研究了资本主义经济运动规律和内在矛盾及其发展，从历史发展逻辑中勾画了未来社会的大致图景及本质要求。这些都为无产阶级的斗争、奋斗和彻底解放指明了方向。同时，马克思在分析资本主义经济运动过程中揭示了一系列商品货币和社会化大生产运动的规律，对未来社会指出了一系列科学的构想。这些都为后来的马克思主义者的继续研究和进行社会主义经济建设实践提供了科学的指导，成为社会主义革命和建设的理论基础与指导思想。从马克思的《资本论》第一卷出版到现在为止的接近一百五十年间，马克思主义经济学不断得到丰富和发展，列宁主义、毛泽东思想、邓小平理论等都对马克思主义经济学的传播和发展做出了重要贡献。各国的社会主义实践，特别是中国特色社会主义理论和实践的发展，给马克思主义经济学增添了新的内容、注入了新的活力。马克思主义经济学的科学内容永远是我们从事中国特色社会主义经济建设探索的理论指导。

三、经济学的研究方法

(一) 辩证唯物主义和历史唯物主义的方法

科学的理论要以科学的方法为指导。辩证唯物主义和历史唯物主义的方法是经济学研究的最根本方法。经济学要坚持唯物主义的观点，从物质的社会关系，而不是从理论或正义出发，来考察社会经济现象和发展过程，运用唯物辩证法，特别是对立统一规律，量变质变规律和否定之否定规律来分析经济现象和经济过程的矛盾运动，分析其变化发展的过程，从而揭露经济现象和经济过程的本质及其发展运动的客观规律。从历史唯物主义原理出发，把社会关系归结于生产关系，把生产关系归结于生产力的高度，揭示社会形态的物质运动规律，即经济规律。

(二) 科学的抽象法

任何一门科学要从生动直观的对象中形成科学思维或理论，都要经历一系列的抽象过程，即概念、规律等等的形成和构造过程。但由于客观研究对象有不同的特点，在运用唯物辩证法进行研究时方法上也存在着差别。

以人们的经济活动和经济关系为对象的经济学，与自然科学研究有不同特征。社会经济活动，是亿万有意识的人的实践过程，而且这个过程由许多错综复杂的方面所组成，在这里不能采用自然科学的一些研究手段和方法。经济学只能运用头脑的抽象力，形成抽象思维。

科学的抽象法，就是通过思维，抽去现象的直观性，使现象简单化，达到对经济关系的简单规定，形成各种概念。抽象法要求在研究社会经济现象时，运用分析，抽象它们的表象，揭示出经济现象的本质和内在必然联系，从而对各种经济现象、经济过程和经济关系达到规律性的认识。

（三）分析和综合方法

所谓分析，就是要分析各种经济现象的矛盾，把矛盾的经济现象分解为各个组成部分和各个方面。通过分析，认识各种经济表现形式背后的本质内容。分析方法也必须有综合方法做补充，并由它去完成。综合方法就是研究矛盾各个组成部分和各个方面的相互联系，矛盾各方如何统一和运动。通过综合，进一步认识经济关系的本质和怎样表现为各种形式，在什么条件下这些经济形式将发生变化和怎样变化。从而能更深刻完整地认识经济现象的本质，揭示解决矛盾的途径和形式。经济关系是一个综合的、多层次的、多结构的系统，因此，比较、分析和综合的方法是研究的基本方法之一。

（四）数学的统计方法

每一经济过程和经济现象，都有质和量两个方面。因此，对它们既要作质的分析，也要作量的分析。数学和统计的研究方法，有助于揭示经济现象量的方面和经济现象变化的数量联系。但是，数学和统计的方法只是揭示事物数量关系的科学，只有与被分析对象的质的内容联系起来，才能揭示经济现象的真实关系。在当代经济学研究中，数量方法和统计方法愈来愈受到重视。

（五）逻辑方法和历史方法

逻辑方法是在研究社会经济现象时所采用的思维方法。即依照思维逻辑的进程，从比较简单的抽象的经济关系和经济范畴，逐渐上升到比较复杂的具体的经济关系和经济范畴，推断出社会经济现象和经济过程的发展进程。历史方法则是在研究社会经济现象时，按照它的历史发展真实进程来研究经济现象和经济过程的发展方法。要坚持思维逻辑的进程与历史进程的一致，它是逻辑方法与历史方法的统一。实际上，这种方式无非是历史的研究方式，不过摆脱了历史的形式以及起扰乱作用的偶然性而已。

（六）理论和实践的结合

经济学本身是一门理论科学，是对客观经济现实的概括和抽象。但它的真正使命不是停留于理论本身，而必须重新用到现实中去，用社会实践检验理论本身的正确与否。理论认识和社会实践活动的不断结合，是使理论正确和不断丰富、发展的保证。

马克思主义经济学是我党和政府制定路线、方针、政策的指导思想，是各门经济科学的理论基础。经济学科的学生或从事经济工作的同志，必须在这方面打下牢固的、坚实的和深厚的基础，全面、系统、深刻地掌握基本理论。只有这样才能真正全面掌握马克思主义，才能自觉地贯彻执行党的建设中国特色的社会主义的基本路线，才能学好经济专业的其他课程。

第一章　商品、市场机制与资源配置

市场经济是商品经济高度发达的一种形态。现代经济的基本形态是市场经济，支配其运动的基本经济规律是商品经济的规律，特别是价值规律。市场经济作为一种资源配置方式，对现代经济的运行和发展发挥着基础性的调节作用。因此，弄清市场经济的基本问题是学习和研究现代经济学的基础。本章围绕市场经济中的商品、货币、价值规律、市场机制进行研究，并从总体上弄清市场经济的内涵、特征等，为学习现代经济学奠定理论基础，为分析经济生活中的一系列问题提供理论指导。

★ 第一节　商品、货币和价值规律 ★

一、自然经济转化为商品经济

(一) 自然经济

自然经济是自给自足的经济。其生产是为了满足生产者或经济单位(氏族、封建庄园、农民家庭等)本身的需要，而不是为了交换的经济形式。这种经济形式在原始社会、奴隶社会和封建社会都是占统治地位的经济形式。

生产力水平低下和社会分工不发达是自然经济存在的根本原因。生产力水平低下，人们的劳动产品除了供自己需要之外，几乎没有剩余，或者只有很少的剩余产品。社会分工不发达，人们不但要生产自己需要的农产品，而且还要生产自己需要的手工业品。因此，“男耕女织”、“自给自足”成为自然经济的突出特征。

在自然经济条件下，生产单位极其分散，生产规模特别狭小，生产技术更是因循守旧。这又必然会阻碍社会生产力的发展；同时由于人们在经济生活中基本上是互不往来的，又必然造成人们之间的闭关自守、墨守成规，从而又会排斥社会分工，限制社会分工的发展。因此，这种经济形式在人类历史上延续了长达数千年之久。从原始社会末期到奴隶社会和封建社会，虽然社会分工和商品经济有了某些发展，甚至在某一地区或某一时期商品经济还有较高程度的发展，但从社会的整体来说，在这样一个漫长的时期内，自然经济是占统治地位的。商品经济只是处于从属的地位，起着补充的作用。到了封建社会末期，由于生产力水平的提高和社会分工的发展，商品经济得到了迅速的发展，自然经济也逐渐趋于瓦解。

(二) 自然经济转化为商品经济的基本条件

商品生产的基本条件是社会分工和私有制。社会分工使生产者不可能生产出自己需要的一切产品，每个生产者只生产一种或几种产品，为了满足各自的多种消费需要，就要互通有无；由于私有制的出现，生产资料和劳动产品分别属于不同的所有者，各自都有其独立的经济利益，要达到互通有无，就必须通过等价交换，即商品的交换才能得以实现。可见商品生产的基本条件是社会分工和私有制。然而自然经济转化为商品经济，除产品属于不同所有者这个基础条件外，其基本条件是生产力的发展和社会分工的发展。

在漫长的原始社会，只有按性别和年龄的自然分工，没有社会分工。人们在氏族的狭小范围内共同生产，共同消费。当时由于生产力水平极为低下，人们通过采集、狩猎和简单的种植所获取的物品，仅仅能够维持自己的生存，拿不出剩余产品去同别人交换。原始社会末期，由于生产力的发展，产生了第一次社会大分工，即游牧部落同其他部落的分离。这促进了劳动生产率的提高，扩大了人们生产活动的范围，出现了剩余产品，引起了部落之间的商品交换，为私有制的产生创造了物质前提。原始社会末期，由于金属工具的使用和改良，发生了第二次分工，即手工业同农业的分离。这促使劳动生产率进一步提高，使商品生产得到发展，促进了私有制的形成。在原始社会瓦解、奴隶社会形成的时期，随着商品生产的发展和市场的扩大，出现了专门从事商品交换的商人，发生了第三次社会大分工，即商业同农业、手工业分离。这使商品生产和商品交换进一步发展起来。总之，社会的三次大分工都是社会生产力发展的结果，而每次社会大分工都进一步地促进了生产力的发展，从而也促进了剩余产品的增加，促进了私有制的发展，最终也促使人们分裂为互相对立的两大阶级。因此，社会分工的产生和发展是由社会生产力的发展决定的，而社会分工的发展反过来又促进社会生产力的进一步发展。但在资本主义以前的奴隶社会、封建社会中，由于生产规模狭小，生产工具简陋，生产方式又是手工操作，因此社会分工极为缓慢。而社会分工的不发达，又反过来制约着社会生产的发展。占统治地位的仍是自给自足的个体经济，不是小商品经济。但是小商品经济毕竟有了较大程度的发展，并且是商品经济的历史前驱。

(三) 小商品经济

小商品经济是以小私有制和个体劳动为基础的商品经济，即生产商品和经营商品买卖的个体经济。以小私有制和个体劳动为基础、以交换其他产品为目的而进行的产品生产，就叫做小商品生产，也称为简单商品生产。

个体手工业是典型的小商品生产，个体农民用于满足自己的需要以外的那部分产品的生产也是小商品生产。原始社会末期，小商品生产就已出现，在奴隶社会、封建社会中有了较大的发展。它的特点是设备简陋、规模狭小、经营分散，同时它又排斥外部协作和生产过程内部的分工，不剥削别人。小商品生产者买卖自己的产品是为了换回自己需要的其他产品，即为买而卖。因此，商品能否卖出去，花费在产品上的劳动能否被社会所承认，或者能否全部被承认，都直接关系到小商品生产者的命运。在竞争的过程中，经常出现两极分化，特别是在封建社会末期，由于商品生产有了较大发展后，竞争就更为激烈，少数人在竞争中处于有利地位，于是占有大量的商品和货币而成了资本家，多数人在竞争中处于不利地位，经营不下去而破产，变为无产者，于是出现了资本主义的商品生产和商品经济。小商品生产是资本主义商品生产的历史前躯。

即使在资本主义商品生产和经济条件下，小商品生产也不会完全消失。在社会主义商品生产和商品经济条件下，小商品生产仍然是社会主义商品生产和商品经济的必要补充。由此可见，小商品生产从它在原始社会末期出现后，在奴隶社会、封建社会、资本主义社会和社会主义社会一直没有成为占主导地位的生产，小商品经济也一直没有成为整个社会占统治地位的经济。

二、商品

商品是用来交换的劳动产品，具有使用价值和价值两个因素，它体现出一定的社会生产关系，是一个历史范畴。

（一）商品的二因素——使用价值和价值

商品首先是一个物品，它能用来满足人们的某种需要，对人有一定的用途，可以从不同的方面满足人的物质生活、精神生活和文化生活的需要。物品的这种能够满足人们的某种需要的属性，即它的有用性，就是物品的使用价值。物品的有用性寓于物品本身中，离开了物品本身，它的有用性将不复存在。任何有用物品都有质的规定和量的规定，在不同的国家或同一国家的不同历史时期，计量同种物品的尺度也会有所区别。商品不同的有用性能够满足人的不同需要，一种物品可以有多种自然属性，它的使用价值也可以是多方面的，许多劳动产品的多种使用价值，往往是随着科技和生产的发展逐渐被发现和被人们利用的。商品的使用价值的特点是通过交换用以满足别人而不是生产者自身的需要。使用价值是商品的自然属性，体现的是人与物的关系，它本身并不反映社会的生产关系，它本身与财富的社会形式无关，不会随着社会经济关系的变化而变化。

但是，商品的使用价值是商品交换价值的物质承担者或物质基础，没有使用价值的东西也就不会有交换价值，不会成为商品。政治经济学研究的是进入交换关系的使用价值，是承担了一定的社会交换关系的使用价值。

商品不仅具有使用价值，而且具有交换价值。一方面，它能满足人们的某种需要；另一方面，它能用来交换别的商品。交换价值在量上是一种使用价值同另一种使用价值相交换的量的关系或比例。商品的交换要以商品的不同使用价值为前提，但它们本身是不能相比较的。不同的使用价值之所以能以一定的比例相交换，是因为在使用价值的背后，存在一种共同的东西，因为只有同质的东西才能在量上互相比较。如果把商品的使用价值撇开，商品就只剩下一种属性，即它们都是劳动产品，在它们的生产上耗费了人类劳动，都有商品生产者的劳动凝结在里面。人类劳动的凝结，就形成商品的价值。所以，相互交换的不同商品中共同的东西就是价值。商品价值的大小决定着商品交换的量的比例。由此可见，价值是商品的内在属性，是交换价值的内容和基础，交换价值则是价值的表现形式。商品的两重属性，从外表上看是使用价值和交换价值，从本质上看则是使用价值和价值。

使用价值是商品的自然属性，价值是商品的社会属性。商品以各自的价值为基础进行的交换，实际上是商品生产者之间相互交换劳动的关系。价值是商品所特有的属性，也是商品的本质属性。

商品是使用价值和价值的统一体。使用价值是价值的物质承担者，即载体，没有使用价值就没有价值，没有价值的东西可以有使用价值，但这只是普通的使用物品，而不是商品。商品是使用价值和价值的统一，缺一就不成其为商品。但是，商品的二因素又是矛盾的，相互排斥的。前者是商品的自然属性，反映的是人与自然的关系，是永恒的；后者是商品的社会属性，反映的是商品生产者之间的社会关系，是历史的。对于一个商品生产者或消费者来说，不可能同时占有使用价值和价值，两者只能占其一，即各自的实现都以对方的实现为前提条件。

(二) 生产商品的劳动的二重性——具体劳动和抽象劳动

商品的二重属性，实际上是生产商品的劳动的二重性的反映。生产商品的劳动，一方面是有用的具体劳动。不同的具体劳动如炼钢、织布，具有质的不同，表现为劳动的目的、方法、手段、结果的不同。正是具体劳动的多样性，决定了商品使用价值的多样性，创造出了不同的商品。生产商品的劳动，另一方面又是抽象劳动，即人的体力和脑力的支出。撇开劳动的具体形式的无差别的劳动就是抽象劳动，抽象劳动形成商品的价值。具体劳动反映人与自然的关系，它是人类存在和发展的永久条件；抽象劳动是商品生产所特有的范畴，不能仅仅理解为纯生理意义上的劳动力的耗费。如果不进行商品交换，就不会把具体劳动化为抽象劳动。

生产商品的劳动是具体劳动和抽象劳动的统一。具体劳动和抽象劳动是生产商品的同一劳动的两个方面，它们不是两次劳动，更不是两种劳动。商品的二因素是由生产商品的劳动的二重性决定的。

(三) 商品的价值量

商品的价值具有质和量的规定，其质的规定是无差别的人类劳动的凝结；其量的规定是由生产商品所耗费的劳动量的多少决定的。而劳动量则用劳动时间来计量，但是不能用个别劳动时间来决定，只能由社会必要劳动时间来决定。所谓社会必要劳动时间，就是“在现有的社会正常的生产条件下，在社会平均劳动熟练程度和劳动强度下制造某种使用价值所需要的劳动时间”，也可以理解为同一生产部门的绝大部分商品生产者所耗费的劳动时间。社会必要劳动时间决定价值量，对商品生产者具有极为重要的意义，个别劳动时间与社会必要劳动时间的对比关系，决定了个别商品生产者在社会交换竞争中的地位。

生产商品的劳动有简单劳动和复杂劳动之分。简单劳动是指事先没有经过什么特殊训练和学习，每一个普通的人都能从事的劳动；复杂劳动是经过专门训练和学习，具有一定知识和技能的人从事的劳动。这两种劳动的划分是相对的，在不同国家的不同历史时期具有不同的标准。社会必要劳动时间是以简单劳动为尺度计算的。复杂劳动要还原为简单劳动，首先，复杂劳动等于自乘的或多倍的简单劳动，少量的复杂劳动等于多倍的简单劳动。在相同的时间内，复杂劳动创造的价值大于简单劳动创造的价值。其次，是在商品生产者背后，将复杂劳动化为较多的简单劳动，这是由自发的社会过程决定的。

商品的价值量会随着劳动生产率的变化而变化。劳动生产率是劳动者生产某种产品的效率或能力，可以用单位时间内生产出的产品数量或生产单位产品所耗费的劳动时间来表示。劳动生产率变化的总趋势是不断提高的，劳动生产率的高低是由以下五个因素决定的：① 平均熟练程度；② 科技发展水平和应用程度；③ 生产过程的结合；④ 生产资料的规模和效能；⑤ 自然条件的优劣。商品价值量与劳动生产率之间最基本的关系是：单位商品的价值量同生产该商品的劳动生产率成反比，同体现在商品中的必要劳动量成正比，这就是商品价值量的变化规律。个别生产者的个别劳动生产率高于社会平均的生产率，他的劳动就可以在同样的时间里创造了更多的价值，获得更多的收益。所以，在商品生产的社会里，商品生产者都千方百计地提高自己的劳动生产率。

（四）简单商品经济的基本矛盾

私人劳动和社会劳动的矛盾是简单商品经济的基本矛盾。私人劳动是指私有制条件下商品生产者生产商品的劳动具有私人性质，是商品生产者按照私人的打算和私人利益而进行的劳动。社会劳动是指在社会分工体系下商品者生产商品的劳动具有社会性质，是生产别人或社会需要的使用价值而进行的劳动，商品生产者的劳动是作为社会总劳动的有机组成部分的劳动。私人劳动和社会劳动产生的基础是私有制和社会分工。私人劳动和社会劳动之间存在着矛盾。生产商品的劳动和社会性质，要求劳动产品在数量上和品种上符合社会需求。但劳动的私人性质，却使生产的商品往往在品种数量上不能符合社会的需要，卖不出去或不能完全卖出去，因而商品生产者的私人劳动就会不能或不能完全被社会所承认，即转化为社会劳动而遭受损失。私人劳动和社会劳动之间的矛盾是商品生产内在各种矛盾的根源，它决定着私有制商品生产产生和发展的全过程，并且决定简单商品生产者在激烈竞争中的地位和命运，所以是简单商品经济的基本矛盾。

三、货币的本质和职能

（一）货币的起源和本质

由于商品具有使用价值和价值两个因素，因此，它相应地表现为两种形式——自然形式和价值形式。作为自然形式，即使用价值表现形式；作为价值形式，因为价值是商品的社会形式，是看不见、摸不着的，它只有通过所交换的商品才能表现出来，这种商品与商品相交换的关系和比例，叫做价值形式。从商品交换发展的历史过程来看，商品的价值形式即交换价值经历了由低级向高级四个发展阶段，表现为四种形式，这就是从简单的价值形式，到扩大的价值形式，再到一般价值形式，最后到货币形式。货币形式是价值形式的完成形态。在价值形式从低级向高级发展的历史过程中，贯穿着商品内在的使用价值和价值的矛盾。货币是商品交换过程的必然产物，商品内部使用价值和价值的对立，现在成为商品和货币的对立。货币的本质就是固定地充当一般等价物，体现着商品经济条件下人们之间一定的社会经济关系。

至于货币形式究竟固定在哪一种商品上，曾经历一个发展和选择的过程。最初是在狭小的范围内，偶然使用某种商品作为一般等价物；然后是在比较大的范围内，比较经常的使用某种商品作为一般等价物。但是，随着商品交换日益突破地方的限制，货币形式也就日益转到天然适宜于执行一般等价物这种社会职能的贵金属身上。

货币固定地充当一般等价物这一本质，是它的职能体现出来的。所谓货币的职能，是指它在商品经济生活中所起的作用。货币最基本的职能是作为价值尺度和流通手段，随着商品经济的发展，货币相继出现了贮藏手段、支付手段和世界货币等职能。

(二) 货币的职能

1. 价值

所谓价值尺度，就是货币充当表现和衡量一切商品价值的尺度。货币能充当价值尺度，是因为货币本身也是商品，具有价值。商品价值的内在尺度是劳动，货币作为价值尺度是外部的衡量器。

货币执行价值尺度的职能，可以是想象的或观念上的货币，而不必是现实的货币。当然，人们能以观念上的货币衡量商品的价值，是以现实货币的存在和流通为前提的。货币执行价值尺度的职能，是通过价格标准来实现的。为了衡量各种商品价值量的大小，货币自身必须确定一个计量单位，即在技术上确定某一固定的金量作为货币单位，这个货币单位又分成若干等份。货币作为价值尺度是用以衡量商品价值的，价格标准则是衡量货币金属自身的量。

商品价值的货币表现就是商品的价格。就商品和货币的价值关系来看，在两者的价值量发生同方向等比例的变化时，商品价格不会受到影响。如果货币的价值不变，商品的价值增加或减少了，商品的价格就要上涨或下降。如果商品的价值不变，货币的价值增加或减少了，商品的价格就要下跌或上涨。商品的价格同商品的价值成正比，同货币的价值成反比。

2. 流通手段

流通手段职能是指货币充当商品交换的媒介。货币产生以前，商品的交换是物物直接交换，买卖是在同一时空中完成的，用公式表示是 W—W。货币产生后，一切商品的交换都以货币为媒介，买卖在时空上发生分离，商品交换过程被分为卖和买两个阶段，用公式表示是 W—G—W。这种以货币为媒介的商品交换就是商品流通，货币在流通中的媒介作用，就是货币作为流通手段的职能。

执行流通手段职能的货币，不能是观念上的货币，必须是现实的货币。现实的货币作为商品流通媒介不断地运动形成货币流通。货币流通是由商品流通引起并为商品流通服务的，可见，商品流通是货币流通的基础，货币流通是商品流通的表现，二者是紧密相连的。但货币流通与商品流通有所区别：在商品流通中，商品出售后，就退出流通领域而进入消费领域。在货币流通中，货币却不是这样，货币在充当了一次交换媒介后，又去充当另一次交换媒介，始终停留在流通领域，不断地从买者手中转到卖者手中，实现商品的价值。

货币在执行流通手段职能时，流通中需要多少货币，是由客观规律决定的。决定一定时期内流通中所需要的货币的规律，就是货币流通规律，流通中所需要的货币量取决于三个因素，即待售商品的总量、商品价格水平、货币流通速度。用公式表示为：

$$\frac{\text{一定时期内}}{\text{流通所需货币量}} = \frac{\text{待售商品的总量} \times \text{商品价格}}{\text{货币流通速度}}$$

这就是金属货币作为流通手段时的货币流通规律。

作为流通手段的货币，最初是以自然的金银条块形式出现的。国家把金属铸造成一定的形状，规定一定的成色和分量，打上一定的印记，就是铸币。由于不足值的铸币能够和足值的铸币一样执行流通手段的职能，因而最终出现了纸币。纸币就是由国家发行并强制流通的价值符号或货币符号。纸币的流通规律要以金属货币流通规律为基础。如果纸币发行过多而引起纸币贬值和物价上涨，这就是通货膨胀。

3. 贮藏手段

贮藏手段的职能是指货币退出流通领域作为一般社会财富代表贮存起来的职能。货币之所以能成为贮藏手段，是因为它是一般等价物，是社会财富的代表，并可以随时变成其他商品，因而可以被贮藏起来。同时，随着商品生产的发展，商品生产者对市场的依赖性加深，为了应付生产和交换中出现的意外事件，使生产不间断地连续进行，就有必要贮藏一定数量的货币。

货币作为贮藏手段与价值尺度、流通手段有所不同，它既不能是观念的货币，也不能是纸币，必须是足值的金属货币。

在金属货币流通的条件下，货币作为贮藏手段，可以自发调节流通量，起着蓄水池的作用。当流通中需要的货币量减少时，多余的货币就会退出流通领域成为贮藏手段；当流通中需要的货币量增加时，一部分贮藏的货币，又会进入流通，执行流通手段的职能，在金属货币流通的条件下，不会出现通货膨胀。

4. 支付手段

在商品交换过程中出现买卖的赊购方式，用于延期支付的货币，就是货币执行支付手段的职能。货币作为支付手段，一方面，它暂时解决了由于不同商品生产者的生产时间和销售时间不一致而引起的缺乏现金的矛盾，有利于商品流通的进行，有利于商品经济的发展；另一方面，它又扩大了商品经济的矛盾。随着支付手段的发展，许多商品生产者结成一个复杂债务链关系，只要有一个债务人不能如期偿还债务，就会形成一系列连锁反应，从而加深了商品经济的矛盾，形成货币危机的可能性。随着商品经济的发展，用于支付地租、利息、捐税等方面的货币，也具有执行支付手段的职能。在货币作为支付手段职能的条件下，流通中所需的货币量将发生变化，用公式表示：

$$\text{一定时期内流通中所需货币量}=\frac{\text{待售商品价格}-\text{赊销商品价格总额}+\text{到期支付总额}-\text{彼此抵消的支付总额}}{\text{同名单位货币的流通速度(次数)}}$$

5. 世界货币

在国家与国家的经贸联系中，货币越出了一个国家的流通领域在世界市场上发挥作用，充当世界货币的职能。作为世界货币主要执行以下几方面的职能：①作为国际支付手段用于结算国际收支差额；②作为国际购买手段在国际市场上购买商品；③作为社会财富的化身从一国转移到另一国。如战争赔款、借外债、输出货币资本等。货币在执行世界货币的职能时，必须是有价值的货币商品，即黄金、白银等贵金属。

货币的五种职能是有机联系的，共同表现货币的本质。其中价值尺度和流通手段是最基本的职能，其他三种是派出的职能，它们必须以前两种基本职能为基础。

四、价值规律

(一) 价值规律是市场经济的基本规律

市场经济运动中，有供求规律、竞争规律等在发挥调节作用，但是支配这些规律和市场经济运动全过程的是价值规律。

价值规律是指社会必要劳动时间决定商品的价值量，商品以价值为基础进行等价交换的客观要求。其基本内容是：商品的价值量决定于生产商品的社会必要劳动时间，商品交换以商品的价值量为基础。商品的价值和价值实现是通过市场得以体现的，市场是由供求、竞争、价格三个基本要素构成的，所以，价值规律的要求必须依赖于市场运动中的供求规律、竞争规律和价格运动规律来实现。

价值规律要求商品的价格以价值为基础，以等价交换充分实现价值。但是，在现实市场运动中，价格与价值的背离是经常的。这是因为，价格虽然以价值为基础，但它要受到市场供求规律和竞争规律的约束。供求关系的变化会引起价格对价值的背离。当商品的供给大于需求时，由于商品售卖者之间的竞争，使商品的价格跌到价值以下；当商品供给小于需求时，由于商品购买者之间的竞争，使价格涨到商品价值以上。商品价格对价值的这种偏离，不论是高于价值还是低于价值，都是不能持久的。这是因为，由于价格和价值背离，会直接影响到生产者或消费者的利益，引起供求关系趋向均衡，进而使价格和价值趋向一致。可见，一方面是供求关系变动和市场竞争引起价格变动，使价格背离价值；另一方面则是价格变动对供求关系和市场竞争有反作用，使价格趋向价值。正是这两方面的作用，使得价格始终围绕价值这个中心上下波动，最终实现价值规律的要求。恩格斯对此作了以下精辟的说明：“只有通过竞争的波动从而通过商品价格的波动，商品生产的价值规律才能得到贯彻，社会必要劳动时间决定商品价值这一点才能成为现实。”可见，价值规律是调节市场经济的原动力，供求规律和竞争规律则是发挥和实现这一原动力的必备条件。价值规律是市场经济的基本规律。

(二) 价值规律在市场经济中的调节作用

在市场经济中，所有社会经济资源要素和经济利益主体都将进入市场，价值规律必然要对各类要素和各个主体产生调节作用。调节其流动和行为取向，进而调节市场经济的运行效率和效益。

价值规律的具体调节作用是通过价格这个调节杠杆来实现的。市场价格的变动影响各要素的比较价值和各市场主体的利益得失及其经济行为，从而在市场经济活动中发挥调节作用，支配市场经济的运动。

在市场经济中，价值规律的具体调节作用有以下几个方面：

(1) 对社会经济资源配置起基础性调节作用，实现国民经济按比例高效益发展。

在任何社会化大生产中，社会要想得到与各种不同的需要量相适应的产品量，就必须对稀缺性的资源在国民经济各环节、各部门、各地区中进行合理配置。市场经济中，这种资源配置的基本形式是价值规律。

价值规律对资源的基础性配置作用是通过商品价格和价值的矛盾运动来实现的。当某个商品生产部门分配的资源过多时，其生产出的商品供过于求，这时，商品的价格必然会低于其价值，其资源耗费和价值不能全部实现，生产的预期利益受损，必然会推动该生产者将全部或部分资源转入别的商品生产部门。如果某个部门分配的资源过少，其生产的商品供不应求，这时，该商品的价格会高于价值，使企业利益得以实现，必然使该商品生产者扩大生产规模，同时引导社会资源从别的生产部门流入该部门。价值规律通过市场供求关系的变动和价格与价值的背离运动，形成均衡价格，实现对资源的优化配置，使社会经济资源的配置效率达到最优化和转换效益的最大化。在现代市场经济中，国家的宏观经济调控对资源在不同层次和范围的配置作用是不可缺少的。但是，价值规律具有基础性作用，是实现宏观调控的基本依据。只有以市场和价值规律为基础，以宏观调控为辅助，才能保障社会稀缺资源的有效利用。

(2) 促使企业降低劳动消耗，提高生产技术和改善经营管理，推动社会生产力的发展。

按照价值规律的要求，商品的价值量是由生产该类商品的社会必要劳动时间决定的，商品交换要按等价交换原则进行。如果某个商品生产者由于生产条件和经营管理条件较好，生产某种商品所耗费的个别劳动时间低于社会必要劳动时间，按照其价值决定的价格出售后，就可以获得一部分额外收入。这样，就会促使生产同类商品的各个企业为了获得较高的经济收入竞相改进生产技术和改善经营管理，在市场上展开激烈的竞争并接受优胜劣汰。一个企业获得了较高的收入，必然会逐渐迫使别人也采用更便宜的生产方法，把社会必要劳动减少到新的更低的标准。[①]一个个企业都这样做的结果，就会不断推动企业的技术进步和经营管理水平的提高，提高个别企业和全体企业的劳动生产率，促进社会生产力的发展。

(3) 调节商品供求，使市场供求趋向均衡。

价值规律的这种作用是通过价格和价值的矛盾运动，进而影响商品供给和需求变动来实现的。一般情况下，商品的供给和需求具有弹性，供给和需求同商品价格之间存在着反方向变动的关系。由于弹性变动关系的存在，当某种商品在市场上供不应求时，价格高于价值，生产者有利可图，处于卖方市场，生产者自然会增加生产和增大商品供给，而消费者则处于不利状态，自然会减少购买需求。当某种商品供过于求时，价格低于价值，生产者利润下降，自然会减少生产，进而减少市场供给，而消费者则处于有利状态，自然会增加购买需求。价值规律就这样通过价格围绕价值的波动形成均衡价格，调节市场商品的供需关系，实现市场供求趋于均衡。在社会主义市场经济中，由于绝大多数商品价格将由市场自由决定，所以，这种调节作用将越来越明显。即使是国家定价的少数商品，也必须以保证市场供求基本平衡为目标。

(4) 促使商品生产者优胜劣汰，实现资源配置和经济结构的优化。

价值规律用社会必要劳动时间衡量不同的商品生产者。由于每个企业所拥有的生产条件、经营管理水平等不同，其个别劳动时间就必然出现低于、相等、高于社会必要劳动时间的三种状态，因此，不同企业会出现不同水平的盈亏状态。那些长期获利者，在市场竞争中处于优势地位，其生产经营会越发兴旺发达；而那些处于微利或亏损的企业，在竞争中则处于劣势地位，就会逐渐被淘汰。价值规律按照比较利益和比较优势原则实现对资源流向、企业规模结构、产品结构、组织结构、技术结构的优化调节，从而使经济结构得到

---

① 《马克恩恩格斯全集》，第 21 卷。第 217 页。

均衡协调发展。

★ 第二节 市场机制 ★

一、市场机制及其特征

市场经济运行的核心是价值规律的运动，其现实机制是市场机制，市场机制构成了市场经济的核心内容。市场机制就是市场运行的实现机制。因此，市场机制能否有效地运行，对市场经济的发展有着重要的意义。

“机制”一词源于希腊文，意指机器的构造和动作原理，具体说，它是指机器运转过程中各个零部件之间互相联结的关系及运转方式。后来它被移入经济学，用于说明经济机体的运行，称作经济运行机制。市场机制作为一种经济运行机制，是指市场机体内的供求、价格、竞争、风险等要素之间互相联系及作用的机理。它主要包括供求机制、价格机制、竞争机制、风险机制等。这些机制彼此不是孤立的，而是互相制约、互相作用的，尽管它们各自有自己的运行轨道，呈现出复杂交织的状态，但它们都统一在市场机制这个机体内，具有市场机制的一般特征和功能。

在市场体系的运动中，市场机制贯穿其中，不管是在商品市场还是生产要素市场上，市场机制都发挥决定性的调节作用。在各类市场上，供求机制、价格机制、竞争机制和风险机制又具有特有的表现形式，并发挥独特的运行和调节作用。如在金融市场表现为利率机制，在外汇市场表现为汇率机制，在劳动力市场上表现为工资机制的运行过程。由此可见，市场机制是市场机体内的竞争、供求、价格、利率、汇率、工资等要素之间互为因果、互相制约的联系和作用。这些要素形成的有机制约体系，构成了价格机制、供求机制、竞争机制、风险机制等。构成市场机制的这些机制，在其相互作用过程中具有下述特征。

1. 联系性

任何一个机制的作用都会引起其他机制的连锁反应并要求其他机制的配合。例如，供求变化会引起价格涨落，进而引起利润的增减、投资的增减，再引起利率和工资的变化、投资、利率，工资增减又会引起供求变化——如此循环无穷。某个市场机制发生呆滞，其他机制就会难以正常地起作用，从而整个市场机制功能就无法发挥出来。

2. 利益制约性

市场主体都具有利益敏感性。因此，市场机制通过对各个经济主体的经济利益的盈或亏来发挥作用。价格、竞争、风险机制都直接影响和制约生产者和投资者的经济利益得失，从而使主体在市场中不断调整经济行为，从而协调生产和消费的各种经济结构和经济比例。

3. 客观性

某种市场机制是在某种特定条件下才发挥作用的。离开这种条件，市场机制的作用就无从发挥。例如离开价格和价值适当发生背离，价格机制就不能发挥应有的作用。

4. 内在性

即市场机制的作用是来自于内在的某种机理，而不是来自外部的力量，如利率机制发挥作用，是资金市场资金供求波动的产物，反之，利率又调节资金供求。人们不能直接控制某种市场机制，只能通过间接方式进行参数控制。

5. 动态性

市场机制是市场中各个主要实现要素和主观因素共同作用的产物，是市场主客体运动的内在机制，由于市场本身是动态变化的，处于不停地运动中，因此，市场机制无时无刻不是在运动、变化之中发生作用的，这种动态性并不否定暂时的相对稳定，但是运动是绝对的。

从上述市场机制的特征可以看出，市场机制主要有两个功能：一是作为指示器向企业反映市场供求状况；二是作为利益制约力量调节企业的生产和经营活动。因此，市场机制直接作用的对象是企业，企业必须紧密地依赖于市场开展经营活动，只有这样，才能使市场机制的作用充分发挥。

二、供求机制与价格机制

供求机制和价格机制是市场机制中两个重要的机制。它们之间存在着内在的联系，有着互相影响、互相制约、互为因果、互相作用的关系。竞争、利率、工资、汇率等市场机制都离不开供求机制和价格机制。

(一) 需求及其变化因素

需求是指消费者(或购买者)在一定时间内，在不同价格水平下愿意并且能够购买的商品(包括劳务)的数量，即等于商品消费者(或购买者)购买商品(劳务)的总和。需求的产生条件：一是消费者愿意购买；二是消费者有能力购买。在市场经济条件下，需求表现为有支付能力的欲望的要求。

在市场经济中，需求是不断变化的一个变量，具有很强的伸缩性或弹性，即需求弹性。需求弹性又称为需求价格弹性，是指某商品的需求量对其价格变化的反应程度，即需求量变化的百分比与价格变化的百分比之比。需求量与价格一般呈相反方向变化，这就是需求变动规律，在市场经济条件下，需求除了受到商品价格变动的影响之外，还受到以下因素的影响：① 消费者个人偏好；② 消费者的货币收入；③ 相关商品的价格；④ 消费者预期；⑤ 消费者人数。

(二) 供给及其变化因素

供给是指生产者在一定时期内，在不同价格水平下愿意并且能够提供商品的数量。作为供给，需要具备两个条件：一是生产者愿意出售；二是生产者有供货能力。在生产者的供给中，既包括新生产的产品，也包括过去的存货。

在市场经济条件下，供给也是具有弹性的。供给弹性是指某一种商品的供给量对其价格变化的反应程度，亦即供给量变化的百分比与价格变化的百分比之比，也称之为供给的价格弹性。一般说来，价格与供给量之间存在同方面变动的关系，这就是供给规律。在市场经济条件下，影响供给的因素除了价格外，还有：① 生产的技术水平；② 生产要素的价格；③ 其他商品的价格；④ 对未来价格的预期；⑤ 供给者的数目；⑥ 政府的租税政策。

(三) 供求关系变化与市场价格

受多种因素的作用，供求关系必然处于不断变动之中。由于价值规律是通过供求状况起作用的，价值对价格的决定不能不受供求关系的影响，市场供求关系的变化，必然引起市场价格偏离价值的涨落，而市场价格的涨落又会反过来刺激和调节供求的增减。这种供求与价格的有机联系和连续运动就是价格机制。供求对比变化，引起价格波动；价格的波动，又引起供求变化，形成一种经济循环连续运动。在运动中，供求趋向平衡，价格与价值趋向一致，价值规律的作用与要求得到贯彻和实现。在市场经济中，没有价格的变动，供求就不会趋向一致，价格也不会与价值趋向一致，价值规律的作用与要求也得不到实现。因此，价格机制实际上是价值规律的作用形式，在市场经济的运行和发展中具有重要的调节作用，主要表现为：

(1) 通过市场价格的波动调节社会经济资源在各部门、各行业、各企业之间经常交织地流动，流向价高利大的投资场所，促进经济资源的合理配置。

(2) 通过合理的价格，真实反映和评价企业的经营管理水平及效益状况，促进企业改进技术和改善经营管理。

(3) 在收入一定的前提下，消费者的消费结构变化取决于市场上各种商品和劳务的价格比较，因此，按需求变动与价格变动的关系看，市场上商品价格的变化，会直接引导并调节消费的方向与结构。

(4) 市场价格的变化，其实质是经济主体之间利益关系的变化与调整。因此，价格机制运动可以调节物质利益在全社会各部门、各企业、各群体及居民之间的分配。因此，正确运用市场价格机制这一功能，可以有效地促进社会物质利益分配格局的合理化。

三、竞争机制与风险机制

(一) 竞争机制

竞争是商品经济的产物，只要存在商品经济，就必然存在竞争。竞争是价值规律的要求和作用得以实现的重要市场机制。竞争机制反映竞争同供求关系、价格变动、资源流动等市场活动之间的有机联系。竞争机制同其他市场机制共同发生作用，存在于市场体系的整体运动之中。

市场竞争类型主要包括买者和卖者之间的竞争，也包括买者之间和卖者之间的竞争。这三种竞争是同时存在，并且是相互联系的。

竞争的主要手段，在同一生产部门内主要是价格竞争，以较低廉的价格战胜对手；在部门之间主要是资本的流入或流出，资本由利润低的部门流向利润高的部门。

竞争的内容包括争夺市场、资本、技术和人才等。竞争机制充分发挥作用和展开的标志是优胜劣汰。

竞争机制的功能一方面是保证价格机制、利率机制、汇率机制、工资机制等市场机制的充分展开并发挥功能，另一方面是保证市场机制对企业和其他经济主体活动的充分调节。

市场机制促进社会生产力发展和调节社会生产比例的作用，都是通过竞争机制而实现的。部门内部的竞争有利于促使各个企业改进生产技术，采用先进的生产方法，提高劳动生产率，实现最大限度的超额利润，战胜竞争对手；部门之间的竞争有利于各部门、各企业在平等的地位上开展竞争，有利于促进资源的优化配置和各部门按比例发展。总之，竞争机制充分发挥作用，才能实现价值规律的要求和作用。

要使竞争机制充分发挥作用，关键是要创造竞争机制在运行过程中所需要满足的条件，这些条件一般说来应有：企业成为真正法人实体和市场竞争主体，自主经营，自负盈亏；企业能在竞争中获得相应的经济利益，形成竞争的内在动力；保护竞争，充分竞争，防止垄断和不正当竞争行为；为竞争创造一个良好的环境和条件，形成开放和完整的市场体系，形成有限的买方市场，保护消费者权益，建立完善的市场组织和市场秩序及运行规则。

（二）风险机制

竞争总是伴随着风险，没有风险的竞争是不存在的，所谓风险是指在商品经济条件下，经济主体参与市场竞争面临着盈利、亏损、破产的可能性。风险以利益的诱惑力和亏损、破产的压力作用于企业，迫使每个生产经营者奋发努力，改善管理，更新生产技术，生产价廉物美的产品。因此风险机制是一个极为重要的市场机制，是商品经济条件下强化市场机制的一个压力机制。

市场机制的风险主要指经济风险。这种风险由三个要素构成：① 风险成本，即投入冒险的一种成本；② 风险选择，即人们所选择的经济行为在其方向目标、行为方式和手段上存在风险威胁。③ 风险障碍，即指人们作出风险选择时客观上存在的对投入成本形成某种威胁的潜在因素，这些因素会以某种形式给人们的社会经济利益造成某种伤害。三个要素合为一体，形成现实的经济风险。市场风险主要来自市场竞争，市场风险的大小，主要取决于市场规模的大小，市场竞争的激烈程度。

竞争是提高市场活动效率的关键所在，为了保证竞争的合理性，必须保证竞争的有效性，有效竞争是指既保持竞争活力又充分利用规模经济的竞争格局，既要抑制垄断，又要限制过度竞争。有效竞争在市场结构方面的主要标志是：市场上存在着相当多的买者和卖者；其中任何卖者集团和买者集团都不存在“合谋”行为；新企业能够进入市场。在市场效果方面的主要衡量标准是：存在着不断改进产品和工艺的市场压力；当生产费用降低时，价格可以下降；生产集中在最有效率的规模适当的企业中进行；没有长期的设备过剩，生产能力与实际产量协调；能避免销售活动中的资源浪费。只有保证竞争的有效性，才能使资源达到最优配置状态。

★ 第三节　市场经济与资源配置 ★

一、市场经济的实质

（一）市场经济的基本含义

市场经济是主要通过市场机制来配置资源的经济组织方式。市场经济不属于社会制度范畴，而是一个经济范畴，是一种资源配置方式。所谓资源配置方式，就是指对经济资源在各种可能的生产用途之间作出选择，以获得最佳效率的过程。从社会经济活动过程看，任何社会都面临生产什么、如何生产和为谁生产这三大基本经济问题。而社会经济资源的稀缺性，迫使人们在各种可以相互替代的资源的使用方式中选择较优的一种，以解决三大基本问题，达到资源使用的最高效率和消费者、厂商及社会利益的最大满足，在资源的配置过程中，市场经济是其中的一种方式。

在这种方式下，生产什么样的商品，采用什么方法进行生产及生产出来以后谁将得到它们等问题，都依靠市场机制的力量来解决。这种经济组织方式的实质是企业独立的法人和市场的主体，以市场运行为中心环节来架构经济流程。企业之间联系是通过商品货币关系进行的，通过价值规律的作用进行资源配置和生产力布局，用价格信号调节社会生产的种类，如数量，以协调供需关系，按优胜劣汰的竞争进行国民收入分配，从而实现国民经济的均衡、稳定发展。

(二) 商品经济与市场经济

商品经济与市场经济是两个具有本质共性，又有明显区别的经济范畴。按一般的意义来理解，商品经济是直接以交换为目的的经济，包括商品生产和商品交换；市场经济是通过市场机制来配置社会资源的一种经济形式。

1. 商品经济与市场经济的共同本质特征

(1) 商品经济是市场化的经济，市场经济是商品化的经济。

商品是为交换而生产的产品，也就是进入市场交换的产品。商品经济必然要求开拓市场，通过市场实现商品生产和商品流通。市场是商品经济活动的舞台，商品经济本来就意味着是一种以市场为导向的经济，由市场来配置和利用资源，即根据市场价格晴雨表显示出来的供求关系来配置社会总劳动。商品生产者和经营者只有在市场上才能开展竞争，比较劳动利益，实现优胜劣汰，从而实现资源的优化组合和劳动分配。经济学的基本原理告诉我们：产品转化为商品，需要在市场上经过社会和消费者对生产这种产品的劳动进行质和量的检验。商品生产，也就是通过市场而彼此联系起来的单独的生产者的生产。这些都说明：商品经济依赖于市场的发展而发展。古今中外，不存在非商品经济的市场经济，也不存在非市场经济的商品经济。从本质上看，商品经济活动和市场经济活动是不可分割的，商品经济就是市场化的经济，市场经济就是商品化的市场。

(2) 商品经济和市场经济产生共同的经济规律，其运转的主体功能都是市场功能

由于商品经济和市场经济运动的本质是经济利益比较，都必须在市场交换时得到体现，所以产生了共同的经济规律，即价值规律、供求规律、竞争规律等。这些规律构成一个规律体系，共同产生并发挥作用。共同的经济条件下产生共同的经济规律，并为这些共同的经济规律提供发挥作用的场所，既然商品经济和市场经济产生了共同的经济规律，其一致性是毫无疑问的。另外，由于商品经济与市场经济的本质一致性和规律的共同性，二者都必然以市场功能，即价格、供求、竞争等为其运行的主体功能。尽管计划调控和政府干预的作用是丝毫不能低估的，但是它们均需以市场供求运动为基础，反映价值规律及一系列市场经济规律的客观要求。既然商品经济和市场经济的运转都依赖于同一种主体调节功能，

那么，商品经济与市场经济在本质特征上必然是一致的。

上述分析说明，市场经济和商品经济一样，都是现代人类社会经济活动共同的生产方式和商品交换方式，因而是具有共同本质的经济范畴。

2. 商品经济与市场经济的区别

商品经济和市场经济，作为经济学中的两个经济范畴，只是从不同角度和层次对同一种生产方式和交换方式进行的不同表述，商品经济概念是属于抽象、本质的内容层次，而市场经济概念则是更为具体、现实的表述层次，二者分别说明人类经济活动关系的不同层次。

(1) 商品经济是相对于自然经济、产品经济而言的，讲的是人类社会经济活动产品和劳务的交换是具有商品性、或者具有等价交换关系，即说明经济活动的本质关系，而自然经济和产品经济都不具有这种等价交换关系；市场经济是相对应于计划经济而言的，讲的是人类经济活动中对于可以掌握和利用的社会经济资源的有效配置问题，即说明的是资源的配置方式。在现代社会化生产中，资源的配置一般有两种方式：一种是以市场为基础的市场经济方式，另一种是以计划为主导的计划经济方式。

以市场经济为资源配置方式，必须以资源流动中的经济利益等价补偿为本质依据，所以，我们说商品经济与市场经济相比，前者指的是某种经济活动关系的本质，后者指的是同种经济活动的运行方式，二者是对同一经济活动的不同逻辑角度的抽象和描述。

(2) 从历史发展的角度考察，并不是所有的商品经济在资源配置上都是由市场来进行的，市场经济是商品经济的一种高度发达的现象形态。

从商品经济发展的历程看，经过了简单商品经济、发达商品经济和现代商品经济三个阶段。在资本主义以前人类相当长的一段经济发展历史时期，交换只是为了满足一部分直接生活需要，商品经济只是作为自然经济的补充而存在。这个阶段属于简单商品经济阶段，尽管有了市场，还称不上真正的市场经济。资本主义制度确立之后，简单商品经济阶段逐渐发展为发达的商品经济和现代商品经济阶段。进入资本主义工业化时代之后，商品经济把一切生产者和消费者都卷入了商品交换过程，市场也由此而得到充分发展和完善，市场主体逐渐成熟，市场法规逐渐健全，市场机制逐渐成熟，市场调节的效率日益提高，资源配置越来越按照市场价值规律的作用和比较利益的原则实现，市场在资源配置中起着基础性作用，这就形成了发达的、现代的商品经济，即市场经济。因此可以说，市场经济和商品经济的本质是一致的，但是只有发达的商品经济才能成为市场经济。

发达的、现代的市场经济本身是一个动态范畴，其内含和外延都有一个适应工业化、商品化、社会化和现代化发展而不断丰富的过程。现代市场经济是商品经济更发达、更成熟的阶段，市场的范围由传统的产品市场扩展到包括资本、劳动力、技术、信息等诸种要素市场；由再生产的个别方面和环节伸延到包括生产、交换、分配、消费的全过程；由个别行业、地区扩展到各行各业、各地区和国际范围；市场组织、运营规则、运行主体、管理方法、操作手段、市场设施等实现了高度现代化、科学化、规范化。市场经济是社会生产力发展的必然结果，是现代化经济中资源配置方式的有效选择。那种将商品经济和市场经济对立起来，认为可以搞商品经济而不能搞市场经济，甚至认为商品经济可以说是社会主义的，而市场经济则属于资本主义制度范畴的认识是不正确的，而且于实践是有害的。

不管在任何制度下，只要商品生产和交换成为普遍的方式，市场就必然在社会经济资源配置中起基础性作用，而这就是市场经济。基于这样的认识，既然商品经济的高度发展是社会经济发展不可逾越的阶段，是实现我国经济现代化的必要条件，我们就应该而且必须大力发展社会主义市场经济，让市场在社会经济资源配置中发挥基础性作用。

二、市场经济的基本特征和功能

(一) 市场经济的基本特征

市场经济是以市场作为资源配置的基础性方式和主要手段的经济，它是一切商品生产发展到社会化大生产阶段所客观必需的资源配置方式，基本上不依存于社会制度的性质。现代市场经济的一般共性主要表现在以下几个方面：

(1) 自主性。市场经济的主体是商品的当事人，即商品的生产者、经营者、购买者。企业是市场的法人主体，不论是何种所有制，具有何种法人地位的企业，都有自己独立的物质利益，并在此基础上形成自己独立的意志，都应能够按照自己的意志和利益，自主决策、自主经营、自负盈亏、自我发展、自我约束。

(2) 平等性。商品是天生的平等派。市场经济的平等性表现为：一是参加市场活动的任何商品当事人都是平等的；二是通行等价交换的原则；三是在市场活动中，买卖双方都是自愿的。

(3) 竞争性。竞争是市场经济的突发特点，在市场活动中，存在多种形式和多种手段的竞争。各种产品、服务、货币以及包括资本、劳动在内的生产要素，都能够依据价格成本的有利性，自由流动，其供给和需求自动适应形成均衡价格。通过价格等灵敏的市场信息和优胜劣汰的竞争机制，对市场主体——企业，形成经常的动力和压力，迫使企业研究市场，了解市场需求，提高产品质量，降低产品成本，使资源最终有效配置和利用，最大限度地满足社会各种需要。

(4) 法制性。市场经济是由千千万万个主体组成的，各个主体在市场上绝不是想怎么干就可以怎么干。市场经济的形成和发展，如市场进入、市场交易、市场竞争，都必须由法律来引导、规范、保障和约束，才能使人们的行为合乎法律和法规，使市场成为有序的市场，各经济主体在法律面前成为平等的一员。因此，市场经济说到底是法制经济。

(5) 开放性。市场经济本身是在开放市场中逐步形成的，市场向所有商品生产者、经营者、购买者开放。开放的市场经济中，国内不同所有制之间、不同区域之间、各环节之间，国内市场与国际市场之间，有相同的规范和规则，能自由地对接和交流。开放的市场经济能促进分工和协作，扩大交换范围，提高劳动生产率；能更大范围地配置资源和合理利用资源；能扬长避短，优势互补，获得比较利益。

(6) 政府调控性。由于市场经济本身的自发性、盲目性、投机性等消极作用不可避免，市场难以达到完全竞争状态。市场经济仅靠自身组织运转，难以实现宏观经济的长期协调稳定发展，难以防止两极分化，难以对付生态、环境和资源保护等对未来的重大挑战问题。所以，现代市场经济为弥补市场机制的这些缺陷，必须有政府对经济的宏观调控和适当干预。

(二) 市场经济的功能和优点

市场经济不仅具有上述性质和特征，在供求、竞争和价格等市场机制的作用下，它对社会资源的配置和社会经济的运行和发展，发挥着一系列功能和作用。

(1) 分散的决策结构使生产者和消费者对供求的变化能作出灵活有效的反映，较快地实现供求平衡，减少资源的浪费。

(2) 以个人利益和自由竞争为主的动力结构有利于发挥人的主动性和创造性，促进生产技术、生产组织和产品结构的不断创新，提高资源配置效率。

(3) 以价格体系为主要特征的信息结构能够使每个参与经济过程者，通过价格的变动获得简单清楚和有效的信息，并能充分有效地加以利用，及时作出决策，能适应不断变化的供求关系，从而有利资源的自由流动和全社会资源的重新有效配置，达到最优化。

(4) 以等价交换和公平竞争为特征的客观经济体系，市场成为商品生产者绩效的客观评判者，导致商品生产者的优胜劣汰，促进社会分工、技术进行和企业、产业部门的淘汰和更新，推进全社会产业结构的升级换代和企业规模结构的合理化，有利于提高资源使用效率和促使社会经济不断进步发展。

(5) 市场经济的公平竞争和风险机制，有利于打破封闭、保守和狭隘的自然经济生产生活方式和思想观念，培育和建立起自主、平等、开放、创新的生产生活方式、思想观念及社会风气，提高整个民族的素质。

三、市场经济的局限性与政府干预

市场经济对于合理配置资源，搞活经济，促进生产力发展和社会进步具有独特的功能和优点。但是，市场经济也存在内在缺陷和局限性。主要表现在下述几个方面：

(1) 自发性。各个分散的市场主体从微观局部利益出发，按照市场信息调整微观经济个量资源配置，不可能了解国民经济全局，往往使社会处于无政府状态，整个社会资源的配置要通过各个微观主体自发途径，多次反复，才能实现社会供求总量和结构平衡，尤其在重大结构调整和重大建设时，市场经济的局限性更为突出，时间长，成本高，代价大。

(2) 事后性。各个市场主体按受的市场信号，是在已经发生商品交换之后，而且这些信号是短期的、局部的、不确定的。尤其是对于社会需要的那些耗费稀缺资源多，生产周期长和技术装备规模大的商品，市场机制的调节力度比较微弱，因此，难以在短期内求得供求平衡。

(3) 不能实现社会分配收入的公正性。因为市场信号反映的供求状况是在已经形成的社会各阶层实际拥有的购买力基础上产生的。至于这种货币购买力的分配是否合理，市场信号不反映，市场调节也无能为力。同时，市场作用讲求的等价交换和公平竞争不会顾及已经存在的社会分配不公而对不同收入者实行不同价格，这样，市场经济的调整运行在一定条件下还会带来两极分化和社会不稳定。

(4) “外部经济”问题。单纯的市场机制对于解决生态平衡，环境保护等“外部经济”问题，是无能为力的，甚至有可能带来害处。

(5) 公共产品调节的局限性。对于许多社会消费的公共产品难以通过正常的市场价格机制加以分配，如国防、邮电、城市基础设施等。还有一些部门如公办学校、医院等不是以利润最大化为目标的，也不能完全由价格机制调节。

市场机制的这些内在缺陷和局限性，决定了单纯实行市场调节难以保证资源配置合理化，也难以保证经济社会的协调发展，这就决定了政府干预和计划调节的必然性。因为唯有政府是全社会利益的代表，才有权威弥补市场机制的缺陷，任何个人和单位都是无能为力的。

现代市场经济是有宏观调控的市场经济，纯粹自由的市场经济是不存在的。必须把“看得见的手”与“看不见得手”有机结合，才能既发挥市场经济的功能和积极作用，又保障社会经济的健康、稳定、协调和可持续发展。经济发展史证明，市场经济越发展，宏观经济调控越显得重要和不可缺少。正是于此，现代市场经济发展中形成了具有不同特色的政府干预的市场经济模式。

第二章　社会主义经济制度和市场经济体制

人类社会经济活动总是在一定的社会经济制度和经济体制下进行的，不同的社会经济制度和经济体制决定了经济活动的不同性质和不同运行特征。我国社会主义初级阶段的基本国情决定了我国的基本经济制度和分配制度以及市场经济体制、经济运行机制具有与资本主义条件下的经济活动不同的规律和特征。本章通过对社会主义初级阶段基本经济制度和分配制度及社会主义市场经济体制的研究和学习，把握我国市场经济的制度特征和运行规律，为进一步研究经济运行中的其他问题奠定制度分析的框架和特殊规定，使我们能够从制度和体制上把握我国经济改革和发展的基本规律。

★ 第一节　社会主义初级阶段的基本经济制度 ★

一、社会主义初级阶段和基本经济制度

我国现阶段的社会主义，还处在社会主义的初级阶段。一般说来，任何一个国家的社会主义社会都要经过一个由低级到高级、由不成熟到成熟的发展过程。但是我们所讲的我国社会主义的初级阶段，有其特定的含义。它不是泛指任何国家进入社会主义都会经历的起始阶段，而是特指我国生产力落后，还远远落后于发达国家条件下建设社会主义必然要经历的特定阶段。

社会主义初级阶段包含两层含义。第一，从社会性质来说，我国的社会已经是社会主义社会。第二，从发育程度看，我国的社会主义还不成熟、不完善，还处在初级阶段。无论在生产力、生产关系和上层建筑等方面都还不成熟，不完善。因此，我们制定一切制度、方针、政策都必须以社会主义初级阶段的根本社会性质和基本国情为依据，不能脱离这个实际，超越或背离这个阶段的性质和国情，必然陷入革命和建设的空想论。我们必须充分认识到，我国的社会主义初级阶段是一个相当长的历史过程，在这个历史阶段中去实现工业化和经济的社会化、市场化和现代化。这是不可逾越的历史阶段。

我国社会主义初级阶段还存在着种种矛盾，但是社会的主要矛盾是人民日益增长的物质文化需要同落后的社会生产之间的矛盾。这个矛盾贯穿于我国社会主义初级阶段的整个过程和社会生活的各个方面，决定了在社会主义初级阶段的根本任务是发展社会生产力。要在坚持社会主义基本制度的前提下，自觉调整生产关系和上层建筑的各个方面和环节，来适应初级阶段的生产力发展水平和实现现代化的历史要求。

基于中国的社会主义性质、基本国情以及今后改革的总体目标要求，我国社会主义初级阶段的基本经济制度是：公有制为主体、多种所有制经济共同发展。确立这一基本经济

制度的依据是：

(1) 我国是社会主义国家，必须坚持公有制作为社会主义经济制度的基础。首先，这是因为经济基础决定上层建筑，只有保持公有制经济的主体地位，才能保证社会主义方向，这是一个基本点。其次，这是因为只有坚持公有制为主体，才能防止严重的两极分化，有利于实现社会公平。

(2) 我国处在社会主义初级阶段，需要在公有制为主体的条件下发展各种所有制经济。由于与世界发达国家相比，中国的生产力还不发达，人民生活水平还不高，解放和发展生产力仍然是我们长期的艰巨任务。而搞单一的国有制，乃至公有制，不利于社会生产力的发展，不利于不断提高人民的生活水平。只有实行公有制为主体，多种所有制经济共同发展，才能充分利用经济资源，调动全社会力量，优化资源配置，大力发展社会生产力，实现中华民族的伟大复兴。其理论依据是生产关系与生产力相适应的原理。根据这一原理，即使一百年、两百年以后，中国赶上或者接近了世界发达国家的经济水平，为了适应并促进生产力的发展，可能仍然要坚持多种所有制经济并存。

(3) 一切符合“三个有利于”的所有制形式都可以而且应该用来为社会主义服务。“三个有利于”即，有利于发展社会主义社会生产力，有利于增强社会主义国家综合国力，有利于提高人民的生活水平，这是衡量一切工作的最根本的是非标准。“三个有利于”的实质是生产力标准。因此，无论是国有经济，还是其他的公有经济，乃至非公有制经济，只要有利于社会生产力的发展，都应支持其建设；一切有利于社会化大生产发展的企业组织形式和经营管理方式，都应大胆地为发展社会主义的社会生产力所用。

确立公有制为主体，多种所有制经济共同发展为我国社会主义初级阶段的基本经济制度，其意义在于：一是把基本方针升华到基本经济制度，意味着制度比方针更重要、更稳定、更长久，是对改革和发展成果的肯定，又为今后的改革和发展提供了根本依据，必将进一步解放和发展社会生产力；二是突破了社会主义初级阶段基本经济制度只能由单一的公有制成分所构成的传统观念，确立了在公有制主体地位条件下非公有制经济可以作为基本经济制度组成部分的新观念。根据我国现阶段国情，社会主义初级阶段所有制上的基本经济制度应当是以公有制为主体，并带有一定的非公有制比重的混合经济制度。应当指出，这些非公有制经济虽然作为社会主义初级阶段基本经济制度的组成部分，但它们原有的各自的性质并没有改变，而且仍然处于从属地位。

二、公有制经济的基本特征和主体地位

生产资料公有制是适应社会化大生产的要求而建立起来的，是社会主义生产关系的基础。在社会主义公有制经济基础上，形成了人们之间在生产、分配、交换和消费诸方面的关系。生产资料公有制是社会主义制度区别于资本主义制度的最重要的经济特征。

社会主义公有制经济的基本特征，从再生产过程看表现在如下几个方面；

(1) 劳动者是生产资料的共同所有者，他们是生产资料的主人，因而在对生产资料的关系上形成一种完全新型的平等关系。排除了所有制方面的任何私人特权，任何把公有经济财产转化为私有财产的行为和企图，都是与公有制经济本身的特征不相容的；

(2) 劳动者共同所有的生产资料是为广大劳动者的利益服务的。它不再是剥削手段，

而是广大劳动者为增进自己的物质福利从事生产经营活动的基本物质条件。它不允许任何个人或单位凭借公有的生产资料来谋取私利。

当然，生产资料归劳动者共同所有，并不意味着必须由全体劳动者共同占有、支配和使用；公有制服务于广大劳动者的利益，并不是说劳动者在占有、支配和使用生产资料方面不会发生利益上的矛盾。在社会主义初级阶段，也会发生生产资料的占有权、支配权、使用权同所有权的分离，不同企业的劳动者，由于对生产资料的占有、支配和使用的水平不同，同质同量的生产资料也会产生不同的经济效益，不同贡献的劳动者会得到不同的利益。

坚持公有制经济是我国经济的主体，必须全面认识公有制经济的含义。公有制为主体不等于国有制为主体，公有制经济不仅包括国有经济和集体经济，还包括混合所有制经济中的国有成分和集体成分。所谓公有制为主体，主要是指：① 公有资产在社会总资产中占优势；② 国有经济在关系国民经济命脉的重要部门和关键领域(如基础产业、安全产业和先导产业等)占支配控制地位；③ 国有经济对整个经济发展起主导作用，即对国民经济全局性的战略问题和发展方向起导向作用；④ 公有制的主体地位，是就全国而言的，有的地方，有的产业可以有所差别。

公有资产在社会总资产中占优势，要有量的优势，更要注重质的提高，是质和量的统一。我们所以坚持公有资产在量上必须占优势，因为在多种所有制并存的社会里，其社会性质是由在量上占优势的那种所有制的性质决定的。但是，只在量上占优势还远远不够，必须更加重视质的提高。体现公有资产“质”的优势，即体现在产业属性、技术构成、科技含量、规模经济、资本的增殖能力和市场的竞争能力等方面上。在以往相当长的一个时期，我们更多地强调了公有财产的量，认为公有范围越大、程度越高，越符合社会主义的本质要求。在这种思想支配下，改革开放之前，我国公有制经济几乎覆盖了全社会，国有经济占了绝大比重，但整个经济缺乏生机和活力。改革开放以来，我们不断调整所有制结构，公有制经济的比重有所下降，特别是国有经济的比重因非公有制经济的快速发展而明显下降，但我国的综合国力大大增强，人民生活水平显著提高。其奥秘在于：首先，公有制经济的内涵、结构和形式发生了变化。一方面，在国有经济下降的同时，集体经济的比重显著上升；另一方面，混合所有制经济中的国有成分和集体成分不断发展，其比重约占1/3。其次，国有经济的范围在逐步缩小，但国家仍然掌握国民经济命脉，仍然保证着国有经济起主导作用。所以，我们必须用量和质统一的观点来把握公有资产占优势，并在一定量的前提下，更注重质的提高。

三、公有制经济的基本形式

在我国现阶段，社会主义公有制经济主要存在着全民所有制、劳动群众集体所有制两种基本形式。随着经济发展，公有制经济还出现了某些新的形式。

(一) 全民所有制经济

全民所有制经济是生产资料归全体劳动人民共同所有的一种公有制形式。在我国，属于全民所有制的财产包括全国的矿藏、河流、国有森林、草原、荒地、滩涂和其他自然资源，绝大部分的邮电、银行、铁路、公路以及国有的工厂、农场、商店等等。

全民所有制经济是同社会化大生产密切联系的社会主义公有制经济。全民所有制经济掌握着国家的经济命脉，拥有雄厚的经济实力和比较先进的生产技术，在国民经济中起主导作用，是社会主义国家的主要经济基础。巩固和发展全民所有制经济，对在经济上和政治上坚持社会主义道路，加速现代化建设，促进国家繁荣富强，人民富裕幸福，都具有决定性的作用。另外，全民所有制经济对于整个国民经济沿着社会主义方向发展也起着决定性的作用。

在我国，全民所有制采取的是国家所有制的形式，即属于全民所有的生产资料归代表全体人民利益的国家所掌握。全民所有制采取国家所有制的形式，并不意味着必须要由国家机构直接占有、支配和使用全部属于全民所有的生产资料，在全社会范围直接组织具体的生产经营活动。为了充分发挥全民所有制企业的作用，必须把全民所有制生产资料的占有权、使用权和具体经营的支配权交给企业，并且保障企业通过合理行使这些权力获得一部分经济利益。这首先是社会化生产发展的客观要求。因为全民企业的数量庞大，内部条件又千差万别，不可能由全社会来统一组织生产和经营管理。同时这也是在市场经济条件下，企业是市场的主体，必须要有经营自主权的客观要求。所以，对全民所有制企业，应该是在宏观上由国家加强管理和协调，在微观上由各个企业根据市场的需要去组织生产和经营，做到既有统一性又有灵活性。只有这样，才能使全民所有制企业充满生机和活力地向前发展。

国有经济对经济发展起主导作用，但并不是国有经济的范围越广越好。国有经济的主导作用主要体现在控制力上。即控制国民经济和经济制度的发展方向、控制经济运行的整体态势、控制重要的稀缺资源的能力。因此，必须从战略上调整国有经济布局。

现有的国有经济是在计划经济体制下形成的，因此，造成国有经济战线过长、过大，个体规模过小、专业化水平低、布局不合理、过于分散、经济质量差、效率低和效置较差等问题。一是国有经济的分散状况与其在市场经济中应有的地位错位；二是难以形成技术先进、规模效益好，具有较强国际竞争力的大型企业群。进行战略性调整的总体思路是，坚决贯彻国有经济“有进有退，有所为有所不为”的方针。通过国有资本的流动和重组，集中力量，发挥优势，保证重点，同时克服“大而全”、“小而全”的结构不合理等弊端，实现国有经济向重点产业集中，向优势大企业集中，向战略性领域集中，从而从整体上优化国有经济结构，提高国民经济的素质和质量，以更好地发挥主导作用，提高国有经济的控制力和竞争力。只要坚持公有制经济为主体，国家控制国民经济命脉，国有经济的控制力和竞争力得到增强，在这个前提下，国有经济的比重减少一些，不会影响我国的社会主义性质。

“有所为”，就是国有经济要控制少数关系国民经济命脉和国家安全的关键领域，在国防和具有自然垄断的基础行业，提供公共产品和服务的公益行业要占支配地位，在重要竞争性领域，国有经济可以控股，也可以参股，通过少量国有资本控制和影响更多的社会资本。“有所不为”，是国有资本要从一般竞争性行业逐步退出，让更多的社会投资主体进入，依靠多种经济成分解决现阶段面临的社会经济发展问题。在保证国有经济的控制力的前提下，通过改组、联合、兼并、承包、租赁、股份合作制、出售等形成，对长期亏损、资不抵债、扭亏无望的国有企业要依法实行破产，提高国有经济的控制力和竞争力。

国有经济进入的行业和领域主要是具有社会效益性，自然垄断性的基础产业、基础设施部门和国民经济的支柱产业。具体地说，一是关系国家安全的行业，如军事工业、造币工业、航天工业等。二是具有自然垄断性的基础产业，如供水、供电、交通、邮政、电信等提供重要公共产品和公共服务的行业。三是某些支柱产业和高新技术产业中的重要骨干产业，如生物技术工程，超大规模集成电路、现代中药等高新技术产业。四是不可再生资源，如油田、大型煤矿的开发项目。即使在基础产业、公共基础设施等行业和领域，在保证国家控制力的前提下，也可以在一定程度上实施投资多元化和经营市场化的原则。

在继续调整国有经济的布局和结构的同时，必须改革国有资产管理体制。随着市场的发育和国有企业改革的深化，国有资产管理体制存在的问题突出反映出来。一是运营效率低下，盲目重复建设现象普遍，收入分配混乱，国有资产流失严重。二是政企职责不分，政资机构不分，一些政府部门仍然同时兼有国有资产出资人职责和社会管理者职责。三是出资人职责由多个部门分割行使，管人、管事与管资产相脱节，“无人负责”与“行政干预”的问题并存。这些问题得不到解决，重要原因是国有资产管理体制改革滞后，各类国有资产管理的体制还没有完全理顺，机制和法规制度还不完善，存在责任主体不明确、监管不到位、配置不合理等现象；一些特定行业的企业国有资产还没有纳入新的监管体制，出资人职能还没有完全落实，国有资产监管的科学性有效性有待进一步增强。必须对国有资产管理体制进行改革，完善各类国有资产管理体制。

完善社会主义市场经济体制，使公有制与市场经济有机结合，一方面国有经济不断增强控制力和影响力，在经济发展中发挥主导作用；另一方面要求国有企业不断增强活力和竞争力，真正成为市场经济的重要主体，这需要以完善国有资产管理体制为保障。

完善各类国有资产管理体制改革的方向和原则：一是要坚持社会主义基本经济制度和市场经济改革方向。使各类国有资产实现最优化配置、最充分使用，争取经济效益和社会效益的统一；使国有经济在经济发展中的主导作用更好地发挥；使市场中资源配置中的基础性作用充分发挥，遵循市场经济规律经营管理国有资产，推动国有资本优化配置，实现国有资产的保值增值。二是要坚持国家所有、分级代表的原则。就是在坚持国有资产国家所有的前提下，中央政府和地方政府分别代表国家履行出资人职责，享有所有者权益。三是坚持政企分开、政资分开、所有权和经营权相分离的原则。国有资产监管机构专门承担国有资产出资人职责，不承担社会公共管理职能，社会公共管理部门从政府经济调节和社会管理角度对各类所有制企业进行管理，不承担出资人职责。国有资产监管机构依法对企业的国有资产进行监管，不能干预企业的经营管理活动。企业必须接受国有资产监管部门的监管，不得损害所有者权益。四是要坚持权利、义务和责任相统一，管资产和管人、管事相结合的原则。各级国有资产监管机构经过授权代表本级人民政府对国有资产履行出资人职责，享有资产收益权、参与重大决策和选择管理者等出资人权利，对出资企业国有资产保值增值和发挥好国有资产在经济社会发展中的作用负责，接受本级人民政府的监督和考核。国有资产监管机构建立以绩效考核、薪酬分配、领导人员管理和财务评价、产权管理、风险管控为主线的工作闭环系统，实现管人、管事、管资产的有效结合。完善各类国有资产管理体制的主要任务是：完善国有资产监管机构和职能；完善国有资产监管法规规章；推进经营性国有资产集中统一管理；增强国有资产监管的针对性、有效性和及时性。

（二）集体所有制

社会主义集体所有制是生产资料归一部分劳动者共同所有的公有制，是公有制经济的重要组成部分。它广泛存在于农业、手工业、商业、服务业和中、小型工业之中，同这些部门不同水平的生产力相适应，在国民经济中发挥重大的积极作用。

集体经济可以体现共同富裕原则，可以广泛吸收社会分散资金，缓解就业压力，增加公共积累和国家税收。要支持、鼓励和帮助多种形式集体经济的发展，这对发挥公有制经济的主体作用意义重大。

我国现有集体经济分为城镇集体经济和农村集体经济。城镇集体经济包括：老的集体经济，由全民企业扶持兴办的集体企业，由待业青年或下岗人员自愿联合组织的集体企业、新型的股份合作制企业；农村集体经济包括：联产承包、双层经营的集体经济、少数原有生产大队型的集体经济、乡镇集体企业、农村股份合作制企业。此外，在城市中重新兴起的职工消费合作社，在农村有供销合作社和信用合作社等等。

从目前城市和农村集体经济状况看，问题不少，情况复杂。对少数已经发展壮大的生产大队式的集体经济，要继续给予支持，鼓励它们走自己的发展道路。农村联产承包、双层经营的集体经济是农村集体经济的主体，更要加以支持和扶持。除供销合作社和信用合作社外，其他城乡集体经济中，相当多存在负债率高、融资渠道不畅、产权不清、机制不顺、管理不善等问题。除了保留和发展那部分资金较充足、经济效益较好、有广阔市场前景的集体经济外，其余小集体经济也面临改制任务。改制要从各自的实际情况出发。股份合作制作为集体经济的有效组织形式，应当成为集体企业改制的主要形式。

随着我国改革和发展的推进，公有制经济各企业间打破了部门和地区限制，资本流动和相互间的资本联合的发展，使公有制经济本身也产生了多种形式，如全民和集体联合投资建立的公有制经济，以及各地区、部门、企业互相参股等形式的公有制经济。

四、公有制的多样化实现形式

所有制与所有制实现形式是两个不同的概念。所有制包括五大权能：所有权、占有权、使用权、收益权和处置权。这五大权能构成所有制的内部结构。所有制实现形式一般是指一定的所有制在经济上的实现形式，具体指一定的所有制为实现自己的剩余索取权而采取的企业的财产组织形式和经营方式。一定的所有制并不简单地对应于所有制的实现形式。同一种所有制可以有不同的实现形式，不同的所有制也可以采取同一种实现形式。

所有制实现形式包括企业财产的组织形式和企业经营方式两个方面。企业财产的组织形式通常是指企业的法定形式，如合伙企业、有限责任公司、股份有限公司、国有独资公司、合作企业、股份合作企业、社团企业等等。经营方式是指一定所有制所采取的具体的经营运作方式，如租赁经营、承包经营、委托经营、授权经营等等。一定的所有制所采取的实现形式在一定条件下是会发生变化的。一般说来，所有制实现形式的变化，并不会改变所有制本身的根本性质。

各种所有制具有多种实现形式，主要是由于不同的生产力水平决定了任何一种所有制都可以有多种实现形式。此外，所有制五大权能组合的多样化、企业制度的多样化、行业的差别等因素，也决定了所有制必然会有多种实现形式。

我国现阶段总体生产力水平较低，且各地区、各行业生产力发展水平存在重大差异，产权关系改革呈现多样化趋势，企业制度多样化，这诸多因素必然导致公有制实现形式可以而且应当多样化。在公有制实现形式的选择上，我们既要反映社会化生产规律和市场经济规律，又要符合中国国情，不应分什么高级形式和低级形式。我们选择的根本标准就是“三个有利于”，就是实现形式的有效性。

在我国，属于公有制性质的企业公有制实现形式有：① 全民所有制企业；② 劳动者联合的集体所有制企业；③ 劳动者联合和劳动者资本联合为主的股份合作制等新的集体企业或合作企业；④ 国家和集体持有控制性股份的股份公司和有限责任公司；⑤ 由养老基金，共同基金持有控制性股份的股份公司或有限责任公司；⑥ 国家、集体企业及养老基金等公有法人持有控制性股份的公司；⑦ 相互公司。

公有制可以而且应当有多种实现形式，找到了解决公有制经济与市场经济主要矛盾的有效形式，为深化公有制企业特别是国有企业改革探索出了一条新的途径，有利于深化改革，建立社会主义市场经济体制。

五、社会主义初级阶段的非公有制经济

非公有制经济是我国社会主义市场经济的重要组成部分。我国现阶段的非公有制经济有以下三种形式：

1. 个体经济

城乡劳动者的个体经济，是生产资料归个体劳动者所有，由他们进行独立生产和经营的一种所有制经济。个体所有制经济以手工劳动为主，生产设备落后，规模狭小，力量单薄，是一种小私有经济。在经营上具有分散性、多样性和灵活性的特点。

2. 私营经济

我国现阶段的私营经济，是以生产资料私有制为基础和存在雇佣劳动关系的一种经济成分。私营经济中存在雇佣劳动关系，从本质上讲，是具有资本主义性质的经济。但是由于受到公有制经济的制约，受到国家的管理、监督，在发展社会主义经济中具有积极作用，成为社会主义市场经济的重要组成部分。

3. 外资经济

外资经济具体包括中外合资企业、合作经营企业和外商独资企业的经济形式。这是我国对外开放中吸收外资而形成的经济形式。它对于弥补我国资金的不足，引进先进技术，学习国外先进管理经验，发展经济，扩大就业，扩大出口，增加外汇收入，提高我国经济的国际竞争力具有积极作用。

个体、私营等非公有制经济的发展，对于整个国民经济和社会发展发挥了重要的作用。活跃了城乡经济，方便了居民生活，满足人们多样化需要，吸纳大批人员就业，有利于社会稳定，集聚了社会闲散资金，增加了社会生产力，优化农村产业结构，大力发展第三产

业，培育集贸市场加快城市化进程；促进市场竞争，推动国有企业改革，带动贫困地区脱贫致富，有利于缩小区域间的发展差别；有利于造就大批经营管理人才。非公有制经济在发展中也存在一系列与社会主义经济矛盾的一面，存在较大的自发性和盲目性。因此，在保护它的合法权益，鼓励、引导它发展的同时，必须制定和完善有关经济政策和法律，在经济上、行政上、法律上和思想上采取适当措施，引导它健康发展。

根据我国社会生产力的多层性和所有制结构的多样性，必须毫不动摇地鼓励、支持和引导非公有制经济发展。

(1) 充分认识现阶段非公有制经济是社会主义经济的重要组成部分，是坚持和完善基本经济制度的重要内容。对非公有制经济及其实现形式，只要有利于社会主义生产力的发展，有利于增加就业，有利于提高人民生活水平，就应支持和鼓励。

(2) 在政策上要消除各类歧视性规定，在市场准入、税收政策等方面给予各种所有制同等待遇。要扩大非公有制经济的投资领域，鼓励民间资本和外国资本投资参股能源、交通、电信和供水、供热、供气等基础产业和基础设施领域。鼓励民营企业发展壮大，建立企业集团公司，要允许和帮助包括个体私营企业在内的各类企业提高管理水平，积极引导它们逐步建立现代企业制度。

(3) 要完善保护私人财产的法律制度。在坚持和完善基本经济制度的过程中，必然会涌现出大量的非公有制经济劳动者，只要他们诚实劳动和合法经营，就与公有制经济中的劳动者一样，都是中国特色社会主义事业的建设者。他们通过自己的辛勤劳动和聪明才智创造和获得的私人财产，与公有财产一样应该得到法律的保护。

六、公有制经济与非公有制经济的关系

坚持公有制为主体，促进非公有制经济发展，统一于社会主义现代化的进程中，不能把这两者对立起来。

(1) 公有制经济与非公有制经济是共同发展的关系。

在市场经济运行中，公有制经济和非公有制经济处于平等地位，国家一视同仁地保护它们的财产权利和合法权益，对它们依法进行监督管理，使它们健康蓬勃地发展。不能把两者对立起来，只允许和支持某种经济成分的存在与发展，而抑制其他经济成分的存在与发展。

(2) 公有制经济与非公有制经济是互相协作的关系。

二者之间按照自己不同的规模、效益、技术、机制等特点，各取所长，优势互补。公有制企业要充分发挥技术和规模优势，可通过高度的专业化协作，将生产过程中的某些辅助性环节和零部件加工交由规模小、效益高、经营灵活的小型企业去做，自己则专门从事大规模的、技术含量高的部件生产和总装。作为非公有制企业则可以借助公有制企业在技术、设备、信息和市场供销渠道等方面的帮助，促进自身的发展。在经济发展过程中，两者不是排斥的，而是相辅相成，互为发展的关系，构成国民经济运行中的一个有机环节，共同推动着社会主义市场经济的发展，从中体现了双方根本利益的一致性。

(3) 公有制经济与非公有制经济也是一种竞争关系。

在社会主义市场经济中，公有制经济与非公有制经济是不同的市场主体，在市场竞争

机制的作用下，又是不同的竞争主体，所以二者之间也存在竞争关系。在竞争的压力下，为了求得生存与发展，驱动了企业不断提高产品质量，降低产品成本，以获得竞争优势。这对公有制经济尤为重要。

总之，公有制经济与非公有制经济统一于社会主义现代化和市场经济的建设中，在市场竞争中能够发挥各自的优势，相互促进，共同发展，为中国特色的社会主义建设作出贡献。

★ 第二节　社会主义初级阶段的分配制度 ★

一、按劳分配为主体，多种分配方式并存的分配制度

(一) 社会主义必须实现按劳分配

一个社会分配的性质和分配的基本形式，是由生产资料所有制和劳动力所有制的性质决定的。在社会主义社会，实行按劳分配具有客观原因：

(1) 社会主义生产资料公有制是实行按劳分配的前提。生产资料公有制的建立，排除了依靠生产资料所有权无偿占有他人成果的可能性。每个劳动者除了自己的劳动外，不能提供其他东西。因为，只有劳动才能成为衡量人们对社会贡献的尺度，领取个人消费品的尺度。所以，按劳分配是生产资料公有制的必然产物。

(2) 社会主义社会旧的分工还没有消失，劳动还存在重大差别，还是谋生的手段，这是实行按劳分配的直接原因。在这种条件下，必须承认人们的劳动差别，以劳动作为分配个人消费品的尺度，把劳动的数量、质量同劳动报酬紧密地结合起来，实行按劳分配。只有这样才能有利于充分调动劳动者的积极性，促进生产力的发展。

(3) 社会主义社会生产力的发展水平是实行按劳分配的物质条件。在社会主义阶段，产品还没有极大丰富，还不能充分满足人们的需要，不可能进行按需分配，而只能实行按劳分配。

可见，实行按劳分配，是由客观经济条件决定的，具有客观必然性。按劳分配是社会主义社会特有的经济规律。

按劳分配是社会主义公有制经济内部个人消费品的分配方式。它包括如下几点基本涵义：① 按劳分配的物质对象是个人消费品；② 按劳分配的唯一根据是劳动。这里只承认劳动差别，不承认其他任何差别。不劳动者不得食，有劳动能力的人，必须参加劳动，才能参与分配；③ 衡量劳动量的尺度是劳动时间，即标准劳动时间或平均劳动时间；④ 劳动报酬应与劳动者提供的劳动量成正比，等量劳动取得等量报酬。复杂劳动要折合为简单劳动，不能简单地把报酬与劳动挂钩。

马克思设想的按劳分配，是在没有商品货币条件下的按劳分配。在社会主义市场经济条件下，按劳分配的实现形式产生了新的特点。

在社会主义市场经济条件下，劳动力也是商品，具有价值和价格，工资就是劳动力价值的货币表现，即劳动力价格。这样，按劳分配的实现形式出现了一系列新的特点：① 按劳分配的主体是企业而不是社会。自主经营的企业主体有权自主分配。② 按劳分配的对象

是“实现价值”而不是产品。企业的“实现价值”——经济效益是由劳动和非劳动因素决定的，因此，按劳分配收入包含了某些非劳动收入的因素；③ 劳动报酬受市场调节，使得劳动报酬围绕劳动力价值上下波动，按劳分配体现在平均数中。④ 市场经济下的按劳分配，不仅承认个人劳动差别，还承认企业效益差别，必然要存在人们收入上的差别。

在社会主义公有制条件下，按劳分配的实现受到各种因素的影响。主要有：① 社会产品的数量；② 社会总产品中用于个人消费部分所占的比重；③ 工农差别、城乡差别、地区差别的存在；④ 人们对客观经济规律的认识、利用及分配体制、就业体制、工资奖励形式等各个方面。此外，市场经济条件下的币值、价格对按劳分配也会起重要的制约作用。因此，必须大力发展生产力，处理好国家、集体、个人三者利益，长远利益与当前利益的关系，努力创造条件缩小三大差别，完善市场机制，促进按劳分配更好地实现。

(二) 坚持以按劳分配为主体

在我国社会主义初级阶段，按劳分配属于主体地位，这是由现阶段生产资料公有制占主体所决定的。所谓以按劳分配为主体，有三种涵义；

(1) 在整个社会的个人收入分配格局中，按劳分配居主体地位。

(2) 在社会主义公有制经济中，按劳分配应是基本的原则。随着市场经济的发展，公有制经济中也渗入了非按劳分配方式，但在公有制经济中，这些分配方式只能是作为辅助方式发挥作用，总体上不能取代按劳分配所占据主体地位。

(3) 在公有制经济内部的个人收入分配中，按劳分配部分应是主体部分，其他分配方式分配的部分是次要的部分。

(三) 多种分配方式并存的格局

在社会主义初级阶段，实行多种分配方式并存的格局具有必然性。

(1) 多种所有制形式并存决定了多种分配方式并存。

(2) 多种经营方式并存也是多种分配方式存在的重要原因。在公有制经济中，存在多种经营方式，如国家所有、承包经营：国家所有，租赁经营；国家所有，授权经营等。在这些经营方式中，所有者与经营者的职能和关系是不同的，经营者获得收入的性质和方式也不同。

(3) 社会主义市场经济的存在和发展也要存在多种分配方式并存。在市场经济条件下，不仅商品要通过市场实现其价值，资金、技术、土地等投入要素也要通过市场流动、让渡等，都应获得相应的报酬。

在我国经济中，多种分配形式既存在于公有制经济中，又大量广泛存在于非公有制经济中。其主要形式有：

(1) 个体劳动收入。个体劳动者依靠投入直接的劳动和某种合法经营活动而取得的收入。

(2 按经营成果分配。这是承包者和租赁者等参与企业收益的分配方式，通常包括劳动收入和经营收入，还有一定的风险收入或机会收入。

(3) 按资金分配收入。如存款利息收入、股息、红利、利息收入。

(4) 租金收入。

(5) 按资本分配。私营企业所有者和外资经济中外方资本所有者的除管理劳动报酬外的具有剥削性质的资本收入。企业的经营者和技术人员的知识，技术管理等知识产权和人力资本入股的收入。

(6) 按劳动力价值收入。私营企业和外资企业中员工的收入分配属这类收入。

(7) 农村联产承包的收入。其中有劳动报酬收入、经营收入、生产投入的报偿收入等。

二、按劳分配与按生产要素分配相结合

把按劳分配与按生产要素分配结合起来，既充分体现了社会主义的基本原则，又充分体现了社会主义市场经济的基本要求，二者的结合也是社会主义初级阶段分配制度的基本特征之一，是社会主义初级阶段分配理论的新发展。

在实行按劳分配的同时，实行按生产要素分配，有利于充分利用一切生产要素，实现资源优化配置；有利于生产要素所有者自主选择投资项目，保证其所有者权益的合法性；有利于发挥市场机制对收入分配的调节作用，提高多种生产要素的使用效率，达到更好地优化配置的目的。

按生产要素分配具有其客观必然性。

(1) 它是与我国现阶段多种所有制经济共同发展这一所有制结构相适应的，多种所有制形式的存在决定按生产要素分配。即多种生产要素如资本，技术、劳动、土地、信息等的投入，都要求取得相应的收入。随着所有制多样化、公有制实现形式的多样化，自然会形成按劳分配与按生产要素分配相结合的局面，特别是随着不同要素投入的混合所有制的出现和发展，各种分配方式混合组合的分配结构和分配方式已成为新的分配方式。

(2) 这也是社会化大生产条件下市场经济的内在基本要求。在市场经济条件下，各种产品和生产要素的持有者都是权利平等的所有者，并受国家法律保护。各种生产要素的流动和使用通行等价交换原则和等量报酬原则，这是市场经济的基本规律。

在实行按生产要素分配时，评价收入分配是否合理的标准，是看要素投入者的报酬是否与其投入的要素数量和质量相适应。具体地说，在一定价格水平下，包括：① 投入某种要素就相应取得某种报酬；② 报酬的数量取决于有效的投入量，而市场是有效程度的评价者；③ 各行各业的报酬水平，取决于他们各自的边际生产率。国家要制定和完善有关法律、政策，保护要素所有者获得收入的合法权利，使生产要素公平地参与收益分配。

三、深化收入分配制度改革

(一) 背景和意义

收入分配制度是经济社会发展中一项带有根本性、基础性的制度安排，是社会主义市场经济体制的重要基石。改革开放以来，我国收入分配制度改革不断推进，与基本国情、发展阶段相适应的收入分配制度基本建立。同时，收入分配领域仍存在一些亟待解决的突出问题，城乡区域发展差距和居民收入分配差距依然较大，收入分配秩序不规范，隐性收入、非法收入问题比较突出，部分群众生活比较困难。当前，我国已经进入全面建成小康社会的决定性阶段。深化收入分配制度改革，优化收入分配结构，构建扩大消费需求的长

效机制，是加快转变经济发展方式的迫切需要；深化收入分配制度改革，切实解决一些领域分配不公问题，防止收入分配差距过大，规范收入分配秩序，是维护社会公平正义与和谐稳定的根本举措；深化收入分配制度改革，处理好劳动与资本、城市与农村、政府与市场等重大关系，推动相关领域改革向纵深发展，是完善社会主义市场经济体制的重要内容；深化收入分配制度改革，使发展成果更多更公平惠及全体人民，为逐步实现共同富裕奠定物质基础和制度基础，是体现社会主义本质的必然要求。

(二) 总体要求和主要目标

1. 总体要求

全面贯彻落实党的十八大精神，以邓小平理论、“三个代表”重要思想、科学发展观为指导，立足基本国情，坚持以经济建设为中心，在发展中调整收入分配结构，着力创造公开公平公正的体制环境，坚持按劳分配为主体、多种分配方式并存，坚持初次分配和再分配调节并重，继续完善劳动、资本、技术、管理等要素按贡献参与分配的初次分配机制，加快健全以税收、社会保障、转移支付为主要手段的再分配调节机制，以增加城乡居民收入、缩小收入分配差距、规范收入分配秩序为重点，努力实现居民收入增长和经济发展同步，劳动报酬增长和劳动生产率提高同步，逐步形成合理有序的收入分配格局，促进经济持续健康发展和社会和谐稳定。

2. 主要目标

城乡居民收入实现倍增。到 2020 年实现城乡居民人均实际收入比 2010 年翻一番，力争中低收入者收入增长更快一些，人民生活水平全面提高。

收入分配差距逐步缩小。城乡、区域和居民之间收入差距较大的问题得到有效缓解，扶贫对象大幅减少，中等收入群体持续扩大，“橄榄型”分配结构逐步形成。

收入分配秩序明显改善。合法收入得到有力保护，过高收入得到合理调节，隐性收入得到有效规范，非法收入予以坚决取缔。

(三) 基本内容

(1) 继续完善初次分配机制。完善劳动、资本、技术、管理等要素按贡献参与分配的初次分配机制。实施就业优先战略和更加积极的就业政策，扩大就业创业规模，创造平等就业环境，提升劳动者获取收入能力，实现更高质量的就业。深化工资制度改革，完善企业、机关、事业单位工资决定和增长机制。推动各种所有制经济依法平等使用生产要素、公平参与市场竞争、同等受到法律保护，形成主要由市场决定生产要素价格的机制。

(2) 加快健全再分配调节机制。加快健全以税收、社会保障、转移支付为主要手段的再分配调节机制。健全公共财政体系，完善转移支付制度，调整财政支出结构，大力推进基本公共服务均等化。加大税收调节力度，改革个人所得税，完善财产税，推进结构性减税，减轻中低收入者和小型微型企业税费负担，形成有利于结构优化、社会公平的税收制度。全面建成覆盖城乡居民的社会保障体系，按照全覆盖、保基本、多层次、可持续方针，以增强公平性、适应流动性、保证可持续性为重点，不断完善社会保险、社会救助和社会福利制度，稳步提高保障水平，实行全国统一的社会保障卡制度。

(3) 建立健全促进农民收入较快增长的长效机制。坚持工业反哺农业、城市支持农村和多予少取放活方针，加快完善城乡发展一体化体制机制，加大强农惠农富农政策力度，促进工业化、信息化、城镇化和农业现代化同步发展，促进公共资源在城乡之间均衡配置、生产要素在城乡之间平等交换和自由流动，促进城乡规划、基础设施、公共服务一体化，建立健全农业转移人口市民化机制，统筹推进户籍制度改革和基本公共服务均等化。

(4) 推动形成公开透明、公正合理的收入分配秩序。大力整顿和规范收入分配秩序，加强制度建设，健全法律法规，加强执法监管，加大反腐力度，加强信息公开，实行社会监督，加强基础工作，提升技术保障，保护合法收入，规范隐性收入，取缔非法收入。

★ 第三节　社会主义市场经济体制 ★

一、社会主义市场经济的特征

资本主义国家是市场经济，我们则要建立社会主义市场经济体制，那么，社会主义市场经济和资本主义市场经济有什么异同呢?

首先必须明确，建立“社会主义市场经济”，并不意味着还要把市场经济区分为姓“资”和姓“社”的。“社会主义市场经济”或“资本主义市场经济”不过是社会主义条件下的市场经济或者资本主义条件下的市场经济的简称，只表明所处的社会条件不同，而不是市场经济本身有什么重大区别。换句话说，社会主义条件下的市场经济和资本主义条件下的市场经济都具有市场经济的共性，在运行规则、形式、手段、方法等方面都是相似和相通的，两者大体上差不多。因为如此，我们在建立社会主义市场经济体制时，才能够和应该吸收与借鉴当今世界市场经济国家的一切有用的知识和经验。市场经济的共性，主要有以下几点：

(1) 有一个完整、发达、具有竞争性的，发挥配置资源功能的市场体系，各种商品和生产要素能够自由地流动；

(2) 价格主要由市场竞争决定，既反映商品的价值，又反映商品市场供求关系的变化，能引导资源的合理配置；

(3) 有足够的具有独立经济利益并参与竞争的市场主体——个人和企业，它们能够积极地接受市场信号，自主地作出经济决策，独立地承担经营风险；

(4) 建立有效的宏观经济调控机制，对市场运行实行导向和监督，弥补市场经本身的弱点和缺陷；

(5) 要建立健全完备的经济法规，实现经济运行规范化和法治化，保证市场经济的良好秩序；

(6) 要遵守国际经济交往中通行的规则和惯例，即要和国际市场经济的运行“接轨”。

在看到市场经济共性的同时，我们也要看到：市场经济总是同各国所特有的历史条件和社会制度联系在一起的，因而不能不具有各自的特性。社会主义的基本制度，从经济上看主要是以公有制为主，以实现共同富裕为社会目标；从政治上看则是以共产党为领导。社会主义市场经济就是在这样的社会条件下运行的，所以必须存在一些不同于资本主义市场经济的特点。

社会主义市场经济除具有上述市场经济的一般特征外，由于它是同社会主义基本制度结合在一起，必然有反映社会主义基本制度的一些特征。主要是：

(1) 在所有制结构上，以公有制经济为主体，多种经济成分长期共同发展，不同经济成分还可以自愿实行多种形式的联合经营。国有企业、集体企业和其他企业都进入市场，通过平等竞争发挥国有企业的主导作用。

(2) 与所有制结构相适应，在分配制度上，以按劳分配为主体，多种分配方式并存，兼顾效率与公平。运用包括市场在内的各种调节手段，既鼓励先进，促进效率，合理拉开收入差距，又防止两极分化，逐步实现共同富裕。

(3) 在宏观调控上，我们社会主义国家能够把人民的当前利益与长远利益、局部利益与整体利益结合起来，更好地发挥计划和市场两种手段的长处。

二、正确认识计划与市场的关系

建立社会主义市场经济体制的一个关键问题，是要正确认识和处理计划与市场的关系。计划与市场的关系问题在国际范围内争论了将近一个世纪，我国改革开放以来，也多次围绕这个问题展开讨论。传统的观念认为，市场经济是资本主义特有的东西，计划经济才是社会主义经济的基本特征。如何正确认识和处理好计划与市场的关系，是确立经济体制改革目标模式的核心问题。邓小平同志 1992 年春在南方讲话中指出：“计划多一点还是市场多一点。不是社会主义与资本主义的本质区别。计划经济不等于社会主义，资本主义也有计划；市场经济不等于资本主义，社会主义也有市场。计划和市场都是经济手段。”邓小平同志的这段讲话，是对过去长期以来争论不下的问题所做的科学结论。这个精辟论断，从根本上解除了把计划经济和市场经济看作属于社会基本制度范畴的思想束缚，使人们在计划与市场关系问题上的认识有了新的重大突破。

(一) 计划经济和市场经济都是资源配置的方式

经济学中的一个根本性问题是有限资源的配置，即社会怎样将有限的人力、物力和财力资源分配到人们所需要的各个领域中去。在现代高度发达的社会化大生产下，资源配置的基本方式有两种：一种是计划经济方式，一种是市场经济方式。在经济发展的不同时期，以何种方式作为基本选择，这是由具体的经济条件(经济发展阶段，经济结构和经济关系)的变化所决定的。这两种配置方式的选择，并不反映社会制度的根本区别。

无论计划经济配置方式，还是市场经济配置方式，它们的职能都在于调节国民经济的运行，使资源得到合理配置和有效利用。二者的区别仅仅在于调节主体和调节方式的不同。计划的主体是国家，是政府，政府采取经济的、法律的、行政的手段来调节国民经济的总量和结构，引导国民经济的增长和发展。市场的主体是企业，在市场活动中通过供求竞争、价格波动、生产要素流动等中间环节，调节着企业的经济行为以及整个社会资源配置。计划经济方式与市场经济方式代表着两种调节力量，是供人们选择使用的两种经济调节手段。

(二) 现代社会生产力的发展要求计划与市场两种手段相结合

现代社会生产力的发展，呈现出日益发达的社会分工、生产社会化程度不断提高的趋势。社会经济发展的过程同时就是社会分工体系日益复杂、庞大、发达的过程。这种客观趋势必然要求将计划与市场两种资源配置手段相结合，共同调节国民经济的运行。这种必然表现在：一方面，社会分工的高度发达，生产社会化程度提高所带来的人们之间经济交往的日趋频繁和扩张，要求在微观上为企业等经济主体提供有效的经济活动空间，灵活畅达的交换渠道，以及对其经济行为的自我约束协调，市场经济恰是适应这些要求的适当组织形式。另一方面，社会分工发达、社会化程度很高的现代经济，对于总量平衡和结构平衡提出了很高的要求，客观上需要有一个社会中心采取必要的手段对国民经济实施调控，具体就表现为政府对国民经济的计划调控和引导干预。总之，计划与市场作为调节手段进入社会经济生活，是现代社会生产力和商品经济充分发展的必然要求。

(三) 现代社会经济发展的实践也证明，计划与市场都是经济手段

西方资本主义国家从19世纪后半叶开始，寻找在市场经济的框架下治疗市场经济弊端的办法。进入20世纪，特别是20年代经济大危机之后出现了以美国罗斯福“新政”为代表的政府对经济的干预和以英国凯恩斯“通论”为代表的宏观经济管理理论。资本主义国家加强了对国民经济的宏观控制，计划性明显增强，使计划作为一种经济调节手段正式进入了资本主义的经济生活。第二次世界大战以后，国家干预的宏观经济管理理论为西方各国普遍接受，各国在坚持以市场经济为经济运行基本方式的基础上，纷纷制定和实施财政政策、货币政策等手段对经济进行宏观调节，一些国家还搞了不同形式的经济计划，不少国家实行了社会福利政策。由于这些国家以私有制为主体的市场经济基础框架未变，故不能完全摆脱资本主义基本矛盾的困扰。但上述宏观调控和社会福利政策的实施，使周期性经济危机和社会阶级对抗有所缓和。再加上战后几次强劲的科技革新浪潮，使现代资本主义经济还有相当的生机和活力。纵观资本主义近百年来的经济发展事实，我们必须抛弃传统观念中某些不确切的概念，不能把计划只看成是社会主义独具的特征，必须承认资本主义也有计划。当然社会主义制度下和资本主义制度下运用的计划和宏观调控手段的范围和形式是有区别的。但是这种区别不能否定资本主义社会生产的计划性和宏观调控性。

社会主义经济发展中的市场作用也是历史事实，而且这种市场机制的功能和作用正在增强。实行计划经济的社会主义国家，既有成功的经验，也有失败的教训。实践证明，在经济发展水平较低，建设规模较小，经济结构比较简单，发展目标也比较单纯、集中的条件下，以及在封闭或半封的情况下，计划经济比较有效，也比较成功。但是随着经济发展规模扩大，经济结构比较复杂化，发展目标多元化，人民生活要求提高，以及对外经济关系越来越开放的条件下，计划经济本身管得过死，难以调动积极性的弊病逐渐显露出来，导致了经济效益和增长速度下降，特别是难以解决物质匮乏和消费品不足等问题。为了进一步解放和发展社会生产力，对传统计划经济进行根本改革的任务便提到了社会主义者面前。其改革的基本方向是：以市场为资源配置基础，实行计划与市场两种方式和手段相结

合，共同调节国民经济健康发展。改革开放以来。我们在坚持社会主义基本原则的基础上，大胆引进和发展市场机制，市场调节范围逐步扩大，大多数商品的价格已经放开，计划直接管理的领域显著缩小，市场对经济活动调节的作用大大增强。实践表明，市场作用发挥比较充分的地方，经济活力就比较强、发展趋势也比较好。总结我国改革开放的成就，归结起来可以说，关键是坚持了市场取向，发展了市场。市场给我国的社会主义带来了生机和活力，从而有力地推动了经济体制模式和经济发展模式的转换。我国经济要优化结构、提高效益，加速发展，参与国际竞争，就必须继续强化市场机制的作用。

实践的发展和认识的深化说明，计划和市场都是社会主义市场经济的内在东西，二者不可分割地联系在一起，一般而言，计划主要从宏观、总量和结构等方面解决重大资源配置问题和重大社会利益关系调整，以及国家整体的重大发展战略；市场主要在微观领域，日常的生产经营活动和有关的资源配置方面发挥基础性作用，完全自由的市场经济是不存在的。要加快新的经济体制的建设，必须在加速发展社会主义市场经济的基础上切实实现计划与市场两者优势的有机结合。

三、社会主义市场经济体制的基本框架

社会主义市场经济体制的基本框架由五个主要环节构成：

(1) 建立适应市场经济要求的产权清晰、权责明确、政企分开、管理科学的现代企业制度。形成以公有制为主体、多种经济成分共同发展的充满生机和活力的微观基础。

(2) 建立全国统一开放的市场体系，实现城乡市场紧密结合，国内市场与国际市场相互衔接，促进资源的优化配置。

(3) 转变政府管理经济的职能，建立以间接手段为主的完善的宏观调控体系，保证国民经济健康运行。

(4) 建立以按劳分配为主、兼顾公平与效率的收入分配制度，鼓励一部分地区一部分人先富起来，走共同富裕的道路。

(5) 建立多层次的社会保障制度，为城乡居民提供同我国国情相适应的社会保障，促进经济发展和社会稳定。

四、深化经济体制改革的核心问题

党的十八大报告指出："经济体制改革的核心问题是处理好政府和市场的关系，必须更加尊重市场规律，更好发挥政府作用。"这就为我们深化经济体制改革指明了方向。

在现代市场经济体系中，政府和市场是相互关联的两个重要组成部分，政府是经济管理和调控主体、涉及发展全局的重大利益协调主体，市场是把政府同各类微观经济运营主体连接起来的桥梁、配置各类经济资源的基础环节、媒介产权产品和其他要素交换活动的基本场所。政府和市场的关系决定着市场经济体制的基本走向和运行质量。政府行为往往表现为经济管理和宏观调控，市场功能往往表现为供求、价格自发调节和自由竞争，两者紧密关联、相互交织、缺一不可。因为政府行为不可能完美无缺，市场功能也不可能完全有效，两者都有弱点，都存在局限性，需要协调互补。

发展社会主义市场经济，既要高度重视政府的作用，也要高度重视市场的作用。政府

宏观调控和管理的主要任务，是保持经济总量平衡，抑制通货膨胀，促进重大结构优化，维护社会公平正义，为转变经济发展方式、保持经济持续健康发展创造良好环境和条件。同时，积极完善和规范市场准入制度，建立统一规范竞争有序的现代市场体系，维护市场秩序，保障市场在资源配置中发挥基础性作用。但是，如果政府管理和调控的范围、力度超过了弥补“市场失灵”、维持市场机制正常运行的合理需要，或干预的方向不对路、形式选择失当，其结果非但不能纠正市场失灵，反而会抑制市场机制的正常运作。市场经济是人类社会迄今为止最具效率和活力的经济运行机制和资源配置手段，它具有任何其他机制和手段不可替代的功能优势，但也存在着自发性事后调节、催生过度垄断、排斥公共利益、引发两极分化等固有的功能缺陷，而且仅靠自身力量难以克服。完全摒弃政府管理和调控的市场经济会使其缺陷大于优势，导致“市场失灵”。发展社会主义市场经济，关键是寻求政府行为和市场功能的最佳结合点，使政府行为在调节经济、弥补市场功能失灵的同时，避免和克服自身的缺位、越位、错位。这是我国社会主义市场经济体制建立和完善过程中，必须要解决好的重大理论和实践课题。

我们要深入学习贯彻党的十八大精神，以正确处理政府和市场关系问题为核心，围绕更加尊重市场规律和更好发挥政府作用，统筹推进经济体制改革。要巩固和完善基本经济制度，健全现代市场体系，完善宏观调控体系，加快改革财税体制、金融体制，使市场这只“看不见的手”和政府这只“看得见的手”能够扬长避短、有机结合，都得到有效发挥，促进社会主义市场经济体制不断完善。

五、深化经济体制改革的主要任务

一是要坚持社会主义市场经济的改革方向，加快完善社会主义市场经济体制，推动经济更有效率、更加公平、更可持续发展。完善公有制为主体、多种所有制经济共同发展的基本经济制度，毫不动摇巩固和发展公有制经济，推行公有制多种实现形式，完善各类国有资产管理体制，推动国有资本更多投向关系国家安全和国民经济命脉的重要行业和关键领域，不断增强国有经济活力、控制力、影响力。毫不动摇鼓励、支持、引导非公有制经济发展，保证各种所有制经济依法平等使用生产要素、公平参与市场竞争、同等受到法律保护。

二是完善按劳分配为主体、多种分配方式并存的分配制度，完善劳动、资本、技术、管理等要素按贡献参与分配的初次分配机制，加快健全以税收、社会保障、转移支付为主要手段的再分配机制。

三是进一步完善健全现代市场体系，完善市场决定价格机制，更大范围、更广领域发挥市场在资源配置中的基础性作用。

四是健全国家计划、财政政策、货币政策等相互配合的宏观调控体系，加强宏观调控目标和政策手段机制化建设，建立有利于科学发展的财政体制和有利于结构优化、社会公平的税收制度，健全促进宏观经济稳定、支持实体经济发展的现代金融体系。深化行政审批制度改革，继续简政放权，减少政府对微观经济活动的干预，推动政府职能向创造良好发展环境、提供优质公共服务、维护社会公平正义的根本转变。

进入改革攻坚期，面对前所未有的机遇和挑战，破解新的难题、化解新的风险、激发新的活力、实现新的发展，需要始终把改革创新精神贯彻到治国理政各个环节。要提高改革决策的科学性，增强改革措施的协调性，坚决破除一切妨碍科学发展的思想观念和体制机制弊端，不断推进理论创新、制度创新、科技创新、文化创新以及其他各方面创新。要在深化经济体制改革的同时，继续推进政治体制、文化体制、社会体制、生态文明制度改革，构建系统完备、科学规范、运行有效的制度体系，促进现代化建设各个环节、各个方面相协调，促进生产关系与生产力、上层建筑与经济基础相协调，不断推进我国社会主义制度的自我完善和发展。

第三章　企业与现代企业制度

企业是重要的微观经济活动主体，是国民经济活动的最基本单位和独立的经济主体，是具有充分的权利和义务的法人。企业在整个社会经济发展中具有重要的功能和作用，建立现代企业制度，是使企业充满生机和活力，充分发挥其功能作用的保障。经济发展和企业制度演变的历史证明，公司制是一种有效率的企业制度的典型。本章通过学习企业的起源、本质、功能和作用，学习现代企业制度的基本内容和规定，把握我国国有企业改革的基本方向和主要方针，使我们能够对现代企业制度的典型形态公司制及我国国有企业改革的若干问题有一个总体了解。

★ 第一节　企业是重要的微观经济活动的主体 ★

一、企业的起源与本质

（一）企业的起源

企业是产品及劳务的生产经营单位，是从事生产和经营活动的最基本的经济组织。但是并不是任何生产和提供产品及劳务的经济组织都是严格意义上的企业。要成为企业，必须满足两个基本条件：一是它必须是在分工的基础上，通过劳动者的协作形成的生产经营组织；二是它必须是面向市场、自主经营、自负盈亏、独立承担民事责任和民事义务的具有法人资格的经济实体。因此，企业的含义应是，具有内部分工协作，实行自主经营和自负盈亏的生产经营单位和独立的法人经济实体。

企业的形成和发展要具有一定的经济条件，不是任何条件下只要有了生产经营行为就可称其为企业。从经济发展的历史看，企业作为协作劳动的一种组织形式，它的出现是分工发展的必然结果。生产力的发展产生了分工，分工又进一步促进了生产力的发展。有分工就有协作，分工要求开展协作劳动。协作劳动的具体形式，随着生产力和分工的发展，依次经历了家庭作坊、手工业工场、工厂等多种形式，逐步形成了企业。只有当资本主义发展到大机器工业阶段之后，企业才大量出现，并成为资本主义社会的基本经济单位和社会经济细胞。在社会主义条件下，社会生产依然是建立在社会化的基础上，商品经济依然是社会主义经济的内在属性。因此，作为社会主义社会经济活动的微观主体的企业，同样是社会化和商品经济意义上的企业。

(二) 企业的本质属性

企业具有两重属性：既是生产力的组织形式，又体现一定的社会经济关系。前者是企业的共性，后者则是反映一定社会经济性质的特性。从企业的共性看，所有的企业都是生产经营活动的具体组织者和产品、劳务的提供者；从企业的特性看，在不同的生产资料所有制形式下，企业的外部和内部经济关系的性质有本质区别。因此，社会生产力和社会生产关系在企业中得到了具体结合，是二者有机结合的现实载体。从不同的角度，依据不同的划分标准，可以将企业划分为各种各样的类型。这些划分标准可以是经济部门、所有制性质，也可以是技术装备水平、规模和综合生产能力、生产要素构成比例等。

如同对企业起源的认识一样，对企业本质的认识也不尽相同。在古典经济学中，企业被看做了一个追求利润最大化的理性经济人。所谓理性经济人，是指按照自身利益最大化的原则，能够对自己的行为作出正确选择的、自私自利的人。企业的主要功能是将土地、资本、劳动等要素投入转化成一定的产出，决定这种投入组合与产出数量的关键是企业所掌握的技术，包括分工、生产、协作管理等技术。企业的本质特征就是利用一定的技术，按照利润最大化的原则将投入转化成为产出。

在马克思看来，企业是一种具有更高劳动生产效率的经济单位，是人类进入资本主义社会后，所形成的用以取代家庭和手工作坊而从事生产和流通活动的基本经济单位。企业的本质特征是资本家通过雇佣工人，榨取剩余价值，获得垄断利润。在我国改革开放以前，根据马克思主义经典著作关于社会主义企业的描述，企业被看做是一个生产单位，不承认企业的商品生产性质和盈利性质。改革开放以来，我国理论界认识到，企业在社会主义制度下，仍然是从事商品生产和商品交换的经济实体，企业的基本性质仍然是赢利性，赢利是企业的基本目标。因此，大多数学者同意，企业是以赢利为目的的组织，是从事商品生产和交换的经济组织。并进一步指出，在社会主义市场经济条件下，企业还应该是自主经营、自负盈亏、自我发展、自我约束的独立法人实体。不从事商品生产和交换的组织，如党政机关、社会团体，就不是企业。即使从事商品生产和商品交换，但不以赢利为目的，也不能称其为真正意义上的企业。企业的赢利性决定了必须进行经济核算。但是，只有那些具有独立账号，并在工商行政管理部门登记注册，自主经营、自负盈亏，能够独立承担法律责任的经济实体，才是企业。而那些虽然进行经济核算，但没有独立账号，不能独立承担法律责任的经济实体，如公司的分厂、车间等，就不能称为企业。

二、企业的地位与功能

(一) 企业的地位

企业地位的具体含义是：

① 拥有生产和经营方面的充分自主权和决策权；

② 独立地进行经济核算，自负盈亏，对自己的经营成果承担完全的责任，享有相应的经济利益；

③ 作为独立的商品生产者和经营者，有权同任何性质的企业建立各种经济联系，签订

各种经济合同；

④ 具有独立的法人资格，厂长(经理)或某些企业的董事长是法人代表，受到法律的承认和保护，并依法行使法定权利和义务；

⑤ 具有充分的企业内部管理方式的选择权，能根据生产和经营的需要确定内部组织结构，调整分配方式及各种经营管理制度。

(二) 企业的功能

(1) 企业在经济运行中具有利用和有效配置社会资源的功能。

在市场经济条件下，配置社会资源的基本手段是市场机制，而市场机制的作用最终是通过市场主体——企业的经济行为来实现的。企业在其经济活动中，以优化原则配置各种生产要素，提高投入产出比和经济效益；以优先原则发展资源流动和资本重组，实现部门、行业、地区间的资源配置优化，提高实现经济效益。

(2) 企业在经济运行中具有以其生产的物质产品和劳务产品满足人民需要的功能。

企业根据市场需要的信号，直接从事生产、建设和流通活动，为社会提供生产资料、生活资料和各种劳务，保障社会需要的满足。

(3) 企业在经济运行中具有推动社会生产力发展的功能。

在市场经济条件下，企业通过参与交换和市场竞争，不断提高技术水平，管理水平，以此推动企业和全社会生产力水平的提高。企业始终是发展生产力的主体。

(4) 企业正常的经济运行具有实现国民经济整体运行目标的功能。

在生产过程中，企业是劳动者和生产资料相结合的从事生产的场所；在流通过程，它是各种交换关系得以实现的转换器；在分配及消费领域，它是组织分配和集体消费的主体。企业的经济运行过程也同时实现着国民经济的运行功能和目标。

因此，企业的状况对于社会经济的发展具有极为重要的意义。企业作为国民经济有机体的细胞，其生命力越旺盛，国民经济有机体的生命力就越强大。国民经济的发展速度和社会经济效益的提高，不仅取决于企业的数量和规模，更重要的是取决于企业素质的高低，取决于企业是否具有活力和发挥活力的程度。

三、企业之间和企业内部的关系

(一) 企业之间的关系

在社会化大生产条件下，各个企业之间存在着有机的联系。这种有机联系体现为双重关系，一方面是分工基础上的依存关系；一方面是相互之间的竞争关系。在社会主义经济条件下，由公有制和社会化大生产所决定，企业之间是一种协作和互利的关系；另外，由社会主义市场经济的性质所决定，企业之间又是一种建立在统一的市场规则基础上的竞争关系。在协作、互利、竞争中，实现企业的发展。公有制企业影响非公有制企业，同时相互之间平等竞争。

(二) 企业内部的关系

企业内部关系同样具有两重性：一是由生产技术基础决定的企业成员在物质转换过程

中的分工协作关系；一是由企业经济性质决定的反映企业成员之间责权利关系的经济关系。就经济关系而言，公有制企业内部的经济关系的本质是以劳动者利益根本一致，同时承认个人利益差别为前提的互助互利关系。这种经济关系具体体现在企业生产组织和管理系统各个层次、各个环节之间的经济责任制关系之中，形成有利于提高经济效益的生产经营关系。这种经济关系还体现在企业领导者与劳动者的领导与被领导的关系之中。通过厂长(经理)负责制和职工民主管理相结合，实现企业经营决策的科学化、经营活动的高效率和高效益化。

在非公有制企业，如私营企业和外资企业中，还存在着剥削和被剥削关系，企业内部的所有者、经营者、劳动者的关系，都与公有制企业有根本差别。但同时，由于这些企业存在于社会主义条件下，受到国家法律、政策的制约，也确保了企业劳动者的合法权益得到保护。

★ 第二节　现代企业制度 ★

一、现代企业制度的含义和特征

企业制度是指在一定的社会经济制度中存在的企业的组织形式、管理方式和法律规范等方面的总称。企业制度是一个历史概念，是生产力发展到一定阶段的产物。在资本主义社会之前，从原始社会、奴隶社会到封建社会，都是自给自足的自然经济占统治地位，与之相适应的基本经济单位(如公社、庄园、家庭)都是自然经济中的一个生产单位，而不是企业。只有到了近代，随着资本主义商品经济的产生和发展，作为社会生产基本单位的资本主义企业才随之产生，在企业运行过程中才逐渐形成与资本主义经济制度相适应的规则、规程或行为规范，因而才出现了企业制度。随着商品经济发展为现代市场经济，与之相适应的现代企业制度也就逐渐形成。

所谓现代企业制度并非指存在于现代社会的一切企业制度，而是指以法人制度为基础的、出资者和企业法人承担有限责任的、实行法人治理结构的公司制的企业制度。

以公司(法人)制为主要形式的现代企业制度，一般均具有产权清晰、责权明确、政企分开、管理科学等特征。根据我国《公司法》和我国现阶段国有企业试行公司制的具体情况，现代企业制度的基本特征可概括为以下五个方面：

(1) 产权关系明晰。企业中的国有资产所有权属于国家，企业拥有包括国家在内的出资者投资形成的全部法人财产权，成为享有民事权利，承担民事责任的法人实体。

(2) 企业以其全部法人财产，依法自主经营、自负盈亏、照章纳税、对出资者承担资产保值增值的责任。

(3) 出资者按投入企业的资本额享有所有者权益，即资产收益、重大决策和选择经营者等权利。企业破产时，出资者只以投入企业的资本额对企业债务负有限责任。

(4) 企业按照市场需求组织生产和经营，以提高劳动生产率和经济效益为目的，政府不直接干预企业生产经营活动。企业在市场竞争中优胜劣汰，长期亏损、资不抵债的应依法破产。

(5) 建立科学的领导体制和组织管理制度，调节所有者、经营者和职工之间的关系，形成激励和制约相结合的经营机制。

二、现代企业制度的主要内容

现代企业制度是由一系列具体制度构成的，其中最重要、最能体现现代企业制度实质的是下列几项制度：

(一) 完善的企业法人制度

企业要进入市场成为竞争主体，必须能够独立地享有民事权利和承担民事责任。为此，企业出资者构造出一种经营组织，并使其人格化，具有独立的法律地位，这就是企业法人。企业法人制度必须通过国家的法律予以规范，如我国的《民法通则》规定："法人是具有民事权力能力和民事行为能力，依法独立享有民事权利和承担民事义务的组织。"法人又分为企业法人、机关法人、事业单位法人和社会团体法人。企业法人必须具备下列条件：依法注册登记成立；有符合国家规定的由出资者投入的资本金；有自己的名称和固定的场地；有健全的组织章程和组织机构；有依照法律和组织章程产生的法定代表人；企业对其法定代表人和其他工作人员的经营活动承担民事责任等。建立企业法人制度的关键，是确定企业的法人财产权。出资者注入企业的资本金，从归属意义上讲仍是属于出资者的，但一旦注入企业后，就和出资者的其他财产相分离，出资者不能再直接占有这部分财产，并且除了享有所有者权益和依法转让，也不得从企业中抽回。这样，由出资者注入的资本金及其增值以及企业经营期间负债所形成的财产，就构成了"企业法人财产"。企业对其全部法人财产拥有独立支配的权利，就是"企业法人财产权"。企业法人财产权是其民事权利和民事行为能力的基础，因而是建立企业法人制度的核心。

(二) 现代的有限责任制度

社会主义市场经济条件下，所有企业平等竞争，优胜劣汰，即使是国有企业，国家出资者也不能对企业债务负连带无限清偿责任，而应按照现代市场经济的通例，采取有限责任制度，即出资者仅以其出资额为限，对企业承担责任；而企业法人则以其全部财产对自己的债务承担有限责任。企业经营不善、资不抵债时，应依法破产清算，债权人只能对企业法人财产提出要求，而无权直接对出资者提出要求。

(三) 科学的企业领导与组织制度(法人治理结构)

企业的领导制度同企业的性质有密切关系。我国国有企业，原来实行"厂长负责制"，集决策权、指挥权、管理权于厂长一身，是一种全面的个人负责制，这和传统计划经济体制下的企业制度是适应的。现代企业制度不同于传统的企业制度，因而也必须建立不同于原国有企业的领导体制。这种体制的基本要求是使权力机构、决策机构、执行机构和监督机构相互独立又相互制约，建立起科学的法人治理结构，以协调好出资者、经营者和职工的关系，保证企业有效地进入市场独立经营。

三、企业财产构成的几种基本组织形式

传统计划经济体制下，我国企业主要按所有制性质分类，如全民所有制企业、城镇集体所有制企业、乡镇企业、私营企业、三资企业等。但是，企业组织形式是不能以所有制划分，而应该按企业的财产构成和所承担的法律责任来区分。这也是世界市场经济国家的通例。

世界市场经济国家在长期发展中逐步形成了企业财产构成的三种基本形式，并且都通过立法加以规范，所以也称为三种法律形式。

（一）业主制独资企业

业主制独资企业，又称个体企业，也就是我国现在的个体户和私营企业。这种企业是由业主个人出资兴办经营，归个人所有和控制的企业。这种企业是一种最古老、最简单的企业形式，在现代经济社会中，也发挥着重要作用。

这种企业的特点是：

① 个人出资、个人经营、利润归个人所得。

② 在经营上，制约因素较少。企业主在管理方面有很大自由，无须经过复杂的商量过程，又因规模小，事务较简单，所以这种企业处理问题机动、敏捷。

③ 容易保密。竞争市场上，独资企业除了所得税表格中需要填列的项目以外，其他都可以保密。

④ 能够得到个人满足。可以按自己的方式来经营，企业所追求的目标，正是业主个人的目标，如果获得成功，企业主会感到最大的满足。

⑤ 建立和歇业的程序十分简单易行，产权能够比较自由的转让。

独资企业的不足之处主要表现在：

① 无限责任。业主对企业的全部债务，负无限责任，企业的所有财产都是有风险的。这种企业对于风险性大的事业来说是不适宜的。

② 有限规模。业主独资，出资量有限，贷款能力差，主要依靠积累来增加投资，发展往往有限，不可能用来经营大规模的项目。

③ 企业的寿命有限。企业的存在完全取决于企业主，如果业主死亡，或者业主破产，或业主犯罪被关押，企业的寿命有限。

④ 企业的经营管理完全依赖于业主个人的素质，素质低的业主，也难于由外部人员替换，限制了企业内部管理效率的提高和经营规模的扩大。

在市场经济国家，业主制独资企业通常存在于零售业、“自由职业”、个体农业等领域，由零售店铺、注册医生、注册律师、注册会计师、家庭农场等组成。在企业中数量大，但不占支配地位。

（二）业主制合伙企业

这是由两个或两个以上的个人联合经营的企业，合伙人分享企业所得，并对营业亏损共同承担责任。合伙制企业必须经过各业主的同意才成立。这种同意常常采用书面协议——即合伙经营合同的形式。

与独资企业相比，合伙企业具有以下的优点：

① 扩大了资金来源和信用能力。因为每个合伙人都能为企业提供资金，每个合伙人都有可能从亲朋和贷款机构获得贷款，由于信用能力扩大了，从供货人那里也可以得到商业信用，即使企业财务发生困难，风险可以分散，因此增加了弱化风险的能力和安全性。

② 提高了决策能力。合伙企业的人数多，可以集思广益进行决策，可能比独资企业高明些，合伙人各显其长，决策能力就提高了。

③ 增加了扩大和发展的可能性。合伙企业的资本来源增加了，决策能力提高了，就可能扩大生产经营规模，提供更多的产品和服务。

合伙制企业也有明显的缺点：合伙制企业是根据合伙人之间的契约而建立的。每当一位原有的合伙人离开，或者接纳一位新的合伙人，都必须重新确立一种新的合伙关系，而法律上的复杂性，使通过接纳新的合伙人增加资金的能力也受到限制。重大决策都需得到所有合伙人的同意，因而易造成决策上的延误和差错。所有合伙人对于企业的债务都负有连带无限清偿责任，这就使那些并不能控制企业的合伙人面临很大的风险。

由于合伙制企业的特点，一般说来规模较小，资本需要量较小，而合伙人个人信誉有明显重要性的企业，如律师事务所，会计师事务所等常常采取这种组织形式。

(三) 法人公司企业

又称之为股份公司，是指由一定数量以上的股东，内部集资，发起设立，或通过法定程序向公众发行股票，筹集资本，具有法人资格的企业。在现代市场经济中，公司制企业虽然在数量上不是最多的，但它们却占据着支配地位，因为大中型企业通常都采用公司形式，在组织构造上，公司制企业比个人业主制企业和合伙制企业要复杂得多。近代、现代市场经济中企业制度的演变，主要表现在公司制度的逐步完善和成熟上。

股份公司的优点主要有：

① 有限责任。公司的股东对于公司的亏损和债务，仅负有限责任，即仅以股东的出资额或持有股份为限。

② 有发展的可能性。发行股票，可自由转让，便于把广大的游资吸引过来，筹集到巨额资本扩大企业规模。

③ 管理效率较高。公司的所有者和经营者分离，经营管理的职能由各方面的专家承担，提高了管理效率和效益。

④ 所有权转移方便。股东认购了股份，得到股票，这些股票具有流动性和变动性，大多可根据个人意志转让。

⑤ 企业寿命可以很长。公司作为法律上的实体，又加上股东只负有限责任，实行两权分离，所以只要不亏本，股东或高级职员的变更也威胁不到公司的存在，公司的寿命可以延续很久。

股份公司也存在缺点，主要表现为：组建困难，组织成本较高；政府对公司的创立和经营限制较多；公司财务定期公开，因而不能保密；税负较重，公司不仅付所得税，还付给股东股息和红利，股东还要缴纳个人所得税，在这种情况下，公司的所得要付双重税。

现代公司制的两种典型形式是有限责任公司和股份有限公司。

1. 有限责任公司又称有限公司

是指由两个以上股东共同出资，每个股东以其认缴的出资额对公司行为承担有限责任，公司以其全部资产对其债务承担责任的企业法人。其特征是：不公开发行股票，股东承担有限责任；股份不能随意转让，转让须经全体股东同意，原有股东具有优先购买权；公司的债务不公开；公司的股东人数通常有严格的规定；公司的所有权和经营权通常合二为一；设立程序较为简单。

2. 股份有限公司

指注册资本由等额股份构成，并通过发行股票(或股权证)筹集资本，公司以其全部资本对公司债务承担有限责任的企业法人。其特征是：股东的责任仅限于其投入公司的股金；公司的所有权、法人财产和经营权、监督权相分离，实行法人治理结构；是典型的合资公司和独立法人；股票公开发行、自由转让、股价随行波动；股东有法定最低人数限制；必须公开财务；股份有限公司的股东人数众多，资本筹集较容易，规模较大，竞争力也较强。

四、现代企业内部组织结构

企业组织结构的设置，就是根据企业总目标，把企业管理要素配置在一定的方位上，确定其活动条件，规定其活动范围，形成相对稳定的科学管理体系。企业组织结构的设置没有固定的模式，根据企业不同的生产技术特点，不同的内外部条件，就有不同的组织机构设置，构成部分、各部分之间的联系和比例关系也不同。但是无论具体形态如何不同，总的要求还是从企业的实际出发，选择和确定企业的组织机构，保证企业稳定、高效地进行经营活动。组织结构设立的依据主要有：任务目标、专业分工、管理幅度、管理层次、权责对等、才能相称、命令统一、精干高效、适应性、效果和效率。一般认为现代企业内部组织结构有以下三种：

U 型，又叫统一领导体制结构和集权为主的职能制。这是一种高度集权、按专业管理职能划分部门的经济管理体制。这种组织结构较适合于中小企业，但对大企业而言有两个方面的弊病：一是企业最高管理者在面对大量而又复杂的协调、评价、政策分析问题时，理性容易达到极限，不能有效地兼管企业长期发展战略事务和企业日常经营事务；二是企业各职能部门容易只顾追求各自部门的经营性目标，而不顾企业的长期发展的全局性目标。

H 型，又叫控股体制结构和更加分权子公司制。这一结构的主要问题是缺乏一个统筹协调的机构，虽然各子公司归总公司领导，但总公司对各子公司绩效的评价能力相对有限，各子公司的投机行为倾向较为严重；局部利益与整体利益易发生矛盾，出现局部决策情形。这些都会给企业的整体协调带来较高的交易成本。

M 型，又叫事业部体制结构和分权为主的事业部制。这种结构是按产品或地理等标准建立半自主性经营的事业部，每个事业部各自对本部的经营事务进行管理，同时在公司中设立一个统筹机构，负责监测各事业部的经营活动和绩效，在事业部之间配置经济资源并主要进行投资，以及从事战略性的计划工作。这种结构的优点是能保持经济刺激手段的同时，控制手段得到了加强，而且刺激手段和控制手段是在更好的监督和评价基础上被有区别地运用，从而减少了企业内部协调交易成本，是一种较为合理的组织结构。

企业组织结构形态各有特点，没有完美无缺的，选择结构形态时，应根据企业的具体情况，按照各种形态的特征，合理选择，变更使用。

★ 第三节　建立现代企业制度是国有企业改革的基本方向 ★

一、对国有大中型企业实行公司制改革

国有企业是我国国民经济的支柱。搞好国有企业改革，对于建立社会主义市场经济和巩固社会主义制度，具有极为重要的意义。对大中型企业实行规范化的公司制改革，建立现代企业制度，是国有企业改革的方向和基本内容。我国国有企业改革从过去减税利、两步利改税、承包经营进入了机制转换、制度创新的新阶段——建立现代企业制度阶段。

我国国有企业进行公司制改革，是为建立适应社会主义市场经济要求的现代企业制度进行有益的探索；为转换企业经营机制，真正实现自主经营、自负盈亏、自我发展、自我约束找出一条实现形式。具体地说体现在：通过公司制改革，可以使投资者的股份与公司的法人财产权相分离，有利于明晰和理顺国有企业的财产关系；可以使企业投资主体多元化，有利于政企分开，企业自主经营；可以变国有资产为国有资本和国家股权，有利于盘活国有资产，优化资源配置，促进经济结构调整；可以改变国家对国有企业承担无限责任的现状，迫使企业真正走向市场，开展竞争。

国有大中型企业实行公司制改革的基本内容和目标是：① 要按照“产权明晰、权责明确、政企分开、管理科学”的要求，依法改组、严格规范，使企业成为适应市场的法人实体和市场竞争主体；② 进一步明确国家和企业的权利和责任。国家按投入企业的资本额享有所有者权益，对企业的债务承担有限责任，企业依法自主经营，自负盈亏。政府不再直接干预企业经营活动，企业也不能不受所有者约束，损害所有者权益；③ 要采用多种方式，包括直接融资，充实企业资本金和发展多元化投资主体，推动政企分开和企业转换经营机制。

国有企业改革可以采取的财产组织形式有：① 国有独资公司。国家全额投资并由国家授权经营的公司；② 有限责任公司；③ 股份有限公司；④ 混合所有制企业。这是产权主体多元化的一种企业，国有企业可以参与；⑤ 股份合作制企业。这是劳动者的劳动联合与劳动者的资本联合相结合的新型集体企业，国有小企业可以改制为这种企业；⑥ 企业集团。

二、建立规范的法人治理结构

公司法人治理结构是公司制的核心。要明确股东会、董事会、监事会和经理层的职责，形成各负其责、协调运转，有效制衡的公司法人治理结构，在国有企业的公司制改革中，必须十分注重建立规范的法人治理结构。

根据《公司法》和公司法人治理结构规范化、科学化的要求，在国有企业公司制建立和公司运营中，必须注重维护股东包括中小股东的利益；要健全董事会制度，上市公司要建立独立董事制度，董事会真正代表出资人利益，防止和纠正“内部人控制”；强化外部监督，健全信息披露制度；形成对经理层的激励和约束管制，董事会和总经理原则上实行分

设；处理好“新三会”(股东会、董事会、监事会)和“老三会”(党委会、工会、职代会)的关系；实行“双向进入，交叉任职”等。

目前，我国许多公司都成立了股东会、董事会、监事会等，但是离规范的要求还比较远，需要逐步完善。比较普遍的问题有，股东大会形同虚设，董事会不到位，不能很好代表出资人利益，存在“内部人控制”现象。

公司法人治理结构要处理好所有者与经营者的关系，即董事会和经理层(总经理)的关系。上市公司的重大决策权在董事会，执行权在经理层特别是总经理。经理层要执行董事会决策，对董事会诚实守信、勤勉尽责、接受领导、检查和监督。在日常工作中，经理层不能超越董事会的授权，采取不合适的手段，架空董事会。

对经理层要建立激励和约束机制，否则不利于公司的发展和取得良好的效益。探索建立人力资本的股权机制、报酬机制、控制权机制、声誉机制、市场竞争机制(经理市场、资本市场和产品市场)。

董事会与经理层的关系是公司法人治理结构中权力制衡的重心。只有董事会真正代表所有者利益，经理层对董事会尽心尽力，执行董事会决策，加上监事会能忠实履行对董事会和经理层的监督，公司的法人治理结构才能逐步健全起来。

三、推进垄断行业改革，积极引入竞争机制

垄断行业是我国国有经济最集中的领域，推进垄断行业改革，积极引入竞争机制，是深化国有企业改革极其重要的方面。

(一) 反对和破除一般行政垄断

行政垄断是指政府职能部门要消费者按照审定的价格购买指定的产品和服务。也包括政府不准某些商品被自由经营，或者不准某些商品进入政府所管辖的地区销售，或授予本地企业一些垄断权等。业务主管部门限制或禁止本行业公司之间开展价格竞争也属于这一类。这类垄断会造成市场扭曲，破坏市场机制，损害资源优化和效率提高，还会带来收入分配不公。因此，必须加以反对和破除。反对行政垄断会触及一部分既得利益，因而必然会有阻力，需要政府强力推行，并结合政府职能转换尽快解决，这是中国现阶段反垄断的重点。

(二) 对经济性垄断也要防止和反对

经济性垄断是指企业凭借其资本集中、生产集中和技术集中等经济优势，在生产经营和服务领域限制、排斥竞争的垄断，包括企业之间搞限价、价格同盟，企业之间反竞争企图垄断市场的购并等。

(三) 推进自然垄断行业的改革

自然垄断是以输送网络系统的存在为基础以及与此相应的规模经济性和范围经济性所决定的。推进自然垄断行业改革，首先要认真研究和区别本部门自然垄断业务和非自然垄断业务，然后在非自然垄断性业务积极引入市场机制，开展竞争，提高效率。要加快“反

垄断法”的制定和出台，使我国垄断行业的改革有法可依，规范进行。

★ 第四节　国有企业的管理创新 ★

国有企业要提升自身的竞争能力，必须在进一步深化改革的同时，实施管理创新，努力提高国有企业的管理水平，将潜在资源能力转化为现实的竞争力。

一、国有企业的战略管理创新

企业的战略管理是区别于传统职能管理的一种崭新的管理思想和管理模式，经过40多年的演进与实践，已经取得了很大的发展，并且越来越成为企业管理的重要组成部分。特别是在现代经济社会，企业经营环境的动荡变化，不得不使企业倍加重视战略管理，以及时做出调整，应对变化，企业战略管理的功效尤显突出。所以，国有企业应打破传统的计划管理方式，克服国有企业战略管理的非科学缺陷，建立和创新国有企业战略管理体系。

(一) 确立企业战略管理的思想

企业战略决定着企业的任务和未来的生存与发展状态，战略管理成为现代企业管理的重要组成部分。我国正处于转型变革时期，企业的经营环境由过去的确定性变为了不确定性。经营环境的变化会打破原来资源配置方式获利的渠道，会改变企业的投资行业及生产函数，也会改变企业的边际收益率。在这种不确定的状态下，企业只有通过事先的战略安排，才能抓住机会获得超额利润。所以，国有企业应充分认识和把握这种不确定性，在市场化的进程中，必须重视战略研究和战略管理，要重视经营环境的变化所带来的复杂性和不确定性，企业通过战略的制定和实施，能随时掌握不确定性带来的获利机会，使企业自身的竞争优势得到发挥。国有企业的高层管理者一定要在思想上充分认识这项工作的重要性和艰巨性，根据自身优势和发展的前景建立战略管理系统并不断创新战略管理的方法和模式。

(二) 建立和创新国有企业战略管理体系

国有企业应加快产业结构的战略性调整，减少对传统行业的投入，并使一部分传统的工业企业退出，使一部分传统产业得到改造升级。加大对高新技术产业的投入，培育其成为经济发展的支柱产业，在参与国际分工中能够发挥比较优势，处于有利的地位。为了实现这一目标，依据企业战略管理体系的理论，以及现有国有企业组织结构状况，建立和创新国有企业战略管理体系。

(1) 构建企业总体战略，即确定和改变企业战略目标、战略方向和战略方针；确定和改变企业的生产经营规模，制定专业化协作、联合经营和新技术、产品的开发与市场开拓的重大决策；协调各经营单位的经营活动，做到紧密配合、相互支持；合理有效地配置资源、实现利润最大化。可供选择的战略有：发展型、稳定型、紧缩型、保守型、可靠型和风险型战略。

(2) 构建企业的经营战略，即在企业总战略框架的指导下，通过分析市场、行业、资源供应者、竞争对手、顾客以及自身的优势，制定各经营单位的优势战略目标和各项政策措施。可供选择的战略有：低成本、差异化、专一化战略。

(3) 构建企业的职能战略，即企业总体战略和经营战略的落实和具体化，包括产品与服务战略、技术创新战略、市场营销战略、财务战略、人力资源战略。

值得注意的是，构建企业的战略管理体系，必须要面向市场，进行宏微观环境的分析，保证制定的有效性；建立健全各项制度，塑造良好的企业文化，保证战略的贯彻和实施；还要依据环境的变化，适时地进行战略的动态调整，确保与环境的适应。

(三) 培育和创新国有企业的核心竞争能力

核心竞争力是指企业拥有特殊的资源和能力，具有价值性、稀缺性、不可替代性和难以模仿性。企业核心能力一旦形成，就构成了价值系统，从而形成企业的竞争优势。企业创造利润是战略管理的终极目标，培育核心竞争能力则是企业战略管理终极目标。国有企业要形成特有的竞争优势，必须拥有自己的核心竞争能力，并加以培育与创新。应做到：

(1) 领导者应倍加重视对“核心竞争能力”的培育，应成为有力的推动者。通过对企业的价值活动分析，挖掘企业潜在的资源和能力，应用现代管理思想、方法与技术，进行资源与能力的有效整合。

(2) 建立创新机制，始终注重国有企业的技术创新活动和组织创新活动，以及对其与外部联系活动的创新。提高组织的学习、整合能力，形成独有的、不易被模仿的信息、知识与能力。

(3) 适时更新企业的核心竞争能力，以适应不断变化的市场需要。许多国有企业由于经营机制的不灵活、制度的不完善、经营观念的落后等因素，往往不愿做也不会做进一步的核心竞争能力的创新，而是停留在过去成功的喜悦中，从而使原先具有生命力的企业走向衰败。为杜绝这一现象，国有企业应对已具有的核心竞争能力不断地进行更新，并强烈要求企业的全体员工共同培育企业的核心竞争能力，力争在成本、质量、速度和创新能力方面，始终比竞争对手更具竞争优势。

(4) 在培育和创新核心竞争能力时，要依据环境的状况，选择适当的企业战略。企业处在一个不断变化的环境中，如果未来环境有利于企业现有核心竞争能力的发展，可选择内部经营性战略，即市场渗透与集中、产品开发与革新，维持现状不变，进一步强化自己的核心竞争力；如果未来环境不利于现有核心竞争能力的发展，应调整方向，可选择企业外部交易性战略，通过吸纳外部资源，即组建合营企业、吸收外来资本、实施战略联盟、开展技术转让、兼并与收购等，创新企业的核心竞争能力，推动企业的价值增长。所以国有企业应根据自身的特性和环境对企业的影响，选择最适合的企业战略。

二、国有企业的组织结构创新

国有企业组织结构管理的落后与僵化，极大降低了国有企业的组织能力，直接影响到了组织运转的效率，对此，必须积极地创新国有企业组织结构的管理。

(一) 建立现代企业制度，完善法人治理结构

科学、合理的法人治理结构是现代企业制度的主要特征，是企业科学决策、有效运作

的保证。完善国有企业的法人治理结构，应采取以下措施：

(1) 完善国有企业领导组织结构，实现决策的科学化和民主化。

国有企业应依照《中华人民共和国公司法》进行公司制改造，建立由股东大会、董事会、监事会组成的领导机构。解决好“新三会”与“老三会”的关系问题，明确“新三会”在企业经济活动中的主导地位和“老三会”在企业经济活动中的保证、监督和服务的从属地位。国有独资企业和国有控股公司党委负责人应通过法定程序进入董事会、监事会，充分发挥董事会对重大问题统一决策、监事会有效监督的作用。同时还要充分发挥工会和职代会在企业经济活动中的民主管理的作用，通过合法的程序选举产生职工代表参与企业的重大决策。要实行董事会与总经理分离制度，完善独立董事制度。

(2) 实行政企分开，使国有企业真正成为市场经济竞争的主体。

建立社会主义的市场经济，转变政府的职能，改革政府对国有企业的管理模式，一方面，在实践中积极探索；另一方面，可以借鉴发达国家的经验。国有企业应实行股份公司制，政府应对国有企业实行分类管理，对生产公共产品的国有企业集权管理，对垄断竞争性国有企业实行集权与分权相结合的管理，对竞争性的国有企业实行相对分权的管理。政府对国有企业的管理应以立法为前提，确实保证不要对企业干预过多，真正确立国有企业在市场经济竞争中的主体地位，推动现代企业制度的建立。

(3) 创新国有企业经营管理者的选拔机制，培育企业家市场。

必须深化国有企业领导干部行政任命制度的改革，按照国有企业的特点和要求建立对经营管理者的培养、选拔、管理、考核、监督的办法，按照经营管理者的经营管理能力标准选拔经营管理者，破除“官本位”思想，使经营管理者成为职业的经理人，努力代理好对国有企业的经营管理，并逐步实现治理机制的制度化、规范化，实现对国有资产的保值和增值。

(4) 建立健全国有企业经营管理者有效的激励与约束监督机制。

实行经营管理者收入与企业的经营业绩挂钩，使经营管理者获得与其责任和贡献相符合的报酬。根据这一指导思想，建立健全有效的激励与约束监督机制必须与企业治理机制的建立相结合，坚持经营者的利益与企业的利益相结合，长期利益与短期利益相结合，克服经营者的短期行为。为此，必须构建合理的报酬制度，包括无形资产报酬，即经营者良好声誉的报酬；有形资产报酬是经营者经营业绩的报酬，由工资、奖金、股票、期权构成。构建报酬制度应设计好无形资产和有形资产报酬的数量结构，使其合理而富有效率。同时，必须建立约束监督机制，通过产品市场、经理市场、资本市场、国家的审计监督以及企业法人治理机制的约束监督，防止机会主义和败德行为的产生，实现对经营管理者的有效激励和约束监督。

(二) 创新国有企业组织形态结构，提高国有企业的应变能力

1. 实行放权、授权经营

大中型国有企业由于规模大，产品多元化，不适宜集权管理，应将传统的组织结构改变成事业部制组织和控股公司形式，通过放权、授权把庞大的组织划分为小规模结构，自主决定，自负其责，并通过利润中心、资本中心把整个企业协调起来。国有企业管理者必

须转化观念，大胆的放权、授权经营。

2. 实现组织的扁平化管理

国有企业应将“金字塔”式的科层结构改造扁平化组织结构，这样可以加快信息传递，减少管理费用，锻炼和培养管理人才，融合管理者与员工的关系。通过建立团队组织、高参与组织、柔性组织、学习型组织等，加强组织的灵活性和应变能力。信息技术是组织结构扁平化、网络化重要影响因素，国有企业必须要加强信息化的建设，尤其是ERP(企业资源计划)的应用，为实现组织扁平化管理提供技术支撑条件。

3. 进行国有企业的流程再造

国有企业进行流程再造，是要改变传统的组织流程，强调以顾客的需求为出发点，对构成要素重新组合，增强反应能力，加快流程速度，提高企业绩效。因此，国有企业应摒弃传统的管理观念，对企业流程重新设计或再造。

(三) 实施战略联盟，组建企业联合舰队，增强国有企业抵御风险的能力

要形成一批拥有著名品牌和自主知识产权、主业突出、核心能力强的大公司和企业集团。通过上市、兼并、联合、重组等多种形式，实行跨地区、跨部门、跨行业、跨所有制的资产存量重组；实施战略联盟、组建大型企业和企业集团，提高国有企业的产业集中度，实现优势互补，资源共享，强身健体，增强国际竞争能力。需要指出的是，在国有企业重组、兼并、联合的过程中，政府不应过多干预企业，更不能“拉郎配”，政府应起到指导、服务、协助、规范的作用。

三、国有企业的信息化建设

企业信息化是一场革命，它可以提高企业管理水平、转换经营机制、建立现代企业制度、有效减低成本、加快技术进步、增强市场竞争、提高经济效益，国有企业应积极采取措施，加快信息化建设的步伐。

(1) 国有企业管理者要转变管理观念，用现代化的管理技术与手段实现先进的管理理念。企业信息化的难点不是技术，也不是资金，而是管理思想的转变和理念的更新。企业信息化的过程，也是引进现代管理观念的过程，为学习和借鉴国际先进的思想提供了有效的途径。国有企业管理者要树立起国际化竞争观念、速度观念，让现代化的管理技术与手段成为先进管理方式的支持系统。

(2) 加大企业信息化建设的投入。国有企业管理者要有长远的战略眼光，应认识到“企业信息化建设是一场革命”，是提升企业管理竞争力的关键环节，信息化建设的投资是具有战略意义的投资，国有企业在实现经济利益的基础上，加大对企业信息化建设的投入，使企业管理步入国际先进行列。

(3) 全面启动实施企业管理信息化的培训工程，造就信息化复合型人才。对国有企业实行全员信息化知识与技术的培训，不仅要对企业高层管理者进行全面培训，还要有针对性地对中层、基层人员从思想观念、实施操作等方面进行培训，并建立健全企业全员培训体系和考核体系，为国有企业信息化建设提供人力资源的配备。

(4) 加强政策引导，推进企业信息化的健康发展。企业信息化要坚持“政府推进，市

场引导，企业主体，行业突破，区域展开”的方针。在政府推进方面，各级政府一方面要加快培育信息技术的应用市场；另一方面要加快信息技术产业的发展，提供先进适用的信息技术、产品和服务。在市场引导方面，应坚持以市场为导向，充分发挥市场在资源配置中的基础作用，推进国有企业管理现代化的建设。在企业主体方面，国有企业应积极带头响应政府号召，通过国家重点企业的信息化建设，带动其他企业信息化建设的进程。在行业突破方面，应力争在一些优势行业，如石化、烟草、汽车医药等行业，率先突破、积累经验、总结推广。在区域开展方面，应在一些发达地区发挥经济社会、地域环境上的优势，通过加快企业信息化建设的进程，为中西部地区提供示范。

四、实施人力资源的战略管理

面对人才市场激烈的竞争，国有企业如何留住现有的优秀人才？如何就地吸引人才到国有企业中来？国有企业应改革现有的人事管理制度，建立起富有吸引力的人力资源管理体制。

(一) 树立人力资源观念

传统观念是把人力作为一般的生产要素，为其寻找一个适合的工作岗位从事劳动。而人力资源是把人力当做资源看待，具有主动性、可激励性、创造价值性、潜力和可开发性以及效用的不可存储性。特殊的人力资源还具有稀缺性、不可模仿和难以替代性。人力资源是企业最宝贵的资源，是企业生存发展的第一要素。国有企业应重视人力资源的价值，把人力资源管理提高到企业战略的高度上加以重视。

(二) 改变传统的人事管理内容

长期以来，国有企业的人事管理不涉及人力资源的管理内容，更没有完整的人力资源管理体系。人力资源管理体系包括：人力资源规划、人事组织工作、工作分析、员工的培训与发展、工作绩效的评估、奖酬系统的设计以及劳资关系。国有企业应改变对人力要素的行政管理方法，将人力资源管理的内容纳入管理的范围，建立起科学、有效的人力资源管理体系，真正发挥人力资源管理的功效。

(三) 建立和完善人力资源管理制度

国有企业要实施人力资源的有效管理，还应通过管理制度的建立和完善加以保证。

1. 建立合理的劳动用工制度

不同的劳动用工制度，是由企业的性质、工作的性质及市场化程度决定的。从实践反映出，简单且市场化程度高的劳动岗位以及个人独立性强且市场化程度高的劳动岗位，选择的是短期用工制度；复杂且市场化程度低的劳作岗位则选择长期的用工制度。两种用工制度在激励与约束方面各有利弊，企业根据自身情况选择设计。国有企业在劳动用工制度上计划经济色彩仍很浓厚，多数岗位仍是长期用工制，员工缺乏竞争和压力，没有有效的激励与约束制度。因此，国有企业应设计动态的劳动用工制度，对不同岗位员工的用工制度设定适当的市场化比例，形成合理的人员流动机制，让员工有危机感，又有不断进取的动力。

2. 建立有效激励的劳动报酬分配制度

劳动报酬是对员工劳动付出的回报，包括工资、岗位津贴、奖金，对劳动者积极性的发挥有着巨大的激励作用。国有企业虽已打破“大锅饭”的分配制度，实行按劳分配的原则，但是，实际上对职工的绩效考评没有科学的标准，无法准确地衡量员工劳动的绩效，分配上仍还存在变相的“大锅饭”。此外，在劳动报酬的数量上也毫无吸引力，导致人才流失。所以国有企业要建立有效的劳动报酬分配制度，首先要建立科学合理的劳动绩效考核体系，经过严格的考核，奖罚严明，真正贯彻按劳分配的原则；在报酬数量上，设计合理的结构，能够反映出人才的真正价值。

3. 完善培训制度

应该说国有企业还是比较重视对员工的培训，但在培训的时间、内容、对象、管理制度方面还不够完善，国有企业应尽快加以改善。注重短期培训与长期培训相结合，建立学习型组织，树立终身学习的思想；企业不仅要对员工进行岗位技术培训，还要进行企业文化的教育和灌输；建立培训评估制度，检测培训效果。为保证企业员工培训的顺利进行，国有企业应加大投资力度，通过培训使员工不断成熟与成长，发挥出员工的潜力与创造力，并培养员工对企业的忠诚度。

国有企业进行人力资源管理，还要打破传统的用人机制，为员工提供事业发展的平台，使优秀人才脱颖而出，铸就人才职业生涯的辉煌。不仅要感情留人，最重要的是机制留人和事业留人。

五、构建新型的企业文化

国有企业深受计划经济的影响，企业文化与传统的计划经济相匹配，传统的、守旧的意识与文化对国有企业的管理形成桎梏，我们必须要加以创新，构建与市场经济相适应的经营性企业文化，改变传统的管理方式。

（一）培育企业共同的新型价值观念

所谓新型的价值观念就是改造传统的计划经济体制下所形成的价值观。一方面，继承和发扬国有企业优良的传统，包括已有的成功的经营管理思想、思想政治工作、集体主义、企业作风、习俗礼仪、树立典范等等；另一方面，要改变陈旧的观念、依赖政府的思想、分配的平均主义、“官本位”思想、守旧求稳的观念等。树立符合现代市场经济社会的价值观念，如竞争的观念、创新的意识、市场的观点、人本的观念、形象的观念、经济效益的观念、社会责任的观念等。用新型的价值观念，树立共同的目标，引导企业员工的行为协调一致，适应市场经济社会的竞争。

（二）建立“以人为本”的管理制度

首先应重视人力资源的管理。坚持以人为中心，建立以人为本的激励与约束机制，形成尊重人、理解人、关心人、培养人的氛围。其次加强企业经营道德机制建设，使企业成员自觉规范经营行为，实现企业与多方利益的协调。最后建立健全企业管理的规章制度和组织机构。科学、合理的企业规章制度和组织机构是企业生存发展的客观要求，也是企业经营活动顺利运行的制度保证和组织保证。国有企业应以“以人为本”为指导思想，以企业的生产技术、经营理念、环境变化为出发点，运用信息化管理手段和民主化管理方式，建立企业各项完备的管理制度，调动企业职工的积极性，发挥职工的集体智慧，实现企业的奋斗目标。

(三) 制定和实施企业文化竞争战略

现代市场经济的企业竞争实质上已上升到企业文化的竞争，成功企业与失败企业之间的差异表现在企业文化的差异上。国有企业应把企业文化建设纳入到战略管理的范围，在企业的价值趋向、经营哲学、规模经济、人才储备与技术研发、产品与质量保证、市场营销与拓展、社会责任与公益等各个方面展开全方位的竞争。为此，国有企业必须制定和实施企业形象战略(CIS 战略)、名牌发展战略和顾客满意战略(CS 战略)，增强企业的竞争实力，成为 21 世纪的战略赢家。

第四章 企业经营机制与经营行为

企业是市场竞争的主体和法人实体，企业的经营目标是利润最大化。为了实现其经营目标，必须建立科学的经营机制，采取有效的经营行为，在市场经济的竞争条件下实现企业的成长和壮大。在现代市场经济条件下，企业家在实现企业经营目标和企业的成长发展中具有独特的地位和功能。可以说，没有成熟的、成功的企业家群体，就不可能有成熟的市场经济和成功的企业经营。在本章中，通过学习和研究企业经营机制、企业的投入产出和市场营销行为、企业的破产、联合、兼并、企业集团等企业成长中的重大问题，了解企业经营行为的主要规律和过程，并且通过对企业家的研究，充分认识培养企业家的重要性和基本要求。

★ 第一节 企业的经营机制 ★

一、企业的经营目标

在市场经济中，企业的目标应是企业利润的最大化，即企业总是力求在多种可能的经营备选方案中，抉择能够给企业带来最大利润的那个方案，以使其所能获得的经济利益(利润)最大化。

把利润最大化作为企业的目标，是由企业在市场经济中的特殊地位和作用决定的，具有客观必然性。企业是市场经济活动的基本单位，是独立的商品生产者和经营者，是独立的法人主体。企业经营的最终成果，是社会多元主体，包括国家利益，企业利益和个人利益在何种程度上实现的基础。企业的所有者，经营管理者和劳动者都会以自身利益最大化去从事企业活动，从而形成利益系统合力，推动企业整体以利润最大化为经营目标。另一方面，企业自身的成长、发展、壮大以及市场竞争能力和市场应变能力的提高，很大程度上也依赖于企业已有的经营能力和经营绩效。企业的利润水平是企业不断扩大再生产，实现规模扩大的基本条件，而企业经营的最终成果可以以货币形态的利润指标得到综合的体现。因此，企业经济行为的利润最大化倾向不仅是合理的，而且也是十分必要的，因为它一方面能使国家财力增长，国有资本增值，使宏观经济效益不断提高；另一方面，它也为企业自身的技术创新、产品创新以及其他方面的经营管理活动的顺利开展奠定良好的基础。市场经济条件下，企业经济行为的利润最大化倾向，实质上是责、权、利相统一原则的具体化和现实化。

企业的利润最大化目标，是在一系列约束条件下实现的，因此，它也表明企业的经营目标必定会完全极大值地实现。这些约束条件包括：企业的社会责任，特定时期国家的政策与法律，如财政政策、金融政策、产业政策、经营范围等，需求状况及强度，消费的收入水平及支付能力、支付方式与结构、消费者的心理偏好、消费习惯、文化差异与传统习惯、企业的供给能力、供给弹性、创新能力、市场营销能力、国际经济形势变化、国际市场供求结构变动等等。由于这些约束条件是在动态变化之中，因此，企业必须能够准确把握外部环境变化，科学实施内部管理，才能实现有条件的利润最大化。

企业经营目标是利润最大化，但并不能绝对地、片面地、单纯地强调企业利润最大化的目标，否则可能会产生许多问题，如忽视社会责任的唯利是图，目光短浅的获利行为短期化，忽视企业能够承担的风险度而盲目冒险等等。因此，企业在追求利润最大化中必须注重责、权、利的统一。

利润最大化是企业经营管理的总目标或最高目标，它是企业经济行为的内在驱动力和企业活力的源泉，这一目标支配着企业各个方面、各个环节的经营过程和具体行为。企业经营管理中各个职能、环节、过程都有具体目标，这些目标都是企业利润最大化总目标的分解，分目标是实现总目标的手段，是总目标的具体化和措施化。企业的分目标可以层层分解，形成一个整体的目标系统。主要的分目标有：

(1) 企业公共关系目标。包括企业外部公共关系目标和内部公共关系目标。前者表现为树立企业整体的良好形象，谋求发展，后者表现为建立良好的人际关系，形成团结合力。企业公共关系的目标就在于谋求提高企业的知名度和美誉度。

(2) 企业内部的具体管理目标。包括从生产要素投入品的供给到产品产出的每个经营管理环节的目标，例如，成本管理目标、设备管理目标、质量管理目标、生产管理目标、人力资源管理目标、财力管理目标、科技创新目标、环境保护目标、库存管理目标，等等。

(3) 企业的市场营销目标。这是企业实现利润目标的关键环节。主要有渠道目标、区域目标、销售额目标、市场占有率目标、促销手段目标，等等。

企业的总目标分目标共同构成一个目标体系。分目标的实现水平直接制约总目标的实现。为了实现分目标和总目标，企业必须建立相应的经营机制。

二、企业的经营机制

企业经营机制是在基本经济制度既定前提下，从事生产经营活动的企业在经济活动中，各种生产要素之间互相影响、互相作用的内在机理和运行方式及其所产生的特定功能。

在市场经济条件下，企业的经营活动就是要通过市场研究，选定目标市场，确定产品和生产方法，根据竞争形势，采用有效的营销策略组合，实现产品销售和利润最大化的一系列过程。企业经营必须面对市场环境。

企业所面对的市场环境主要指：① 用户及消费者及其购买力；② 竞争对手的产量、质量、价格及售后服务策略；③ 供应商的产量、质量、价格和售后服务策略；④ 技术及劳动力市场的供应和状况；⑤ 资金供应渠道及其成本；⑥ 市场法律与政策的规定；等等。

为了适应市场环境，将市场机会变为企业机会，争取获得尽可能大的盈利，企业必须建立充满生机和活力的经营机制，主要有决策机制、激励机制、约束机制、发展机制等。

(一) 决策机制

决策，是企业面对复杂多变的市场，根据未来要解决的问题，在实现企业经营目标的各种可行的方案中选择出最优方案采取行动的过程。合理的决策必须满足三个条件：目标合理，决策结果满足预定目标的要求；决策本身符合效率；有限合理，经济性原则。决策本质上是一个系统的过程，贯穿企业生产经营活动的全过程。企业的决策分析运用范围，包括了有关产品开发、生产设备规模与工厂布局、产品定价、销售计划和其他各类财务及投资管理方面问题的解决。决策可以分为：长期决策和短期决策；战略决策、战术决策和业务决策；程序化决策和非程序化决策；确定性决策、非确定性决策和风险性决策。科学的决策必须选择合适的人员，弄清影响因素，采用科学的决策程序和决策技术，做到权威和民主化结合。

(二) 激励机制

激励的本质在于调动人的积极性和创造性。企业的激励机制，是企业为实现经营目标采取有效措施和手段，激发、鼓励经营者和劳动者积极性和创造性的机制。激励机制主要包括激励主体、激励对象、激励目标和激励方式。激励的方式主要有物质鼓励和精神鼓励。物质鼓励包括财产收益，劳动收益的激励；精神激励包括荣誉、地位、成就感、认同感等方面的激励。激励机制体现激励者与被激励者之间的一种关系。除了上述正激励外，还有负激励，如市场竞争中的破产倒闭威胁、企业形象危机的威胁等，都可产生激励的正效果。有效的激励方法和技巧，可以激发人的内在潜力，发展人的能力，充分发挥人的积极性和创造性，从而使企业成员为有效地实现企业目标而努力工作。

(三) 约束机制

企业对利润最大化目标的追求，受到各种内外因素的约束，有经济性约束，如预算约束、市场约束、计划和政策约束等；有的是非经济性的，如舆论约束、道德约束、法律约束、行政约束等。

1. 预算约束

预算约束是指企业必须以自己的收入来补偿自己的支出，其支出要受收入的约束。它不仅意味着事后反映在财务会计账目上的收支平衡，更重要的是企业必须以其预期收入事先控制其支出。预算约束可分为硬预算约束和软预算约束。硬预算约束是企业自负盈亏在企业经营机制中的具体体现。只有在硬预算约束条件下，企业才能自我约束、自我积累、自我发展、展开合理和高效的经济活动。建立硬预算约束机制必须进一步明确企业的财产关系，建立现代企业制度。

2. 市场约束

市场约束是指各种市场信号对企业经济活动的制约。市场约束可分为价格信号约束和数量信号约束。当市场价格波动时，企业会根据市场价格波动信号，自动调节资源配置和收入、支出安排。当市场供求数量关系出现短缺或过剩时，企业也会自动调节自己的生产经营活动。市场约束要能对企业的生产经营活动发生有效的制约作用，都以存在硬预算约束为前提。发挥市场约束功能，必须使企业成为市场竞争主体，完善市场体系和市场机制。

3. 计划和政策约束

计划和政策约束指国家的计划和经济政策对企业经营活动的制约。市场经济中，国家的宏观经济计划、经济政策和经济杠杆对企业和市场的指导、调节，都会影响企业的经营行为。尤其是少数指令性计划，这种制约性更明显。

此外，社会舆论、道德、法律和行政都会对企业经营活动产生直接或间接的约束作用，使企业在企业自我目标和社会公共目标之间进行合理选择，在实现企业利润最大化中推动社会公共目标的实现。

(四) 发展机制

发展机制是企业自身提高和不断发展的功能。包括发展动力、发展目标、发展方式和发展手段。

发展动力来自于企业决策机制、激励机制和约束机制功能的发挥。在发展机制作用下促动企业追求长远利益，克服短期行为。企业的发展方式有外延式扩大再生产和内涵式扩大再生产，这两种方式往往结合在一起。企业发展到一定阶段后，自然会以内涵式扩大再生产方式为主，实现两种方式结合下的成长和扩大规模。企业发展的手段主要有增加生产投入、推动技术进步、强化管理、实行兼并、联合、资产重组、多样化经营等。企业在发展中不断增强市场竞争力，在竞争中不断获得成长和发展。

★ 第二节　企业的经营行为 ★

一、企业的投入与产出

企业是从事生产经营(包括有形物质产品和无形的劳务产品)的基本单位。任何企业要进行生产经营，必须首先有一定的投入，即生产要素，并把它们现实地结合起来。生产要素一般包括劳动、土地和资本以及技术等。劳动是人们为了进行生产活动或获取收入而提供的劳务；土地包括土地本身及地上、地下资源，是一种自然资源；资本，也称之为资本品或投资品，是指机器、厂房等生产的设备和资金；技术是指投入生产过程的各种技术，这种技术是渗透于其他投入要素之中的。上述各种投入要素之间，有的是可以相互替代的，有的则不能相互替代。

企业的生产过程是各种资源要素投入组合与它们所提供的最大产出之间的技术性关系。这种技术性关系可表示为生产函数，即 $Q = F(X_1X_2X_3\cdots X_n)$，其中 Q 表示产出量，X_1、X_2、…、X_n 表示各种要素投入量。为了简化分析，生产理论通常以劳动量(L)和资本量(K)分别表示人力投入和非人力投入，故生产函数又可简单表示为：

$$Q = F(L \times K)$$

特定的生产函数决定于该生产过程的技术性质，或者说，确定的生产函数概括了某种产品生产过程的技术性质。在既定的技术条件下，生产函数就会相应变化。因此，企业的产出就是企业在一定技术条件下既定投入的组合所能提供的产量。企业生产实际上就是指人们把投入品转化为产品的过程或活动。

二、企业的成本、收益和利润量大化

(一) 生产成本

生产者为了进行生产，必须购买生产要素，为此而支付的代价(价格)即为生产者的成本。成本就是投入要素的数量与每单位要素价格的乘积。按照前述生产函数的简化公式，成本与投入要素的关系的方程，即成本方程可表示为：

$$C = K_{PK} + L_{PL}$$

(1) 与生产成本相关的三个概念：即总成本、平均成本和边际成本。其中，总成本(STC)是生产某一特定产品所需的成本的总和，它包括固定成本(FC)和可变成本(VC)两个部分。固定成本是在一定限度内不随产量变动而变动的费用。如厂房费用、机器折旧费用等。可变成本是随产量变动而变动的费用，如原材料、燃料、工资等。由于不变成本在产量变化的一定范围内是固定不变的，产量越大，单位产品含量越少，从而使单位成本降低，而可变成本一般是随产量变化而同步变化，见图 4-1。

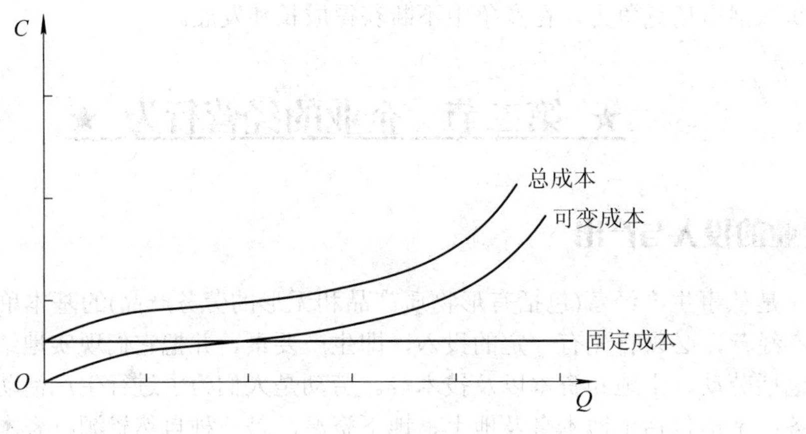

图 4-1　总成本、固定成本、可变成本曲线

平均成本(SAC)是每个单位产品的平均成本，即一定量产品的全部成本除以产量。边际成本(SMC)是生产最后增加的那个单位产品所花费的成本，或者说，边际成本就是每增加或减少一个单位产品而使总成本变动的数值。边际成本等于成本增量与产量增量之比。

(2) 总成本、平均成本、边际成本三者之间的关系及平均成本曲线的最低点，见表 4-1。

由表 4-1 中可看出，当产量从 0 渐增加到 9 时，总成本一直是增大的；而边际成本则先下降，后上升；平均成本也是先下降，后上升的。而且，由于平均成本是最后一个产品承担的成本，所以，边际成本的变动较早，平均成本的变动较晚。如图 4-2 所示。

表 4-1　总成本、平均成本、边际成本的相互关系

产量 (1)	总不变成本 (2)	总可变成本 (3)	总成本 (2)+(3)=(4)	边际成本 (5)	平均不变成本 (2)÷(1)=(6)	平均可变成本 (3)÷(1)=(7)	平均成本 (6)+(7)=(8)
0	120	0	120				
1	120	34	154	34	120	34	154
2	120	63	183	29	60	31.5	91.5
3	120	90	210	27	40	30	70
4	120	116	236	26	30	29	59
5	120	145	265	29	24	29	53
6	120	180	300	35	20	30	50
7	120	230	350	50	17.14	32.86	50
8	120	304	424	74	15	38	53
9	120	420	540	116	13.33	46.67	60

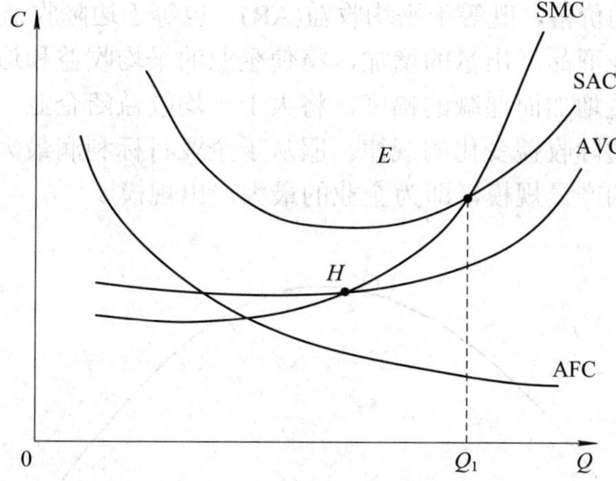

图 4-2　总成本、平均成本、边际成本曲线

根据总成本、边际成本、平均成本之间的关系，可进一步分析平均成本曲线的最低点。

① 如果边际成本小于平均成本，则平均成本必定随着产量的增加而减少，从而平均成本将因边际成本小于平均成本而下降。

② 如果边际成本大于平均成本，则平均成本必定会随产量增加而扩大，从而平均成本将因边际成本大于平均成本而上升。由此可见，边际成本必然会与平均成本曲线的最低点相交。

在上图中，SMC 与 SAC 相交于 E 点，E 就是 SAC 的最低点。Q 是 SAC 的最低点时的产量，在 E 点的左方，边际成本小于平均成本，平均成本曲线是下降的，在 E 点的右方，边际成本大于平均成本，平均成本曲线是上升的。只有在 E 点，边际成本恰好等于平均成本，并且是平均成本曲线的最低点。在这一点，平均成本最低，这就是生产中最低成本条件，即最佳要素组合条件。因为，单位投入所获得最大产出，也就意味着单位产出所花费的成本最小。

(二) 收益

收益是指企业出售商品或劳务得到的收入，即价格与销售量的乘积，可表示为 $TR = P \times Q$。收益中包含了成本和利润。企业收益 − 企业成本 = 企业利润。

从不同的角度，企业的收益可以有不同的分类。总收益(TR)是厂商销售一定量产品所得到的全部收入；平均收益(AR)是厂商销售每一单位产品所得到的收入；边际收益(MR)是厂商每增加销售一单位产品所增加的收入。如果以 Q 代表销售量，ΔQ 代表销售量增量，则总收益，平均收益与边际收益之间的关系如下列公式所示，并参见图 4-3。

$$TR = AR \times Q$$

$$AR = \frac{TR}{Q}$$

$$MR = \frac{\Delta TR}{\Delta Q}$$

在市场价格不发生变化的情况下，企业平均每个单位的产品都按同一价格水平出售，也就是说，商品售卖的价格，既等于平均收益(AR)，也等于边际收益(MR)，在市场价格发生变动的情况下，企业商品产出量的增加，将使企业的平均收益和边际收益递减，而且，边际收益随企业产出量增加而递减的幅度，将大于平均收益随企业产出量增加而递减的幅度。这是平均收益和边际收益变化的规律。服从于企业目标利润最大化的理性要求，边际收益与边际成本相等的产量规模，即为企业的最大产出规模。

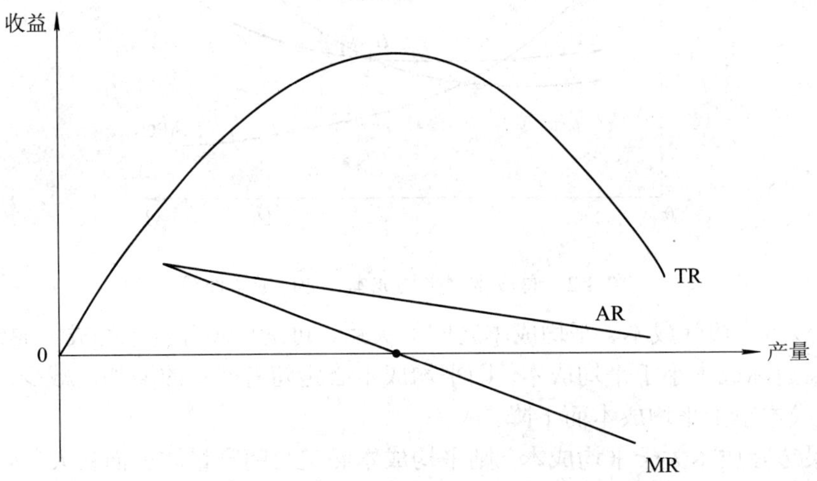

图 4-3　总收益、平均收益、边际收益曲线

(三) 利润最大化原则

企业生产经营的目标是谋求利润(π)最大化。企业就是在成本、收益与利润之间进行权衡而进行生产决策，实现利润最大化的。

利润与收益、成本之间最基本的关系是：利润(π) = 收益(TR) − 成本(TC)。企业为获得利润最大化，一方面追求成本最低，另一方面要选择能获得最高利润的产量水平。在这一决策过程中，边际收益等于边际成本是最基本条件，只有边际收益等于边际成本，企业才能获得最大的利润(如图 4-4 所示)。这就是利润最大化原则。即 MR = MC。

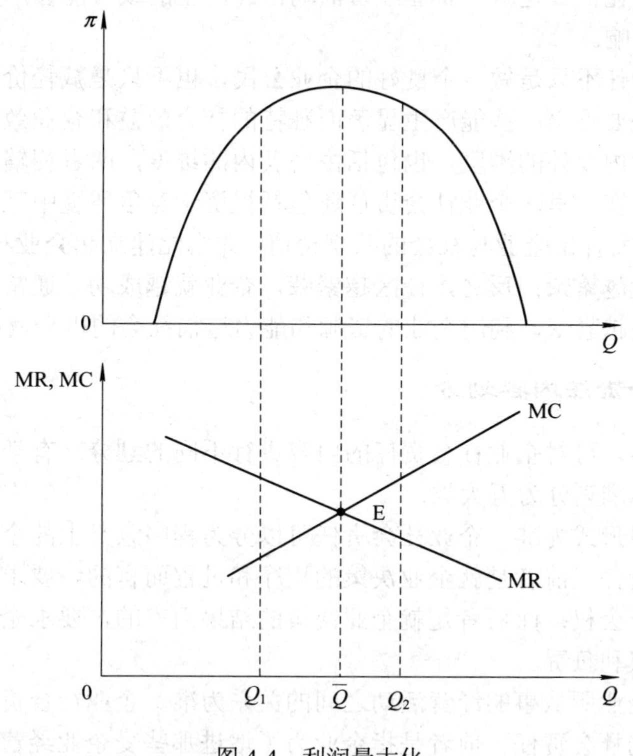

图 4-4　利润最大化

图中上半部为利润曲线，下半部分为相对应的边际收益和边际成本曲线。当 MR = MC 时，相交于 E 点，相对应的产量为$\overline{Q}$。如果生产者选择产量 Q_1，这时 MR > MC，生产者继续扩大产量仍可以获得更多的利润。如果生产者在 Q_2 水平上生产，MR < MC，生产者所获得的收益不抵所费的成本，利润不仅没有增加，反而减少了，这时生产者减少产量反而可以使利润增加。

三、企业的社会责任

(一) 企业社会责任的概念

企业社会责任是指企业在其商业运作里对其利害关系人应负的责任。企业社会责任的概念是基于商业运作必须符合可持续发展的想法，企业除了考虑自身的财政和经营状况外，也要加入其对社会和自然环境所造成的影响的考量。

利害关系人是指所有可以影响、或会被企业的决策和行动所影响的个体或群体，包括：员工、顾客、供应商、社区团体、母公司或附属公司、合作伙伴、投资者和股东。

（二）企业社会责任分类

企业社会责任可以分为两类，一类是反应型企业社会责任，另一类是战略型企业社会责任。

反应型企业社会责任有两种形式：一是做一个良好的企业公民，关心各利益相关者所关注的社会问题的变化；二是减少企业经营活动已经产生的或可能会产生的对于社会、消费者和环境的负面影响。

履行企业社会责任不只是做一个良好的企业公民，也不只是减轻价值链活动所造成的不利社会影响，而是要推出一些能产生显著而独特的社会效益和企业效益的重大举措。企业社会责任既包括由内及外的维度，也包括由外及内的维度，两者相辅相成——创造共享价值的机会恰恰蕴藏在这里。企业社会责任还包括投资于竞争环境中某些能促进企业竞争力提高的社会因素，发挥出企业与社会的共享价值，并由此建立起企业与社会的共生关系：企业越成功，社区就越繁荣；反之，社区越繁荣，企业就越成功。通常而言，某个社会问题与企业的业务关系越紧密，利用企业的资源和能力造福社会的机会就越大。

（三）企业社会责任内容划分

依据不同的标准，可对企业社会责任的内容进行不同的划分。有学者将企业社会责任的内容依据不同的标准划分为五大类：

第一类，以表现形式为准，企业社会责任可以分为程序意义上的企业社会责任和实质意义上的企业社会责任。前者是就企业决策的程序和过程而言的，要求企业决策程序考虑和反映社会利益与社会权；而后者是就企业决策的结果而言的，要求企业决策的结果能够对社会利益与社会权利负责。

第二类，以与企业所从事的经营活动之间的关系为准，企业社会责任可以分为相关的社会责任与不相关的社会责任。前者是指企业为了增进那些受企业经营活动影响的利害关系人的福利而付出的努力；后者是指超出企业经营活动的范围，纯粹为解决某一方面的社会问题、增进那些与企业经营活动没有直接利害关系的社会集团的福利而实施的行为。

第三类，以受激励与约束的行为规范为准，企业社会责任可以分为道德意义上的责任和法律意义上的责任。前者指企业的社会行为要合乎道德伦理的价值要求；后者指有法律规定的可由法律予以强制执行的责任。

第四类，以企业行为导致的结果为准，企业社会责任可以分为牺牲营利的社会责任与促进盈利的社会责任。

第五类，以企业行为背后的动机为准，企业社会责任可以分为价值主义态度的社会责任与工具主义态度的社会责任。

★ 第三节　企业战略管理 ★

一、企业战略管理的概念

企业战略管理是企业确定其使命，根据组织外部环境和内部条件设定企业的战略目标，为保证目标的正确落实和实现进行谋划，并依靠企业内部能力将这种谋划和决策付诸实施，以及在实施过程中进行控制的一个动态管理过程。

指导企业全部活动的是企业战略，全部管理活动的重点是制定战略和实施战略。而制定战略和实施战略的关键都在于对企业外部环境的变化进行分析，对企业的内部条件和素质进行审核，并以此为前提确定企业的战略目标，使三者之间达成动态平衡。战略管理的任务，就在于通过战略制定、战略实施和日常管理，在保持这种动态平衡的条件下，实现企业的战略目标。战略管理不仅涉及战略的制定和规划，而且也包含着将制定出的战略付诸实施的管理，因此是一个全过程的管理。战略管理不是静态的、一次性的管理，而是一种循环的、往复性的动态管理过程。它是需要根据外部环境的变化、企业内部条件的改变，以及战略执行结果的反馈信息等，从而重复进行新一轮战略管理的过程，是不间断的管理。

二、战略管理的特点

1. 战略管理具有全局性

企业的战略管理是以企业的全局为对象，根据企业总体发展的需要而制定的。它所管理的是企业的总体活动，所追求的是企业的总体效果。虽然这种管理也包括企业的局部活动，但是这些局部活动是作为总体活动的有机组成在战略管理中出现的。具体地说，战略管理不是强调企业某一事业部门或某一职能部门的重要性，而是通过制定企业的使命、目标和战略来协调企业各部门自身的表现，以及它们对实现企业使命、目标、战略的贡献大小。这样也就使战略管理具有综合性和系统性的特点。

2. 战略管理的主体是企业的高层管理人员

由于战略决策涉及一个企业活动的各个方面，虽然它也需要企业上下层管理者和全体员工的参与和支持，但企业的最高层管理人员介入战略决策是非常重要的。这不仅是由于他们能够统观企业全局，了解企业的全面情况，而且更重要的是他们具有对战略实施所需资源进行分配的权力。

3. 战略管理涉及企业资源和能力的优化配置

企业的资源，包括人力资源、实体财产和资金，或者在企业内部进行调整，或者从企业外部来筹集。在任何一种情况下，战略决策都需要在相当长的一段时间内致力于一系列的活动，而实施这些活动需要有大量的资源作为保证。因此，这就需要为保证战略目标的实现，对企业的资源进行统筹规划与合理配置。

4. 战略管理具有长远性

战略管理中的战略决策是对企业未来较长时期(5年以上)内，就企业如何生存和发展等进行统筹规划。虽然这种决策以企业外部环境和内部条件的当前情况为出发点，并且对企业当前的生产经营活动有指导、限制作用，但是这一切是为了更长远的发展，是长期发展的起步。从这一点上来说，战略管理也是面向未来的管理，战略决策要以经理人员所期望或预测将要发生的情况为基础。在迅速变化和竞争性的环境中，企业要取得成功必须对未来的变化采取预警性的态势，这就需要企业做出长期性的战略计划。

5. 战略管理需要考虑企业外部环境中的诸多因素

现今的企业都存在于一个开放的系统中，它们影响着这些因素，但更通常地是受这些不能由企业自身控制的因素所影响。因此在未来竞争的环境中，企业要使自己占据有利地位并取得竞争优势，就必须考虑与其相关的因素，这包括竞争者、顾客、资金供给者、政府等外部因素，以使企业的行为适应不断变化中的外部力量，企业能够继续生存下去。

三、战略管理的基本要求

1. 重视对经营环境的研究

由于战略管理将企业的成长和发展纳入了变化的环境之中，管理工作要以未来的环境变化趋势作为决策的基础，这就使企业管理者们重视对经营环境的研究，正确地确定公司的发展方向，选择公司合适的经营领域或产品市场领域，从而能更好地把握外部环境所提供的机会，增强企业经营活动对外部环境的适应性，从而使二者达成最佳的结合。

2. 重视战略的实施

由于战略管理不只是停留在战略分析及战略制定上，而是将战略的实施作为其管理的一部分，这就使企业的战略在日常生产经营活动中，根据环境的变化对战略不断地评价和修改，使企业战略得到不断完善，也使战略管理本身得到不断地完善。这种循环往复的过程，更加突出了战略在管理实践中的指导作用。

3. 重视日常的经营与计划控制，近期目标与长远目标的结合

由于战略管理把规划出的战略付诸实施，而战略的实施又同日常的经营计划控制结合了在一起，这就把近期目标(或作业性目标)与长远目标(战略性目标)结合了起来，把总体战略目标同局部的战术目标统一了起来，从而可以调动各级管理人员参与战略管理的积极性，有利于充分利用企业的各种资源并提高协同效果。

4. 重视战略的评价与更新

由于战略管理不只是计划“我们正走向何处”，而且也计划如何淘汰陈旧过时的东西，以“计划是否继续有效”为指导重视战略的评价与更新，这就使企业管理者能不断地在新的起点上对外界环境和企业战略进行连续性探索，增强创新意识。

四、战略管理的过程

战略管理过程一般包括 9 个步骤。如下图：

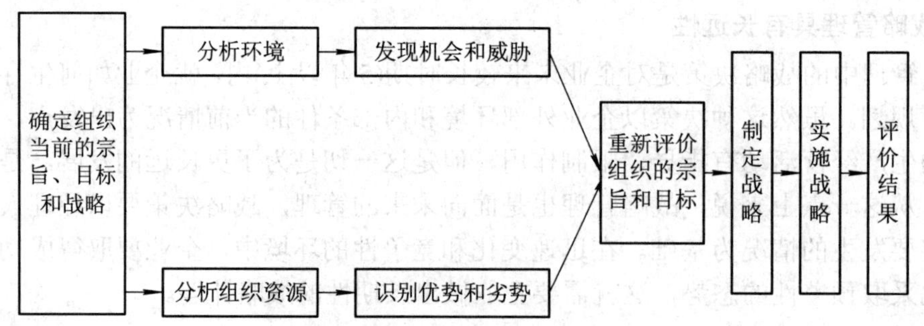

1. 确定组织当前的宗旨、目标和战略

定义公司的宗旨，旨在促使管理当局仔细确定公司的产品和服务范围。对“我们到底从事的是什么事业”的理解关系到公司的指导方针。如一些学者指出，美国铁路公司之所以不景气是因为他们错误地理解了自己所从事的事业。在30～40年代，如果铁路公司认识到他们从事的是运输事业而不仅仅是铁路事业，他们的命运也许会完全不同。当然，管理当局还必须搞清楚组织的目标以及当前所实施的战略的性质，并对其进行全面而客观的评估。

2. 分析环境

环境分析是战略管理过程的关键环节和要素。组织环境在很大程度上规定了管理当局可能的选择。成功的战略大多是那些与环境相适应的战略。管理当局应很好地分析公司所处的环境，了解市场竞争的焦点，了解政府法律法规对组织可能产生的影响，以及公司所在地的劳动供给状况等等。其中，环境分析的重点是把握环境的变化和发展趋势。关于环境的信息可以通过各种各样的外部资源来获取。

3. 发现机会和威胁

分析了环境之后，管理当局需要评估环境中哪些机会可以利用，以及组织可能面临的威胁。机会和威胁都是环境的特征。威胁会阻碍组织目标的实现，而机会则相反。在分析机会与威胁时，如下因素是关键的：竞争者行为、消费者行为、供应商行为和劳动力供应。技术进步、经济因素、法律、政治因素以及社会变迁等一般环境虽不对组织构成直接威胁，但作为一种长期计划，管理者在制定战略时也必须慎重考虑。分析机会和威胁还必须考虑压力集团、利益集团、债权人、自然资源以及有潜力的竞争领域。如某公司发现竞争对手在开发新产品并削减价格，该公司所做的反应首先应是加强广告宣传、提高其品牌的知名度。

4. 分析组织的资源

这一分析将视角转移到组织内部：组织雇员拥有什么样的技巧和能力？组织的现金状况怎样？在开发新产品方面一直很成功吗？公众对组织及其产品或服务的质量的评价怎样？这一环节的分析能使管理当局认识到，无论多么强大的组织，都在资源和能力方面受到某种限制。

5. 识别优势和劣势

优势是组织可开发利用以实现组织目标的积极的内部特征，是组织与众不同的能力(Distinctive competence)，即决定作为组织竞争武器的特殊技能和资源，劣势则是抑制或约束组织目标实现的内部特征。经理们应从如下方面评价组织的优势和劣势，这些因素包括：市场、财务、产品、研究与发展。内部分析同样也要考虑组织的结构、管理能力和管理质量，以及人力资源、组织文化的特征。管理者可以通过各种各样的报告来获得有关企业内部优势和劣势的信息。

6. 重新评价组织的宗旨和目标

按照SWOT(Strengths-weaknesses-opportunities-threats)分析和识别组织机会的要求，管理当局应重新评价公司的宗旨和目标。

7. 制定战略

战略需要分别在公司层、事业层和职能层设立。在这一环节组织将寻求组织的恰当定位，以便获得领先于竞争对手的相对优势。

8. 实施战略

无论战略制定得多么有效，如果不能恰当地实施仍不可能保证组织的成功。另外，在战略实施过程中，最高管理层的领导能力固然重要，但中层和基层管理者执行计划的主动性也同样重要。管理当局需要通过招聘、选拔、处罚、调换、提升乃至解雇职员以确保组织战略目标的实现。

9. 评价结果

战略管理过程的最后一步是评价结果：战略的效果如何？需要做哪些调整？这涉及控制过程。

★ 第四节　企业营销管理 ★

一、营销与营销管理的概念

营销的含义不是固定不变的，它随着企业营销实践的发展而发展。美国市场营销学会(AMA)1985 年对营销所下的定义是“营销是计划和执行关于商品、服务和创意的观念、定价、促销和分销，以创造符合个人和组织目标的交换的一种过程”。2004 年 8 月，AMA 又公布了新的定义：营销既是一种组织职能，也是为了组织自身及利益相关者的利益而创造、沟通、传递客户价值，管理客户关系的一系列过程。

根据上述市场营销的基本内涵可以看出，从事交换活动需要相当多的工作和技巧，营销管理就是发生在当一桩潜在的交易中至少有一方正考虑如何从另一方获得所渴求的反应而形成的那些目的和手段的过程。也就是说，营销管理就是为了实现组织目标而对旨在创造、建立和保持与目标购买者之间有益的交换关系的设计方案所做的分析、计划、实施与控制。作为一种管理的艺术和科学，它需要选择目标市场，通过创造、传递和传播优质的顾客价值，以获得、保持和发展顾客。

营销管理的主要任务往往被认为是向顾客和商家创造、推广、传递商品和服务，但是，这种观点未免太显局限性了。实际上，营销管理的任务就是为了促进企业目标的实现而调节需求的水平、时机和性质，其核心是需求管理。营销人员不仅要善于为企业的产品刺激出需求，而且更要对需求管理负责。根据企业的不同的目标去影响需求，这就是营销管理的任务。

二、企业营销管理的指导思想

市场营销作为一种有意识的经营活动，是在一定的经营思想指导下进行的。这种经营思想也可称之为“营销管理哲学”，它是企业经营活动的一种导向，一种观念。企业的营销思想不是固定不变的，它在一定的经济基础上产生和发展，并随商品经济的发展和市场形势的变化而发展变化。在市场经济高度发达的社会里，企业营销管理的指导思想大体上有六种：

1. 生产观念或称生产导向

生产观念就是指企业的一切经营活动以生产为中心，"以产定销"。它是在市场经济发展的初期，由于生产效率还不很高，商品经常供不应求的背景下产生的。这种观点认为，消费者可以接受任何买得到和买得起的商品，因为企业的主要任务是努力提高效率，降低成本，扩大生产。生产观念产生和适用的条件是：①市场商品需求超过供给，卖方竞争较弱，买方争购，选择余地不多；②产品成本和售价太高，只有提高生产效率，降低生产成本，从而降低售价，才能扩大销路。

2. 产品观念或产品导向

产品观念是一种与生产观念相似的经营思想。它片面强调产品本身，而忽视市场需求，认为只要产品质量好，技术独到，自然会顾客盈门。这种观念忽视了市场需求的急剧变化和适应市场需求这一关键因素。这是一种"营销近视症"。

3. 推销观念或推销导向

推销观念是生产观念的发展和延伸。这种观念假设企业若不大力开展推销活动，顾客就不会大量购买其产品，这是在市场竞争日趋激烈的背景下产生的。重视推销是一种进步，但仍未脱离"以产定销"的范畴。在商品经济进一步发展后，这种观念不能适应了。

4. 市场营销观念或市场营销导向

这是二战后50年代商品经济高度发展史上的一种全新的经营哲学。市场营销观念是一种以顾客需要和欲望为导向的经营哲学，它把企业和生产经营活动看作是一个不断满足顾客需要的过程，而不仅仅是制造和销售某种产品的过程。与推销观念相比，市场营销观念具有更加尊重消费者主权的特性，一是以消费者的需求为中心，二是全面地组织市场营销活动，三是企业的目标是通过满足消费者的需求去获取利润，有人称之为"市场营销观念的革命"。

5. 社会市场营销观念

这是上世纪70年代以来，市场经济高度发达国家的市场环境发生巨变的产物。市场环境变化表现为：能源短缺、通货膨胀、失业增加、消费者保护运动盛行等等。在这种背景下，人们纷纷对单纯的市场营销观念怀疑和指责，认为市场营销观念的单纯实践，忽视了满足消费者个人需要和社会长远利益之间的矛盾，从而造成了资源大量浪费和环境污染等社会弊端。有的学者提出用社会市场营销观念来修正和补充单纯的市场营销观念，如"人类观念"、"理智消费观念"、"生态主宰观念"等。

6. "工商渗透"观念

即强调供产销一体化，制造商和销售商渗透，逐渐融为一体的观念，这是在当代工商竞争日趋激烈的背景下出现的一种新的市场营销观念。这种观念认为，在现代市场经济条件下，工业企业首先要学会的不仅是按市场需求进行生产，而且要顺应"工商渗透"的趋势，努力向流通领域渗透，强化在市场交换过程中的地位。出现这种趋势的观念的原因和表现是：企业为了应付日趋动荡的外部环境；适应多变的市场需求，使产销之间更加协调一致，工商资本日趋融合，公司系统渠道日趋发展，通过这种“渗透”和“融合”，把外部的产销竞争转化为企业内部的协作，以降低交易费用，便于协调，以大量销售支撑大量生产，在生产和流通两个领域建立支配力和影响力。

上述几种观念，在现实经济生活中是交叉存在的，任何企业都不可能只有一种观念。企业应当根据具体环境恰当进行组合，以指导不同产品的市场营销工作。

三、企业营销管理过程

所谓市场营销管理过程，是指企业识别、分析、选择和发掘市场营销机会，以实现企业任务和目标管理的过程。这个过程包括以下几个步骤：

（一）分析市场机会

市场机会是指市场上未满足的需要，市场机会又可分为“环境机会”和“企业机会”。但不是每一个环境机会都有可能成为某一企业的营销机会。这主要看它是否符合企业的目标和资源条件。因此，营销人员不但要善于发现市场机会，还要善于分析，评估市场机会，看它是否对本企业适用，有利可图。企业要进行市场营销调研。预测需求的发展趋势，发现机会，注意威胁，适时利用机会，应变威胁。为了更好地进行市场营销调研，有条件的企业应建立营销信息系统，使每项决策都有科学根据。

（二）选择目标市场

企业在选定了符合企业目标和资源的营销机会之后，要对这一产业的市场容量和市场结构做进一步分析，以便缩小选择范围，选出本企业的目标市场。所谓目标市场就是指企业准备进入或准备为之服务的特定市场或特定的顾客群体。选择目标市场必须首先根据一定的标志将总体的市场划分为若干个子市场或区市场，然后再根据本企业情况，选择进入的市场目标和顾客群。企业选定目标市场后，还需进行市场定位，就是勾画企业产品在目标市场上的形象，使企业所提供的产品或劳务具有一定特色，适应顾客的一定需要和偏好，并与竞争者的产品或劳务相区别。市场定位工作一般有：调查研究影响定位的因素；选择自己的竞争优势(如产品、供销、服务等)和适当的定位战略；准确地传播企业的定位概念。

（三）确立市场营销组合

所谓市场营销组合，也就是企业的综合营销方案，即企业针对目标市场的需要对自己可控制的各种营销因素(产品、价格、地点、促销等)的优化组合和综合运用，使之扬长避短，发挥优势，以取得更好的经济效益和社会效益。市场营销组合是企业可控因素多层次的、动态的、整体性的组合，即具有可控性、复合性、动态性和整体性的特点。它必须随不可控的环境因素的变化和自身各个因素的变化，灵活地组合与搭配。企业营销管理者正确地安排营销组合对企业营销的成败具有重要作用：可以扬长避短，充分发挥企业的竞争优势，实现企业战略决策的要求；可以加强企业的竞争力和应变力，使企业永远立于不败之地；还可使企业内部各部门紧密配合，分工协作，成为协调的整体系统，灵活地、有效地适应营销环境的变化。

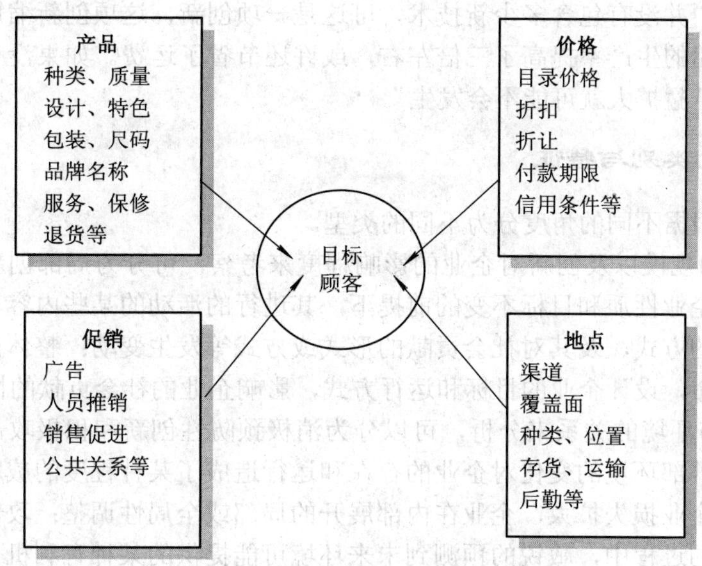

(四) 管理市场营销活动

企业的各项营销活动，通常要按产品或品牌作出具体安排和规划，即市场营销计划。市场营销计划是战略目标和战术的书面文件，是企业整体营销战略规划在营销领域的具体化，是企业的一种职能计划。市场营销的实施过程包括如下五个方面：制订详细的行动方案；建立合理有效的组织结构；设计相应的决策和报酬制度；开发并合理调配人力资源；建立适当的企业文化和管理风格。在营销计划的实施过程中，需要建立一个控制系统来保证目标的实现，即营销控制系统。营销控制包括年度计划控制、营利控制和战略控制。通过这些控制系统可及时发现问题，并及时反馈给有关的决策者和管理者，以采取适当的纠正措施。

★ 第五节　企业创新管理 ★

一、创新的涵义及分类

(一) 创新的涵义

创新即是对“生产要素的重新组合”，它包括五个方面：生产新的产品；采用新的组合方法；开辟新的市场；掠取或控制原材料和半成品的新的来源；实现新的工业组织。

创新经常会被一些人与发明相混同。实际上，创新的概念远比发明宽泛：发明是一种创新，但创新绝不仅仅是发明，如果说发明可能是在新知识、新理论创造基础上一种全新技术的出现的话，那么创新则既可能是这种全新技术的开发，也可能是原有技术的改善，甚至可能是集中未经改变的原有技术的一种简单的重新组合。美国管理学家德鲁克在《革新与企业家精神》中曾以集装箱的产生为例，指出“把卡车车身从车轮上取下，放到货船上，在这个概念中并没有包含多少新技术，可这是一项创新，这项创新缩短了货船留港的时间，把远洋货船的生产率提高了三倍左右，或许还节省了运费。如果没有它，过去四十年中世界贸易的迅猛扩大就可能不会发生”。

（二）创新的类别与特征

企业的创新根据不同的角度分为不同的类型。

(1) 从创新的规模以及创新对企业的影响程度来考察，可分为局部创新和整体创新。局部创新是指在企业性质和目标不变的前提下，其进行的活动的某些内容、某些要素的性质、其相互组合的方式，及其对社会贡献的形式或方式等发生变动；整体创新则往往改变企业的目标和使命，设计企业的目标和运行方式，影响企业的社会贡献的性质。

(2) 从创新与环境的关系来分析，可以分为消极预防性创新和积极攻击性创新。预防性创新是指由于外部环境的变化对企业的存在和运行造成了某种程度的威胁，为了避免威胁或由此造成的企业损失扩大，企业在内部展开的局部或全局性调整；攻击性创新是在观察外部世界运动的过程中，敏锐的预测到未来环境可能提供的某种有利机会，从而主动的调整企业的战略和技术，积极的开发和利用这种机会，谋求企业的发展。

(3) 从创新发生的时期来看，可分为企业初建期的创新和运行中的创新。企业的组建本身就是社会的一项创新活动。其创建者在一张白纸上绘制企业的目标、结构、运行规划等蓝图，这本身就要求有创新的思想和意识，创造一个全然不同于现有社会的新系统，寻找最满意的方案，取得最优秀的要素，并以最合理的组合方式，使企业进行活动。但是“创业难，守业更难”，在动荡的环境中守业，必然要求积极的以攻为守，要求不断地创新。创新活动更大量的存在于企业组建完毕开始运转以后。企业的管理者要不断地在企业运行的过程中寻找、发现和利用新的创新机会，更新企业的活动内容，调整企业的结构，扩展企业的规模。

(4) 从创新的组织程度上看，可分为自发创新和有组织的创新。任何社会经济组织都是在一定环境中运转的开放系统，环境的任何变化都会对企业的存在和存在方式产生一定影响，企业内部和外部直接联系的各子系统在接收到环境变化的信号以后，必然会在工作内容、工作方式、工作目标等方面进行积极的或消极的调整，以应付变化或适应变化的要求。同时社会经济组织内部的各个组成部分是相互联系，相互依存的，企业的相关性决定了与外部有联系的子系统根据环境变化的要求自发的作了调整后，必然会对那些与外部没有直接联系的子系统产生影响，从而要求后者作相应的调整，企业内部各部分的自发调整可能产生两种结果：一种是各子系统的调整都是正确的，从整体上说是相互协调的，从而给企业带来的总效应是积极的，可以使企业各部分的关系实现更高层次的平衡；另一种情况是各子系统的调整有的是正确的，有的是错误的，这是通常可能会出现的情况。因此，从整体上来说，调整后各部分的关系不一定协调，给组织带来的总效应既可能为正，也可能为负，也就是说，企业各部分自发创新的结果是不确定的。

鉴于创新的重要性和自发创新结果的不确定性，有效地管理要求有组织的进行创新。为此，必须研究创新的规律，分析创新的内容，揭示创新的过程和影响因素。

当然有组织的创新也有可能失败，因为创新本身意味着打破旧的秩序，打破原有的平衡，因此具有一定的风险，再加上组织所处的社会环境是一个错综复杂的系统，企业的任何一次突发性的变化都有可能打破组织内部创新的程序。但是，有计划、有目的、有组织的创新取得的机会肯定会大于自发创新。

二、创新的基本内容

（一）目标创新

企业是在一定的经济环境中从事经营活动的，特定的环境要求企业按照特定的方式提供特定的产品。当环境发生变化时，要求企业的生产方向、经营目标以及企业在生产过程中同其他社会经济组织的关系进行相应的调整，当经济体制改革以后，企业同国家和市场的关系发生了变化，企业必须通过自身的活动来谋求生存和发展。因此，在新的经济背景中，企业的目标必须调整为："通过满足社会需要来获得利润。"而且企业在各个时期的具体目标，则要适时的根据市场环境和消费需求的特点及变化趋势加以整合，每一次调整都是一次创新。

（二）技术创新

技术创新是企业创新的主要内容，企业中出现的大量创新活动都是有关技术方面的，因此，有人甚至把技术创新视为企业创新的同义语。

企业的技术创新主要表现在要素创新、要素组合方法的创新以及产品创新三个方面。

1. 要素创新

企业的生产过程是一定的劳动者利用一定的劳动手段作用于劳动对象，使之改变物理、化学形式或性质的过程。参与这个过程的要素包括材料、设备以及企业员工等三类。

(1) 材料创新。材料是构成产品的物质基础，材料费用在产品成本中占很大比重，材料的性能在很大程度上影响产品的质量。材料创新的内容包括：开辟新的来源，以保证企业扩大再生产的需要；开发和利用大量廉价的普通材料替代量少价昂的稀缺材料，以降低产品的生产成本；改造材料的质量和性能，以保证和促进产品质量的提高。现代材料科学的迅速发展，为企业的原材料创新提供了广阔的前景。

(2) 设备创新。企业的生产过程中广泛地利用了机器和机器设备体系，劳动对象的加工往往由机器设备直接完成，设备是现代企业进行生产的物质技术基础，只有不断地进行设备的创新，对于改造企业产品的质量，对于减少原材料、能源的消耗，对于节省活劳动的使用有着十分重要的意义。

设备创新主要表现在以下几个方面：通过利用新的设备，减少手工劳动的比重，以提高企业生产过程的机械化和自动化的程度；通过将先进的科学技术成果用于改造和革新原有设备，延长其技术寿命，提高其效能；有计划地进行设备更新，以更先进，更经济的设备来取代陈旧的、过时的老设备，使企业生产建立在先进的物质技术基础上。

(3) 人事创新。任何生产手段都需要依靠人来操作和利用，企业在增加新设备，使用新材料的同时，还需不断提高人的素质，使之符合技术进步后的生产与管理的要求。

企业的人事创新，既包括根据企业发展和技术进步的要求，不断的从外部获得合格的新的人力资源，而且更应注重企业内部现有人力的继续教育，用新技术、新知识去培训、改造和发展他们，使之适应技术进步的要求。

2．要素组合方法的创新

利用一定的方式将不同的生产要素加以组合，这是形成产品的先决条件。要素组合包括生产工艺和生产过程的时空组合两个方面。

(1) 工艺创新指企业通过研究和运用新的生产技术、操作程序、方式方法和规则体系等，提高企业的生产技术水平、产品质量和生产效率的活动。企业工艺创新的过程大体上可分为工艺研发阶段和由研发环节转移或导入制造环节的工艺创新两个阶段。工艺创新可分为以下类型：围绕提高产品质量等级率的工艺创新、围绕提高工业产品销售率的工艺创新、围绕减少质量损失率的工艺创新、围绕提高新产品产值率的工艺创新、围绕节约资源、降低成本的工艺创新、围绕有益于环境的工艺创新。

(2) 生产过程的组织包括设备、工艺设备、在制品以及劳动者在空间上的布置和时间上的组合。空间布置不仅影响设备、工艺装备和空间的利用效率，而且影响人机配合，从而直接影响工人的劳动生产率；各生产要素在时间上的组合，不仅影响在制品、设备、工艺装备的占有数量，从而影响生产成本，而且影响产品的生产周期。因此，企业应不断地研究和采用更合理的空间布置和时间组合方式，以提高劳动生产率、缩短生产周期，从而在不增加要素投入的前提下，提高要素的利用效率。本世纪最伟大的生产组织创新，莫过于福特将泰罗的科学管理原理和汽车生产实践相结合而产生的流水生产方式，流水线的问世引起了企业生产率的革命。

3．产品创新

产品创新，即改善或创造产品，进一步满足顾客需求或开辟新的市场。根据创新对原消费模式的影响，产品创新可分为如下几种：

(1) 连续创新。此种模式下的创新产品同原有产品相比，只有细微差异，对消费模式的影响也十分有限。消费者购买新产品后，可以按原来的方式使用并满足同样的需求。

(2) 非连续创新。是指引进和使用新技术、新原理的创新。它是创新的另一个极端，要求消费者必须重新学习和认识创新产品，彻底改进原有的消费模式。比如，汽车、电子计算机、电视机等都是20世纪典型的非连续创新。

(3) 动态连续创新。是指介于连续创新和非连续创新之间的创新，它要求对原有的消费模式加以改变，但不是彻底打破。比如，洗衣机、微波炉、VCD、手机、计算机等产品的产生就属于动态连续创新。

企业开发新产品要消耗大量的资源，如果没有取得企业所希望的成果，不仅不会促进企业的发展，反而还可能给企业带来难以弥补的损失，这也就构成了一定的风险。因此，企业的创新活动既需要合理组织，又需要明确方向。换句话说，企业产品创新活动需要专门的战略来指导。要有效地制定指导战略，就要先从分析产品创新的特征这一基础性工作入手。

(三) 制度创新

要素组合方法的创新主要是从技术角度分析了人、机、生产资料各种结合方式的改进和更新，而制度创新则需要从社会经济角度来分析企业中各成员间的正式关系的调整和变革。

制度是组织运行方式的原则规定。企业制度主要包括产权制度、经营制度和管理制度等三个方面的内容。

(1) 产权制度创新。产权制度是决定企业其他制度的根本性制度，它规定着企业最重要的生产要素的所有者对企业的权利、利益和责任。不同的时期，企业各种生产要素的相对重要性是不一样的。因此，产权制度是不断创新的。

(2) 经营制度创新。经营制度是有关经营权的归属及其行使条件、范围、限制等方面的原则规定。它表明企业的经营方式，确定谁是经营者，谁来组织企业生产资料的占有权、使用权和处置权的行使，谁来确定企业的生产方向、生产内容、生产形式，谁来保证企业生产资料的完整性及其增值，谁来向企业生产资料的所有者负责以及负何种责任。经营制度的创新方向应是不断寻求企业生产资料最有效利用的方式。

(3) 管理制度创新。管理制度是行使经营权、组织企业日常经营的各种具体规则的总称，包括对材料、设备人员及资金等各种生产要素的取得和使用的规定。在管理制度的众多内容中，分配制度是最重要的制度之一，分配制度涉及如何正确的衡量成员对组织的贡献并在此基础上如何提供足以维持这种贡献的报酬，由于劳动者是企业主要素利用率的决定性因素，因此提供合理的报酬以激发劳动者的工作热情对企业的经营有着非常重要的意义。分配制度的创新在于不断的追求和实现报酬与贡献的最高层次上的平衡。

企业制度创新的方向是不断调整和优化企业所有者、经营者、劳动者三者之间的关系，使各个方面的权力和利益得到充分的体现，使组织的各个成员的作用得到充分的发挥。

(四) 组织机构和结构的创新

企业系统的正常运行，既要求具有符合企业及其环境特点的运行制度，又要求具有与之相应的运行载体，即合理的组织形式。因此，企业制度创新必然要求组织形式的变革和发展。

从组织理论的角度来考虑，企业是由不同的成员担任的不同职务和岗位的结合体。这个结合体可以从机构和结构这两个不同的层次去考察。所谓机构是指企业在构建组织时，根据一定的标准，将那些类似的或为实现同一目标有密切关系的职务或岗位归并到一起，形成不同的管理部门。机构主要涉及管理劳动的横向分工的问题，即把对企业生产经营业务的管理活动分成不同部门的任务。而结构则与各管理部门之间，特别是不同层次的管理部门之间的关系有关，它主要涉及管理劳动的纵向分工问题，即所谓的集权和分权问题，不同的机构设置，要求不同的结构形式

。由于机构设置和结构的形成要受到企业活动的内容、特点、规模、环境等因素的影响，因此，不同的企业，有不同的组织形式，同一企业，在不同的时期，随着经营活动的变化，也要求组织的机构和结构不断调整。组织创新的目的在于更合理地组织管理人员的努力，提高管理劳动的效率。

(五) 市场创新

一般把开辟一个新的市场和控制原材料的新供应来源归纳为市场创新。事实上，企业

市场创新，完整地说是指企业从微观的角度促进市场构成的变动和市场机制的创造，以及伴随新产品的开发对新市场的开拓、占领，从而满足新需求的行为。市场创新包含两个方面的内容：

1．开拓新市场

第一、地域意义上的新市场。指企业产品以前不曾进入过的市场。它包括老产品进入新市场，如由国内向海外拓展，由城市向农村拓展。也包括新产品进入新市场。第二、需求意义上的新市场。指现有的产品和服务都不能很好地满足潜在需求时，企业以新产品满足市场消费者已有的需求欲望，如向农户推销廉价的、功能较少的彩电，向工薪阶层推销低价位汽车等。第三、产品意义上的新市场。将市场上原有的产品，通过创新变为在价格、质量、性能等方面具有不同档次的、不同特色的产品，可以满足或创造不同消费层次、不同消费群体需求。

2．创造市场“新组合”

市场“新营销组合”观念认为，企业可以控制的产品、定价、分销与促销诸因素，都是不断发展变化的变数。在营销过程中，任一因素的变化都会出现新的市场营销组合。市场“新组合”是从微观角度促进已有市场的重新组合和调整，建立一种更合理的市场结构，赋予企业以新的竞争优势和增值能力，这就是市场创新的宗旨所在。

（六）环境创新

环境是企业经营的土壤，同时也制约着企业的经营，环境创新不是指企业为适应外界变化而调整内部结构或活动，而是指通过企业积极的创新活动去改造环境，去引导环境朝着有利于企业经营的方向变化。例如通过企业的公关活动，影响社区政府政策的制定；通过企业的技术创新，影响社会技术进步的方向等等。就企业来说，环境创新的主要内容是市场创新。

三、创新模式的选择

技术创新是始于研究开发而终于市场实现的动态过程。根据技术创新的方法，人们将其分为三种基本模式：自主创新模式、模仿创新模式和合作创新模式。

（一）自主创新模式

自主创新是指企业以自身的研究开发为基础，实现科技成果的商品化、产业化和国际化，获取商业利益的创新活动。自主创新具有率先性，通常率先者只能有一家，其他都只能是跟随者。自主创新有时也用来表示一国的创新特征，与技术引进相对，仅指依靠本国自身力量独立开发新技术和实现创新过程的活动。自主创新所需的核心技术来源于企业内部的技术积累和突破，如美国英特尔公司的计算机微处理器，我国北大方正的中文电子出版系统就是典型的例子，这是它区别于其他创新模式的本质特点。另外，技术创新后续过程也都是通过企业自身知识与能力支持实现的。

自主创新作为率先创新，具有一系列优点：一是有利于创新主体在一定时期内掌握和控制某项产品或工艺的核心技术，在一定程度上左右行业的发展，从而赢得竞争优势；二是在一些技术领域的自主创新往往能引致一系列的技术创新，带动一批新产品的诞生，推动新兴产业的发展，如美国杜邦公司通过在人造橡胶、化学纤维、塑料三大合成材料领域的自主创新，牢牢控制了世界化工原料市场；三是有利于企业更早积累生产技术和管理经验，获得产品成本和质量控制方面的经验；四是自主创新产品初期都处于完全独占性垄断地位，有利于企业较早建立原料供应网络和牢固的销售渠道，获得超额利润。

自主创新模式也有自身的缺点：一是需要巨额的投入，不仅要投巨资于研究与开发，还必须拥有实力雄厚的研发队伍，具备一流的研发水平，如微软公司一年的研发投入就相当于我国一年的科技经费；二是高风险性，自主研究开发的成功率相当低，在美国基础性研究的成功率仅为5%，在应用研究中有50%能获得技术上的成功，30%能获得商业上的成功，只有12%能给企业带来利润；三是时间长，不确定性大；四是市场开发难度大、资金投入多、时滞性强，市场开发投入收益较易被跟随者无偿占有；五是在一些法律不健全、知识产权保护不力的地方，自主创新成果有可能面临被侵犯的危险，搭便车现象难以避免。

由于这样一些缺点，自主创新模式主要适用于少数实力超群的大型跨国公司。

(二) 模仿创新模式

模仿创新是指企业通过学习模仿率先创新者的方法，引进、购买或破译率先创新者的核心技术和技术秘密，并以其为基础进行改进的做法。模仿创新是各国企业普遍采用的创新行为。

模仿创新往往具有低投入、低风险、市场适应性强的优点，其在产品成本和性能上也具有更强的市场竞争力，成功率更高，耗时更短。

模仿创新模式的主要缺点是被动性，在技术开发方面缺乏超前性，当新的自主创新高潮到来时，就会处于非常不利的境地，如日本企业在信息技术革命中就处于从属的地位；另外，模仿创新往往还会受到率先创新者技术壁垒、市场壁垒的制约，有时还面临法律、制度方面的障碍，如专利保护制度就被率先创新者利用作为阻碍模仿创新的手段。

(三) 合作创新模式

合作创新是指企业间或企业与科研机构、高等院校之间联合开展创新的做法。合作创新一般集中在新兴技术和高技术领域，以合作进行研究开发为主。由于全球技术创新的加快和技术竞争的日趋激烈，企业技术问题的复杂性、综合性和系统性日益突出，依靠单个企业的力量越来越困难。因此，利用外部力量和创新资源，实现优势互补、成果共享，已成为技术创新日益重要的趋势。合作创新有利于优化创新资源的组合，缩短创新周期，分摊创新成本，分散创新风险。合作创新模式的局限性在于企业不能独占创新成果，获取绝对垄断优势。

可见，以上三种创新模式各有优缺点，采用这些模式也需要有不同的条件和要求。自主创新要求创新主体有强大的经济实力、雄厚的研发力量和大量的成果积累，在技术上具有领先优势，起点和要求是最高的；相对来说，模仿创新和合作创新起点和要求就低得多。因此，自主创新模式更多地为少数发达国家和大型跨国公司所采用；而模仿创新则是后进国家实现快速创新、缩小与发达国家差距的一种有效途径，是发展中国家较为现实的选择。

日本、韩国就是靠模仿创新发展起来的，实践证明经济发展较为成功的其他新兴工业化国家、地区也大多是这样发展起来的。

★ 第六节　企业人力资源管理的创新 ★

一、人力资源管理的概念与内容

人力资源管理是企业管理的重要因素和内容，是指企业为了实现总目标，运用科学的方法和技术，对人力资源获取、开发、利用和调控的过程，也是影响员工行为、工作态度和业绩的一系列人事管理政策、实践和制度安排。

人力资源管理既包括对量的管理，也包括对质的管理。对人力资源量的管理是根据企业发展变化的需要，对人力资源的数量、结构实施调整，使人与岗位匹配，人力与物力有机结合，发挥出最佳效果。对人力资源质的管理是指对人的心理和行为的管理，通过运用现代化的科学方法，对员工的思想、价值观、心理、行为态度进行有效的管理，充分发挥员工的主观能动性，促进员工个人目标和企业目标的实现。人力资源管理实质上就是在合适的时间，把合适的人配置到合适的岗位上。

人力资源管理的内容主要有：

(1) 工作分析。工作分析是人力资源管理的基础性、支持性工作环节，工作分析是通过工作设计来决定企业内部如何进行专业分工和任务目标分解，划定不同的工作岗位，决定不同岗位的职权、职责及职能范围。工作分析是对企业中每一个工作岗位进行描述，包括岗位特征、流程、规范、要求，以及能够胜任该岗位的人员素质、知识、技能要求等，最终形成工作说明书。工作分析的结果是企业进行招聘、培训、考核、职位评价、薪酬分配、员工调配等工作的依据。

(2) 人力资源规划。人力资源规划是实施人力资源管理战略的重要步骤，它可将人力资源管理战略转化为各阶段可实施的中长期目标、计划和政策措施。人力资源规划主要是通过对人力资源现状分析、人力资源需求供给预测，制定企业人力资源管理的各项计划方案，平衡人力资源供求关系，保证企业人力资源在数量质量结构上的合理安排。

(3) 人员招聘。人员招聘时企业获取人力资源的重要途径，是企业人力资源管理的基本职能之一。人员招聘是以工作分析和人力资源规划为依据，通过招募、测试、选拔、录用、评估等一系列过程，获取企业所需要的人力资源。

(4) 培训与开发。通过人力资源培训与开发，提高员工的综合素质、知识水平、工作技能，挖掘员工的潜力，激发员工的积极性，培养员工与企业的认同感和责任心，既实现员工的个人价值、又促进员工对企业的贡献。培训与开发活动包括培训与开发需求分析、项目制订、计划实施、选择适时的方式方法、培训与开发成果转化与评价。

(5) 职业生涯管理。根据员工个人的性格特征、气质、能力、兴趣、价值观等，同时结合企业发展的需要，为员工制定一个事业发展的路径和计划，不断开发员工的潜能，促进员工的成长。

(6) 绩效管理。企业通过对不同工作岗位设计绩效考核指标，运用不同的考核方法，对员工一定时期的工作结果进行测定，评价员工的工作业绩，并进行反馈面谈，促进员工绩效改进。绩效管理是对员工实施培训、晋升、薪酬分配等人事决策的重要依据，也是企业调控员工的重要手段。

(7) 薪酬管理。企业运用薪酬设计与分配，实现对员工人力资源价值的认可，回报员工对企业的贡献。它既是对员工个人需求的满足，同时也是企业吸引留住人才、激发员工劳动积极性的有力措施。

(8) 劳资关系。是企业与员工在生产劳动过程中产生的经济关系。员工与企业可以就工资、福利及工作条件等问题进行谈判，协调劳资关系。劳资双方的关系是否融洽、健康，直接关系到企业经营活动是否能正常进行，员工是否能忠实于企业，是否能正常发挥人力资源的作用。人力资源管理者通常要关注这类问题。

(9) 安全与保健。企业员工在生产劳动过程中，员工的生命安全、身心健康是企业人力资源管理中另一个要关注的问题。为员工创造良好的工作环境、提供优越的工作条件，例如减少污染、建立安全保障措施、减压活动、配备心理咨询师等，使员工的安全和保健得到保障。

(10) 人力资源战略管理。企业将人力资源管理提升到战略的高度，人力资源管理在政策、方针、计划方案设计上与企业战略相适应，推动企业战略的实施，促进企业战略目标的实现。战略性的人力资源管理已成为当前人力资源管理发展中的主要趋势之一。

二、人力资源管理的基本功能

人力资源管理的基本功能就是通过吸收、整合、开发、激励、调控、保护，实现人力资源管理目标。

(1) 吸收功能。人力资源的吸收功能就是根据人力资源规划和工作分析，通过招聘与录用，将组织所需要的人力资源吸收到本企业。

(2) 整合功能。企业是人的集合体，个体与个体、群体与群体、个体与群体、与企业组织都会存在差异，整合功能就是通过教育培训、企业文化传播、信息沟通、冲突与压力的调节和缓释等，使员工不同的目标、价值观、态度、行为整合趋于一致。经过整合培养员工的认同感，规范员工的行为，提高员工工作生活质量和满意度。

(3) 开发功能。通过教育培训、职业规划等开发管理活动，使员工的知识、技能、综合素质得到进一步的提高，员工的积极性和潜力最大限度地发挥出来。既为企业节省成本，又对企业做出贡献。

(4) 激励功能。通过运用多种报酬分配手段，对人力资源的资本价值给予回报，满足员工对物质、精神的需要，激励员工努力工作，创造佳绩。

(5) 调控功能。通过运用绩效考核、岗位变动、人员流动等手段，对员工的行为、态度、工作业绩等方面进行调控，提高企业管理水平和管理绩效。

(6) 保护功能。企业在经营活动中保护员工的合法权益、保证员工的安全和身心健康，保障员工就业和应得的合法收入，是人力资源管理的一项不容忽视的工作内容，以此保证员工能够持续不断地正常工作。保护功能可以避免劳资纠纷，融洽企业与员工的关系，实现共同发展目标。

三、战略性人力资源管理

人力资源管理兴起于学者们对竞争优势来源转变的研究。20 世纪 90 年代以来，企业面临的竞争环境日益激烈。许多学者越来越相信，企业人力资源将是持久竞争优势的重要来源，有效地管理人力资源，而不是物质资源，将是企业绩效的最终决定因素。这一研究显著提高了人力资源在企业竞争优势获取方面的地位，促进了从提升企业竞争力角度对人力资源管理的研究，并直接导致了战略性人力资源管理的兴起。

战略性人力资源管理从组织整体战略发展角度将人力资源管理视为一项战略职能，探索人力资源管理与企业组织层次行为结果的关系，追求人力资源部门与组织其他部门的整合性，人力资源管理与组织战略的适应性与协同一致性。战略性人力资源管理对人力资源管理提出了更高的要求：①要求人力资源管理应完全整合进企业的战略，并且在战略实施过程中，人力资源管理和战略之间应该保持动态协同；②人力资源管理政策在不同的政策领域与管理层次间应具有一致性；③人力资源管理应成为企业每一个部门和员工的事。人力资源管理实践应作为日常工作的一部分被直线经理与员工所接受、调整和运用；④人力资源功能通过规划、政策与实践，创造实施战略的适宜环境，发挥“战略伙伴”的作用，从而促使组织更具竞争力。

人力资源管理的实践经历了人事管理、人力资源管理再到战略人力资源管理三个阶段，在这个发展过程中，人力资源管理的理论逐渐趋于科学和完善，管理技术和方法也在实践中不断地改进，趋于合理化、人性化。

四、人力资源管理发展新趋势

21 世纪是知识经济的时代，企业间竞争的重点正由先前的产品经营竞争、资本经营竞争转化为智力资本经营的竞争。人力资源成为企业获取竞争优势的源泉。企业只有取得了优于竞争对手的人力资源，并充分发挥他们的智力能量，才能在竞争中获取并保持其竞争优势。因此，知识经济给企业的人力资源管理提出了新的要求，21 世纪的企业人力资源管理呈现新的发展趋势。

1. 人力资源管理趋于柔性化

未来的人力资源管理将是“柔性化管理”。柔性化管理是使企业在市场机会不断变化、竞争环境难以预测的情况下，快速反应，不断重组其人力和技术资源，获得竞争优势和利润的管理模式。它不依赖于固定的组织结构、稳定的规章制度进行管理，而是随着时间、外部环境等客观条件的变化而变化，是一种反应敏捷、灵活多变的崭新的人力资源管理模式。

柔性化管理在本质上是一种“以人为中心”的管理，要求用“柔性”的方式去管理和开发人力资源。“柔性化”要求企业人力资源管理既要具有适应不同情况的能力，还要具有坚强、韧性、忍受变化带来到负面影响的能力。

2. 人力资源管理的系统化趋势

战略性人力资源管理要求人力资源管理以促进企业的发展为目标，从企业的发展战略角度上制定企业的人力资源战略，这就对人力资源管理提出了新的要求，企业人力资源管理日益趋于系统化。企业人力资源管理系统主要从人力资源管理角度出发，用集中的数据库将几乎所有与人力资源相关的数据(如薪资福利、招聘、个人职业生涯的设计、培训、职位管理、绩效管理、岗位描述、个人信息和历史资料)统一起来，形成集成的信息源。人力资源系统所具有的友好的用户界面，强有力的报表生成工具、分析工具和信息的共享使得人力资源管理人员得以摆脱繁重的日常工作，集中精力从战略的角度来考虑人力资源规划和政策。

3. 人力资源管理的电子化趋势

21世纪，企业竞争直接反映为人才的竞争。为适应全球化快速变化的环境，企业需要更加灵活、快速反应的人力资源管理平台和解决方案，人力资源管理的电子化就解决了这一问题。

人力资源管理的电子化(EHR)有广义和狭义之分，狭义是指基于互联网的、高度自动化的人力资源管理工作，包括招聘、薪酬管理等。广义是指基于电子商务理念的所有电子化人力资源管理工作，包括公司内部网及其他电子手段的人力资源管理工作。人力资源管理电子化一方面可以缩短周期，使工作流程自动化，使员工自主选择HR信息和服务等信息；另一方面，可以是HR部门从提供简单的HR信息转变为提供HR知识和解决方案，可以随时地向管理层提供决策支持，提高企业运作效率，降低企业成本。

4. 人力资源管理的企业化倾向

由于市场竞争的加剧，人力资源管理部门作为经常性开支的单位，很难在企业内部生存，慢慢遭到许多公司的削减。同时，日益复杂的企业管理问题还要求人力资源管理部门提供更好、更快、更低成本的服务，人力资源外包就是企业选择的一种模式。人力资源管理部门因此转型为以市场为导向、以客户为中心的事业实体，为客户提供更多的产品和服务，尽可能地满足客户的要求，人力资源管理部门主管也变成人力资源客户经理。人力资源管理不再是“企业的合作伙伴”，而是作为一个独立的企业而存在。同时，也有专门从事人力资源管理和开发的专业性公司出现，为企业提供诸如人才招聘、人才培训、人员素质测评、人才规划、职业生涯设计等高效率专业化服务。

5. 人力资源管理者的职业化倾向

随着知识经济的推进和近年来人力资源管理中非核心业务的外包，人力资源管理者的工作环境和工作性质发生了质的变化。人力资源管理从事务型转为战略型，对企业人力资源管理者的能力提出了更高的要求。企业人力资源管理者要成为人力资源管理的专家，除了要掌握人力资源专业知识外，还应领会企业理论的精髓和具备广泛的经营管理知识，学会洞察企业的走向和经营需要，熟练掌握向高层领导和员工推销人力资源产品和服务的技巧，扮演好战略规划的参与者、执行的管理者、认识与行政管理专家、企业员工发展的指导者与支持者、组织发展变革的倡导者与代言人等多重角色，需要同时具备战略意识与综合服务的“通才”能力。

6. 人力资源管理趋于全球化

国际竞争的深化将推动企业在全球范围内配置人力资源。人才的国际化、跨文化管理将成为企业人力资源管理的重要问题。人力资源管理的全球化趋势不可逆转。国际化的人才交流市场与人才交流将出现，并成为一种主要形式。人力资源的价值不仅在一个区域市场内体现，而更多的是要按照国际市场的要求来看待人才价值。网络将成为重要的人才市场形式，跨文化的人力资源管理成为重要内容。人力资源管理的边界也从清晰到模糊，从封闭走向开放，国际人力资源管理成为了人力资源管理的新领域。企业人力资源管理的政策和方法必须和所在地的环境和文化相适应。人力资源管理者也需要具备全球化人力资源管理技能，掌握相关的业务知识，建立人才的全球观念和系统整合观念，要以全球的视野来选拔人才、管理人才。

第五章　居民的经济行为

在微观经济运行中，居民也是重要的主体。随着就业和收入分配体制等方面的改革，居民在收入选择和支出选择等方面有了更大的自主权和选择权利。居民的经济行为日趋复杂，成为微观经济活动的重要内容，居民日益成为微经济活动的主体，其既是消费者，又是某些生产要素的所有者和供给者，对社会经济运动的各个环节产生着广泛而深刻的影响。居民的经济行为包括收入行为、消费行为、储蓄行为和投资行为，构成了居民经济行为的全部内容。因此，本章主要从上述四个环节的经济行为进行研究，从总体上弄清居民经济行为的特征和规律。

★ 第一节　居民的收入行为 ★

一、居民收入的界定及其来源

(一) 居民收入的界定

居民收入既是社会成员参与社会活动的结果，又是居民发生消费行为、储蓄行为和投资行为的前提和基础。居民收入指社会成员在一定时期内(通常是一年)，通过不同途径来源获得的收入的总和。居民收入可从以下几个方面进行界定：

(1) 可支配收入。指消费者个人收入中，除去必要的税款及其他应交交付给政府的非商业性开支以后。可用于消费、储蓄或投资的个人收入，是影响居民购买力和消费支出的决定性因素。

(2) 可任意支配收入。从可支配收入中除去购买生活必需品及其他固定支出，如房租、保险费、分期付款等，所剩余的个人收入，这是影响消费需求的最活跃的因素。例如，在西方国家，这部分收入一般被消费者用于购买奢侈品、小汽车、大件商品及旅游、度假。

(3) 货币收入与实际收入。货币收入是用货币表示的收入量，实际收入则是货币收入代表的购买力或消费资料的数量。实际收入与物价水平有关。货币收入不变，物价下跌，实际收入便增加；反之，物价上涨，实际收入下降；如货币收入与物价水平同幅度增减，实际收入不变。实际影响消费行为和消费能力的是消费者的实际收入。

(二) 居民收入的来源

居民获取收入的途径或收入来源，受到社会经济制度的制约。在我国，实行按劳分配为主体多种分配方式并存的分配制度，居民个人收入主要通过自己在公有制经济单位或事业单位中的劳动获得。此外，随着多种所有制结构的形成和多种经营方式的发展，居民除了在公有制单位中获得按劳分配收入外，还有了其他收入来源，按收入与分配的经济性质划分，有福利性分配、企业资产性分配、职工资金性分配、个体经济的收入、私营企业雇佣劳动力价值收入、外资经济中的按劳动力价值分配的收入等等。目前，从单个居民收入的来源看，我国不同居民的收入大体上包括以下几部分：① 劳动收入，包括工资、奖金、承包收入等；② 福利性收入，包括政府或企事业单位提供的多种补贴、救济和其他福利性收入；③ 利息收入，即持有债券、银行存款和以其他形式贷出货币获得的收入；④ 投资收入，包括股票投资的股息、红利和股票价格上涨获得的收入；⑤ 租金收入，即向他人出租私有的房屋或其他资产获得的收入；⑥ 经营收入，因从事经营活动获得的收入和利润；⑦ 其他收入，如保险公司赔款、馈赠、遗产继承等收入。在我国大多数居民的收入中主要来自于以上第 1 至第 3 项。

（三）居民个人收入的特点

1. 直接利益性

直接利益性是个人收入最重要的特点，其他特点都直接或间接地由它引出。在商品经济条件下，个人利益是一种客观存在，个人收入则是个人利益最直接的体现。个人收入的增减，意味着个人资产和生活水平的上升或下降，意味着个人利益的满足程度。个人收入与个人利益的相关性决定了个人收入具有动力性的特点。

2. 动力性

个人收入的直接利益性决定了它具有动力性的特点。居民向社会提供劳动或资产的目的是为了取得相应的收入，收入的多少决定了居民个人提供的劳动或资产的积极性的大小。在其他条件不变的情况下，收入的高低直接制约着居民愿意供给的劳动或资产的数量和质量。

3. 向下刚性

因为收入减少，会使居民作出减少劳动或资产供给的反应，所以个人收入具有向下刚性的特点。个人收入直接关系到居民的个人利益，任何提高个人收入的决策都会受到居民的欢迎，反之则遭到居民的反抗和抵制。另外，在居民取得收入的机会不平等的情况下，那些收入不变或增加缓慢的居民就会产生不满和抱怨，并进而减少劳动或资产的供给。因此，居民个人收入向下刚性十分明显，个人收入调节也往往表现为收入的上升。

4. 横向向上攀比性

这种特性是与向下刚性联系的。居民收入差距会引导低收入者产生向高收入者看齐的欲望和要求，并力图通过种种积极的或消极行为来实现这种攀比。

5. 相互替代性

居民收入增加的欲望和要求是无止境的。但在一定时期和一定条件下，居民又以一定数量的收入为满足。在个人收入一定的条件下，劳动收入、资产收入和福利收入具有替代关系。一般地说，资产收入越多、居民的劳动投入就越少，资产收入达到某一程度，居民就可以脱离劳动而成为专门的食利者。劳动收入与福利收入之间也存在这种替代性，过高的福利收入就会妨碍劳动者劳动投入的增加。

6. 实物性

在我国，由于自给经济(特别是在农村)还占有相当大比重，个人收入中有相当部分是以实物形式表现出来的。这是市场经济不发达和我国农村经济体制的结果。这种实物收入，一方面掩盖了居民所获得的实际收入数量，降低了收入的透明性；另一方面也为收入调节增加了障碍。随着市场经济的发展，货币化的加深，这种比重将越来越少。

二、影响居民收入的因素

影响居民收入的因素主要有：

(1) 国民收入的总量。居民从多种不同来源获得的收入都来自国民收入，即国民收入分配的结果，因此，国民收入的大小直接制约居民收入的多少。如果其他条件不变，居民收入随国民收入正比例变化。

(2) 国民收入分配方式和制度。国民收入生产出来后，经过初次分配和再分配，最终形成国家财政收入、企业收入和居民个人收入。居民个人收入的多少，不仅受到国民收入总量的制约，也取决于国民收入分配的三种收入的比例结构，最终又取决于国民收入分配体制和整个经济体制、工资制度、企业利润分配制度、经济主体纳税制度、金融制度、社会保障制度等体制因素。这些都会影响国民收入分配的最终比例，从而决定着居民最终收入的数量。

(3) 居民提供的生产要素的数量和质量。居民收入是通过提供劳动和其他生产要素而获得的。居民提供的劳动数量和质量越多越高，其收入越高；居民拥有资金或其他资产越多，可通过多种方式得到的收入也越多。在存在投资选择和机会的条件下，居民的资产在不同投资领域中的投资选择也会影响其收入的多少。

居民获得收入之后，即将其首先用于满足即时的物质和文化生活需要，形成消费支出，在此之外的余额，分解为手存现金、储蓄及投资本金。

三、多渠道增加居民财产性收入

财产性收入是衡量国民富裕程度的重要指标。党的十八大报告提出“多渠道增加居民财产性收入”，这是继党的十七大报告首次确定“创造条件让更多群众拥有财产性收入”之后的又一政策亮点，对切实保障和改善民生、持续扩大中等收入群体来说，具有十分重要的现实意义。

(1) 要依法加强对公民财产权的保护。居民财产性收入，一般可分为家庭拥有的动产(如银行存款、有价证券等)和不动产(如房屋、车辆、收藏品等)所获得收入，主要包括通过交易、出租财产权或进行财产营运所获得的利息、股息、红利、租金、专利收入、财产增值收益、出让纯收益等。《中华人民共和国宪法》第十三条规定，“公民的合法私有财产不受侵犯。国家依照法律规定保护公民的私有财产权和继承权。国家为了公共利益的需要，可以依照法律规定对公民的私有财产实行征收或者征用并给予补偿”。《中华人民共和国物权法》第六十五条规定，“私人合法的储蓄、投资及其他收益受法律保护”。从法律上确认了居民财产性收入依法获得保护，明确了国家依法征收或征用补偿原则。此外，对居民拥有使用权的房屋、土地和资源的转让行为，也有相应法律予以规范和保障。这些法律为多渠道增加居民财产性收入提供了制度保障。今后要进一步健全保护公民财产权制度，为增加居民财产性收入营造公开公平公正的法制环境。尤其在拆迁、征地、征用公民财产过程中，要依法确保公民财产权利和财富增值权利不受侵犯。

(2) 要更加重视规范市场秩序和完善制度建设。随着我国社会主义市场经济体制下按劳分配为主体，多种分配方式并存的分配制度的基本形成，劳动以外生产要素分配的份额有所增长，2011 年我国城镇居民收入中，财产性收入比重不到 3%，主要是利息、出租房屋收入、股息与红利收入所得。今后，多渠道增收空间将主要体现在两个方面：一是金融产品投资。目前的储蓄、债券、保险和理财产品依然是居民财产性收入主要来源，还有股票、期货、黄金、外汇市场收益，为此要适度扩大存贷款利率浮动范围，逐步缩小存贷款利差，保护存款人权益；继续规范资本市场，重视保护投资者特别是中小投资者合法权益，通过创新金融体系、强化投资理财渠道监管、规范交易方式、探索网络交易模式，让居民拥有更为多样的金融理财工具和产品；加强上市公司监管，规范可持续回报股东的分红制度。二是实业投资及租赁服务。如房屋租金、参与股份制或股份合作制企业分红、投资收藏品、房地产等市场，还包括明晰不动产权，按需将其抵押、转让、出售、出租，乃至形成可交易流动的金融资产。为此，要完善政策法规，加强对投资租赁行为的服务、指导和规范管理，维持良性运行市场秩序，保护民间投资的合法权益。

(3) 拓宽农民增收渠道。农民与城镇居民不同，既可利用土地等资源获得家庭经营收入，也有外出务工的工资性收入，还有极少量资本市场收益。因此，在拓宽农民增收渠道上，政府要继续健全农产品价格保护制度和农业补贴制度，提高农民职业技能和创收能力，建立健全基本公共服务体系，大力增加转移性收入。在增加财产性收入方面，要依法保障农民对承包土地的占有、使用、收益等权利及宅基地使用权、集体收益分配权，在依法自愿有偿和加强服务基础上，完善土地承包经营权流转市场，允许农民以转包、出租、互换、转让、股份合作等形式流转土地承包经营权，发展多种形式的适度规模经营、社区合作和专业合作，拓宽农民租金、股息、红利等财产性收入渠道。完善征地制度，提高农民在土地增值收益中的分配比例。随着我国城镇化水平的稳步提升，越来越多的富裕农民将同城镇居民一样，在金融产品和实业等投资领域获取更多财产性收入。

★ 第二节　居民的消费行为 ★

一、居民消费与收入关系的一般分析

消费与收入之间存在一种函数关系，在其他条件不变的条件下，消费随收入的变动而呈同方向的变动，但变动的幅度不是等比例，在收入一定的条件下，消费在收入中的比例，称之为消费倾向。消费倾向可以分为平均消费倾向和边际消费倾向。平均消费倾向表示一定量的收入中的消费额，也就是平均每单位收入中消费所占的比例。边际消费倾向表示变动的收入中的消费变动额，也就是收入每变动一单位时的消费变动额，或者说，边际消费倾向是消费增量在收入增量中所占的比例。从消费增长与收入变动的函数关系看，一般认

为，随着收入的增长，人们的消费支出也会增长，但消费支出在收入中所占的比例却是不断减少的，这种消费增量与收入增量之间的比率，称之为边际消费倾向递减规律。如果居民的消费增量大于收入增量，则边际消费倾向递增；如果居民的消费增量等于收入增量，则边际消费倾向不变。收入水平、生活、消费习惯、文化背景、年龄不同的居民，边际消费倾向呈现出不同的变动趋向。

二、居民消费需求的内容及影响因素

（一）居民消费需求的内容

居民消费的动机是多方面的，从根本上看，是为了满足自己对生存、发展和享受的需求。消费者需求的内容，从不同角度划分，可分为生存资料、享受资料和发展资料三大类。生存资料包括维持消费者生命所必需的食物、饮料、保持消费者体温所必需的衣物，以及消费者进行休息以使体力、脑力得到恢复所必需的住房等；发展资料指消费者用于满足自身发展和发挥体力，智力及满足个性需求的物质产品、精神产品、设施及条件；享受资料是提高消费者生活的质量和水平，满足人们享乐需求的物质资料和精神产品。按照需求层次，消费者需求的内容可以划分为：生理需求、安全需求、社会交往的需求、尊敬的需求、自我实现的需求。还有学者将其划分为三阶段的消费需求：第一阶段是扩大衣、食、住的量，满足基本生活需要；第二阶段是要求充实基本生活及生活环境的质，扩大余暇的量；第三阶段是衣、食、住及生活环境的数量与质量均已满足，要求充实余暇的质。

（二）影响居民消费需求的因素

居民为了满足自身需求所进行的各种消费活动及选择，受到一系列因素的制约，主要是生产因素、收入因素、价格因素、商品因素和社会因素。

1. 生产因素

已经形成的生产结构，对消费需求，特别是需求结构有着很大的影响。如果没有消费的对象，就不能形成有效供给，生产结构与需求结构不相适应，消费需求就无法得到满足。

2. 居民货币收入的变化

居民的消费是通过货币购买形成的消费，因此，其收入水平就形成了消费选择行为的预算约束。居民的可支配收入较多，各种商品和的需要量就较大，反之亦然。具体到不同消费者，其消费倾向是不一致的。但是，他们都受到收入水平——未来可预期收入水平对过去和未来预期消费水平的影响。未来收入对当前消费支出影响的大小，与社会经济中消费信贷的发展程度有关。

3. 价格的变化

价格的变动影响消费品的需要量和需要品种。一般来说，商品价格水平与居民的购买力和需求量成反方向变化。价格上升，需求量下降；价格下降，需求量上升。不同产品和服务的相对价格或比价对消费的影响，与不同商品之间存在替代性和互助性有关。当甲、乙商品可替代时，甲商品价格上升，必然使乙商品消费量上升，甲商品消费量减少，反之亦然。如果甲、乙两种商品存在互补时，一种商品的价格上升，不仅会使居民对这种商品本身的购买量减少，而且会使互补的其他商品的购买量减少，反之亦然。

4. 商品因素

商品因素主要指商品本身使用价值方面的特征，如商品的性能、质量、外观、包装等方面能否满足消费者的需要；商品的购买方式、商店位置、服务态度、使用保障条件、保养维修条件、售后服务系统和方式等提供给消费者的满意度；商品信息的传播度和在消费者心目中的商誉；消费者对商标的信任和青睐等等。

5. 社会和心理因素

消费者所处的社会阶层、生活方式、参考群体以及时势与风尚都会影响消费者的消费需要。如所处的参考群体会形成一种“示范效应”而产生某种消费行为和消费需求。消费者的心理状态和个性心理特征、气质、性格、能力等都直接影响居民的消费需要和选择。

三、居民的消费结构和消费方式

(一) 居民的消费结构

居民的消费结构，指居民的各类消费支出在消费支出总额中所占的比重及相互关系。居民的消费结构可以从不同角度进行分类，按消费的对象分类，可分为生活资料消费和对社会服务的消费；按消费需要的层次分类，可分为对生存资料的消费、享受资料的消费和发展资料的消费；按消费的方式分类，可分为社会消费和个人消费；按消费的商品内含价值来分类，可以分为高档、中档、低档消费品的消费。

居民的消费结构是随着经济发展而不断变化的，其变化虽然在不同的国家和同一国家的不同时期是不同的，但变动的总体方向总是首先满足最基本的生存需要，然后再逐层递进，满足享受和发展的需要。生存资料是最基本的生活资料，享受资料和发展资料是更高层次的生活资料。居民消费结构总是从低层次向更高层次发展，这也是居民消费结构变动的一般规律。

居民消费结构的发展变化，要受到一系列因素的影响和制约。在这些因素中，有一些是社会因素，如社会政治制度、文化传统、风俗习惯、民族特色等；有一些是自然因素，如气候的差别、自然资源、地理环境的差别，都会使人们的消费结构有所不同。最重要的是经济因素，如产业结构和产品结构、居民收入水平、消费品价格水平及比价和差价、人口总量及人口构成。此外，还有消费政策、消费习惯和心理、家庭规模，等等。

在上述多种影响因素中，对居民消费结构的长期演变起决定性作用的是收入水平的变化。收入对支出结构的影响，多用恩格尔定律进行衡量。恩格尔是德国统计学家，他本人及其追随者根据大量的统计调查研究，发现了收入变化与各方面支出变化间的比例关系的规律性，该定律认为：① 随着家庭收入的增加，用于购买食品的支出占家庭收入的比重会下降，即恩格尔系数就会下降；② 随家庭收入的增加，用于住宅建筑和劳务经营的支出，比重大体不变，燃料、照明、冷藏等支出所占比重有所下降；③ 随家庭收入的增加，用于其他方面如服装、交通、娱乐、卫生保健和教育等的支出以及储蓄所占家庭收入的比重将会上升。恩格尔系数是可逆的，即家庭收入的减少会导致恩格尔系数的上升等现象。该定律不仅可用于了解一个家庭的收入对支出的影响，还可扩大用于分析一个地区以至一个国家，其基本观点被许多国家的研究和事实证明一般是正确的。

(二) 居民的消费方式

消费方式是人们消耗生活资料和劳务的方式和方法。由于消费是一种极其复杂的经济现象和社会现象，受着主观和客观的、自然的和社会的、经济的和非经济的等多种因素的影响，所以消费方式从不同角度进行考察，可划分为以下两种基本类型：一是个人消费方式和社会公共消费方式，二是家庭消费方式和社会消费方式。

1. 个人消费和社会公共消费

个人消费是指满足个人生活需要的消费活动，如个人的衣、食，住、行、文化娱乐等活动，个人消费的生活资料属于个人所有。由于不同人的经济条件、文化程度、生活习惯、兴趣爱好不同，其消费需要各不相同，消费者多根据自己的收入状况自由选择消费品。个人消费是消费方式中的主体。社会公共消费是满足人们共同需要的消费活动，包括文化、教育、科学、卫生、体育、交通等公共事业和其他集体福利事业。公共消费资料归公共所有，提供给消费者免费或低价享用，公共消费是人们生活消费中的重要组成部分。个人消费的特点是分散进行的，具有极大的灵活性，由个人和家庭自由选择，社会公共消费是集体进行的，具有相对统一性和集中性。从长远看，公共消费是日益增加的，但根本上受到社会生产力发展的制约。

2. 家庭消费方式和社会化消费方式

家庭消费是以家庭为单位进行的个人消费，往往附带有大量的家务劳动，占用人们的大量时间。随着社会分工的发展，社会化消费方式将日益发展起来，人们的许多消费需要将由服务行业提供劳务来满足，从而可大大提高高劳动生产率，节约劳动时间，并能改善服务质量，更好地满足消费需要。从长远看，社会化消费将逐步扩大。

四、消费者主权和消费者权益

(一) 消费者主权

消费者主权是指在生产者和消费者的关系中，消费者是起支配作用的一方，生产者应当根据消费者的意愿和偏好来安排生产，这就是消费者在市场经济中的权威。消费者主权是通过人们在市场上对产品和服务的自由选购来实现的。消费者主权行使得越充分，生产经营者对所提供的产品和服务就越是尽可能满足消费者的意愿和偏好，资源配置效率越好。

保证消费者主权实现的条件是：

(1) 在生产经营者之间存在比较充分的市场竞争。这种竞争迫使生产经营者按照消费者在市场自由选择的意愿和偏好信息调整和优化安排生产经营和资源配置，改进产品和服务质量，从而使消费者的需要得到较充分的满足。

(2) 存在消费品供给略大于或等于总需求的市场环境。这是保证实现消费者主权的重要条件。因为，当总供给小于总需求时，形成卖方市场和生产者主权；当总供给略大于或等于总需求时，会形成买方市场和消费者主权，使生产经营者感到市场竞争压力加大，努力满足消费者的选择。

(3) 要有维护消费者主权的立法和社会机构。要通过立法，限制和反对不正当竞争和非经济垄断行为，形成公开、公正、公平的竞争机制，还要建立保护消费者主权的社会机构，如消费者协会等。

(二) 消费者权益

消费者权益是指在一定生产力发展基础上，由一定的经济关系所决定的消费者所得经济利益的具体体现。消费者应该有相应的权益，这是由于：为了维护社会经济秩序，更好地实现生产目的和消费目的，促进市场经济健康发展；同时由于技术进步，产品更新换代加快，新产品不断涌现，劳务的复杂性和多样性增多，企业竞争方式和手段的变幻，使消费者难以全面准确掌握商品信息，出现买卖双方“市场信息不对称”，消费者利益易受到侵害。另外，从市场经济运行看，买卖双方各自的物质利益存在“对立”和差别，必须加强对消费者权益的保护，维护消费者的地位和利益。

消费者的权益包括哪些内容，各国的规定有差异，但是一般认为应当包括以下七项权利：要求安全的权利；提供信息的权利；自由选择的权利；听取意见的权利；要求赔偿的权利；受教育的权利；要求保障有益于健康的环境的权利。我国政府在保障产品质量，维护消费者权益，促进市场公平竞争方面相继颁布了一系列法律。《中华人民共和国消费者权益保护法》规定，消费者的权利有以下九项：① 消费者在购买、使用商品和接受服务时享有人身、财产安全不受损害的权利；② 消费者享有知悉其购买、使用的商品或者接受服务的真实情况的权利；③ 消费者享有自主选择商品或者服务的权利；④ 消费者享有公平交易的权利；⑤ 消费者因购买、使用商品或接受服务受到人身、财产损害的，享有依法获得赔偿的权利；⑥ 消费者享有依法成立维护自身合法权益的社会团体的权利；⑦ 消费者享有获得有关消费和消费者权益保护方面知识的权利；⑧ 消费者在购买、使用商品和接受服务时，享有其人格尊严、民族风俗习惯得到尊重的权利；⑨ 消费者享有对商品和服务以及保护消费者权益工作进行监督的权利。

为使消费者的权益落到实处，应当要使消费者明确自己拥有的权益，懂得如何行使权益；要形成买方市场，促进企业间公平竞争；要建立和完善维护消费者权益的法规体系，加强执行力度，同时要加强行政监督，建立和发展消费者组织。

★ 第三节　居民的储蓄和投资行为 ★

一、消费与储蓄的关系

按照“收入=消费+储蓄”的公式，居民收入减去消费即为居民储蓄。这种关系表明，居民储蓄的变化直接取决于居民收入和居民消费这两个因素。一般情况下，储蓄随收入的变动而同方向变动，但变动的幅度不是等比例的。消费是收入中未用于储蓄的部分，储蓄倾向是指储蓄在收入中所占的比例。储蓄倾向可分为平均储蓄倾向和边际储蓄倾向。平均储蓄倾向表示一定量的收入中所占的储蓄额，也就是平均每单位收入中储蓄所占比例。边际消费倾向表示变动的收入中的储蓄变动额，或者说，边际储蓄倾向就是指储蓄增量在收入增量中所占的比例。

储蓄行为是居民对自身现期消费的节制或延期，不仅具有延期消费的意义，还是一种谋取未来收入的手段。因此，不能仅将储蓄理解为银行存款，它还包括购买债券的信贷活动和购买股票的投资活动。可给储蓄这样一个定义：储蓄是居民保存因节制或延缓现期消费而持有的可支配收入的余额并使之增值的行为。

居民将部分收入用于储蓄，就成为社会生产资金的供应者，通过储蓄中介，居民的收入余额变为生产经营者手中的生产资金，居民因此而获得利息等形式的储蓄收益，则是生产经营者使用居民提供资金的代价。生产经营者对这种代价的支付，是居民的储蓄不仅能保存收入的价值，而且能使之增值的原因。居民储蓄具有两种形式：一是个人银行存款，二是购买有价证券，如股票和债券。

二、居民的储蓄动机和影响储蓄的因素

居民储蓄的动机大体可分为三种：一是利益动机，即为了获取利息、股息和红利等收入。二是特殊消费动机，购买某些大额特殊商品等。三是个人负担动机，如子女教育、未来生活保障等。居民的某种储蓄行为往往同时受到几种动机的支配。对于不同的居民或同一居民在不同时期的储蓄行为，这三种动机的作用强度是有差异的。居民的储蓄动机形成和作用强度与经济体制有关，如金融市场和金融工具发展，社会福利和社会保障制度状况，住宅市场发展等。

居民的储蓄行为受到各种因素的影响，大体可划分为以下两类：

1. 影响居民储蓄数量的因素

影响居民储蓄数量的因素有三：

① 居民收入水平。其他条件不变的情况下，居民收入水平越高，储蓄就越大，一般认为，随着收入的增加，边际消费倾向递减，边际储蓄倾向递增。② 金融工具的收益率。收益率是指持有金融工具所取得的收益与本金比率。收益率越高，居民的储蓄额就越大，反之，则越少。③ 物价总水平变化。当通货膨胀率高于利息率时，居民会自动减少存款，当名义收入增长幅度低于物价水平上幅度，居民实际收入水平下降，储蓄额也会减少，以保持原有消费水平。

2. 影响居民储蓄形式选择的因素

储蓄形式选择指不同金融工具的选择。在选择中主要有三个经济因素：① 不同金融工具的收益率的差距。一般趋向于高收益率的金融工具。② 不同金融工具的风险程度。一般趋于选择风险程度较小的金融工具。③ 金融工具的灵活性。即金融工具变化和转为其他形式的难易程度，一般趋同于灵活性较大的金融工具。

三、居民投资的不同方式和投资策略

广义地讲，投资是指为了获得回报而购买某种资产的行为。从整体上看，投资可分为实际投资和金融投资。实际投资指实业投资，包括购买新机器和新工厂等；而金融投资指

在金融资产方面的投资，包括银行账户、股票、债券等。两个市场相互联系，人们进行的金融投资为厂商提供了进行实际投资所需要的资金。

在市场经济发达的国家，如美国，居民的投资方式主要有：

(1) 银行存款，包括银行储蓄账户和存单。银行存款的好处是：支付利息、存取便利以及安全。

(2) 货币市场共同基金。共同基金从大量的投资者那里聚集资金，形成单一的大笔资金。然后，基金用这些资金大量购买各种资产。投资者可以得到比银行账户更高的利息率，同时享有较好的流动性。

(3) 住宅。

(4) 债券，包括公司债券和政府债券。

(5) 股票。

在美国，居民可选择的投资方式及各自的优劣见表 5-1。

表 5-1 可选择的投资方式及各自的优劣

投 资	收 益	风 险	税收优惠	流动性
银行储蓄账户	低	低	无	高
CDs(存单)	略高于储蓄账户	低	无	略低于储蓄账户
国库债券(T 债券)	和 CDs 大致相同	低	免征州的所得税	到期前出售有少量费用
联邦政府长期债券	通常略高于国库债券	下一期的市场价值不确定，长期的购买力不确定	免征州的所得税	到期前出售有少量费用
公司债券	收益高于联邦债券	与长期联邦债券相同的风险和违约的风险	无	比联邦债券的流动性略低(取决于发行债券的公司)
市政债券	收益低于相同到期日的联邦债券	与长期联邦债券相同的风险加上违约风险和税法变动风险	免征联邦所得税，并且对州内发行的免征州所得税	通常是不流动的(债券市场交易不旺)
股票	高	高	资本增值得到一点税收优惠	在主要的股票交易所上市的股票有高度流动性；其他股票拥有高度的不流动性
住宅	从 20 世纪 70 年代中期到 80 年代中期有高收益，80 年代中期到 90 年代初期，许多地方是负收益	过去被认为是安全的，现在则被认为更具风险性(例如美国次贷危机)	有许多特殊的税收优惠	流动性相对低，花很长时间才能找到一个“好买主”
共同基金	反映基金投资的资产收益，有高有低	基金投资的资产的风险，分散投资可以减少此类风险	视投资的资产而定	高度流动性

投资要考虑的主要因素有：① 预期收益；② 风险；③ 税收；④ 流动性。当投资者对投资机会进行了解和考虑时，应在个人需要及投资对象的上述因素之间进行权衡。理想的投资应该是具有流动性、有确定的收益率，以及免税。但是，在现实中，各种因素都合适的投资机会是很少的。

居民在进行投资时，应当有明智的投资策略，要了解每种资产的特征，并进行有效的资产组合——分散化的资产组合可以减少风险，另外，应充分考虑所面临的所有风险。

四、中国城乡居民的资产选择

(一) 资产选择和资产组合

当人们面对多种可能时，如何动用消费剩余进行投资选择，这是储蓄运用问题。归结起来，多种形态的资产大体可归类为实物形态(如贵金属制品和房地产等)和金融资产两大类。从人们的生活经验可以知道：如果通货膨胀比较严重，尽可能多存实物，少存钱；如果储蓄存款可以得到较多利息，就多储蓄，手头只留必要的现金；如果各种债券既可靠，利率又高于银行储蓄存款利率，就会争购债券，等等。在资产选择过程中人们会关心以下一些问题：

1. 资产本身的收入

实物资产不运用时无收入，现金无收入，不付利息的支票存款亦无收入；有息存款和债券有固定的利息收入，股市则有预期的股息和分红收入。

2. 价格的收入

票据、债券等到期按面额还本，当购入价低于还本面额时则可获得价格收入；预期股票行市会提高，这是预期的价格收入；在通货膨胀率较高的情况下，实物资产增值，也有预期收入；现金及一般行存款则无价格收入。

3. 交易成本

大部分资产购入与售出都要按不同费率支付佣金，如果利息收入、股票、股息分红收入，各种价格收入等被佣金所抵消，则无收益。

4. 风险

几乎任何种类的资产都有风险，如通货膨胀下，手持现金和固定面值的债券会贬值，金融机构的破产也会造成存款的信用风险；利率的波动、经济周期的波动等会使资产的价格下跌或使价格预期被打乱；甚至预期有大的通货膨胀而事实并未到来，也会打击那些过度抢购实物的人们，等等。

上述问题对于投资者来说是十分重要的。投资者在比较分析上述因素进行决策的过程和行为称之为“资产选择”。资产选择在现实生活中不是一个非此即彼的简单决策过程。比如面对通货膨胀局面时，人们不会选取只要实物和一点现钞也不持有的方针，因为现钞的流动性无法替代；面对不同收益的金融工具，人们也不会只取高收益的而完全不考虑低收益的，因为至少还有一个风险高低需要注意，等等。面对多种对象及多种需要考虑的因素，人们会研究如何组合资产，使风险最低，收益最高。

(二) 我国居民的资产选择

资产选择目的有两个：一是保值，二是增值。选择的基本方向有三个：一是购买有价证券，或银行存款。二是购买实物资产，以土地，房产等为代表。三是持有现金。居民进行资产选择的前提条件是：一要有货币收入的消费剩余；二是具备可供选择的较为多样化的资产。

在发达的工业化国家，较高的人均收入水平和种类繁多的可供自由选择的资产市场条件，使资产选择成为一种普遍的社会现象。在经济改革之前，中国人均收入处于低水平，消费剩余不多，很难有资产选择要求。如果说有，至多是在保存现钞和银行存款之间选择。改革开放以来，城市居民收入提高，相当多的家庭已在消费支出之外有了一定数量的货币剩余，成为了资产选择的需求方。近年来，随着经济的发展和人民收入水平的提高，金融市场发育，金融工具逐渐多样化，不动产市场也开始发育，金融资产选择已成为多数中国城乡居民，特别是大中城市居民安排货币剩余的一个内容，居民的金融资产数量增长不断加快，居民金融资产结构已由单一化逐步趋于多样化。我国居民个人投资理财选择的方式主要有：储蓄、保险投资、股票投资、收藏品投资、债券投资、房地产投资、投资基金、期货投资、外汇投资、黄金投资。

第六章　市场结构与市场体系

市场是商品交换的场所，是商品交换关系的总和。有效的市场结构和完善的市场体系，是现代市场经济发展的要求和基本条件。按照竞争和垄断的结构，可以将市场结构划分为不同类型的市场。不同的市场结构对经济主体的市场行为和市场绩效会产生不同的影响。是否形成完善的市场体系，是企业经营的基本条件，是我国建立市场经济体制的重要环节。本章通过学习和比较不同的市场类型，了解建立和完善我国市场体系的基本目标和主要内容，掌握经济改革的重要内容，有助于推动我国市场结构的有效形成和市场体系的不断发展和完善，为经济主体营造有效、完整、统一、开放、竞争、有序的市场环境。

★ 第一节　市场结构 ★

一、市场结构的划分

市场是实现商品交换过程中各种经济关系和经济利益的总和。在现实生活中，市场是以多种多样的具体形式存在的。各种市场的内部结构是不同的，此一市场和彼一市场相差甚远，不同的市场有着不同的运作方法，不同市场上的人们有着不同的行为方式。

市场结构的划分依标准不同而不同。从市场交换的内容看，整个市场体系可以分为三个部分：最终产品市场、生产要素市场和金融市场；从市场交换的方式看，有批发市场和零售市场；从市场交换的时间结构来看，有现货市场和期货市场；从市场交换的区域来看，有国际市场、国内市场和地区市场；从市场主体的关系来分，有竞争性市场、不完全竞争性市场、垄断性市场和垄断竞争性市场，等等。

经济学通常按照市场主体间的关系，即竞争程度不同将市场类型进行划分，其具体的划分标准主要是市场集中度、产品差异和进入壁垒三个方面。

(一) 市场集中度

市场集中度是指所考察的市场上的卖方和买方各自的数目以及它们在市场上所占的份额。其中又可分为卖方集中度和买方集中度。一般用集中度来划分市场结构时，指的是卖方的集中度。衡量集中度的最主要指标，就是位于市场前几名的企业的生产量或销售量占整个市场供给量的比重，也叫生产或市场份额。如果市场集中度高，说明市场的垄断程度越高。反之，则说明竞争程度越高。

(二) 产品差异

产品差异是指同一类产品中存在着不完全替代性。产品是不是有差异，差异的程度如何是影响市场结构的一个因素。产品的差异产生于产品的物理差异，买方的主观差异，对顾客的服务差异，顾客的知识差异，销售的地理差异等因素。产品差异与市场集中度存在双向的相互影响。一方面，市场上的前几名企业可以通过扩大产品差异，保持或增加自己的市场占有率，从而增加市场的垄断程度；另一方面，后位企业可能因为开发了新的技术和新产品，形成新的产品差异，提高自己的市场占有率，从而降低前位企业集中度水平，增加市场的竞争性。因此，产品差异状况是影响市场结构的重要因素。

(三) 进入壁垒

进入壁垒是指现有企业对企图进入同一市场的企业(潜在竞争者)所具有的优势。如果进入壁垒大，则市场的集中度和垄断程度高，反之则竞争程度高。形成进入壁垒的因素主要有：规模经济，资本需要量，资源占有，许可证和专利，过剩生产能力，产品差异，等等。

二、市场类型——竞争与垄断

市场经济中，竞争机制通过优胜劣汰实现资源优化配置，同时，自由竞争必然引起生产集中，生产集中发展到一定程度就会引起垄断，反而阻碍了竞争。在现实中，垄断与竞争往往是并存的。人们根据市场上竞争与垄断的程度不同，把市场划分为四种类型。

(一) 完全竞争市场

完全竞争市场必须同时具备下列条件：

(1) 市场上有数量极多的小规模的买者和卖者，每个卖者和买者都是价格的被动接受者；

(2) 市场上交易的产品是同质的，无差异的，并且买方对于具体的卖方没有特别的选择权；

(3) 自由进出市场，生产要素完全随供求关系变化在不同行业间自由流动；

(4) 买者和卖方完全掌握产品和价格信息，有条件作出合理的消费选择或生产选择。

在完全竞争市场上，企业只能按目前价格出售产品。为了追求最大利润，企业会努力降低成本，提高效率，最优配置资源。除少数例外，在现实生活中要找到真正的完全竞争市场并不容易。它只是活在经济学家的理想中，但实际生活中的农贸市场、证券交易所近似这类市场。

(二) 垄断竞争市场

又称做不完全竞争市场，其存在的条件是：

(1) 市场上有很多买主和卖主；

(2) 产品存在差别，不是单一的；

(3) 可以自由进出市场；

(4) 交易者得到完全的信息。

这种市场的主要特点是存在产品差异，因而企业对它们有一定程度的垄断，具有有限的价格决定权。但如果价格定得过高，顾客就会被其他企业吸引走，所以同类产品的价格比较接近。同时，企业间存在着强有力的非价格竞争，产品的质量、服务、广告等对竞争有较大影响。通常，一般日用品市场就属于这种类型。

(三) 寡头垄断市场

寡头垄断市场是这样一种市场格局：在这里只有若干家卖者，少数几个厂商控制了商品的供应。所谓寡头就是指那些控制着市场的少数企业。寡头垄断者之间往往存在着一定的默契，每个企业都能了解其他企业的行动，而且还必须考虑自己企业的行动将会引起其他企业的什么反应；企业之间无意进行价格竞争，而往往采用非价格竞争手段来夺取市场竞争优势。在这种市场类型中，新企业进入很困难，生产要素流动受到阻碍，但企业为了在非价格竞争中获胜，大量投资于产品生产技术和产品功能的研究开发，从而推动了行业的技术进步。这类市场多存在于汽车、钢铁、石油和有色金属等行业。

(四) 完全垄断市场

完全由一家企业所控制的市场，这类市场存在的条件是：

(1) 卖方只有一个，而买方则为多数；

(2) 由于各种条件，如投资规模高，资源垄断，或由于技术专利垄断、政府特许等，新企业的进入已被完全封锁；

(3) 没有接近的替代品，买者想购买性能接近的代用品也无可能。

由于没有竞争，垄断企业可以通过制定大大高于正常价格的垄断价格来出售产品，获取垄断利润，因而难以有效推进行业技术进步和生产发展，有损于社会利益和消费者利益。所以往往需要政府予以干预，对产品价格实行政府控制或由政府直接经营。这种类型的市场常常存在于公用事业部门，如城市供水、供电等。

上述四种市场类型的基本特征见表 6-1。

表 6-1　四种市场类型的比较

市场和企业类型	企业数目	产品差别程度	对价格的控制程度	进入或退出行业的难易程度	售卖方式	现实中近似的例子
完全竞争	很多	完全无差别	完全不能控制	非常容易	市场交易	某些农产品
完全垄断	一个	没有合适替代品的独特产品	可以在很大程度上进行控制	非常困难	进行广告宣传和加强服务	公用事业、电力、电话
垄断竞争	很多	有一定的差别	一定程度的控制	比较容易	广告宣传、质量宣传、管理价格	香烟业、纺织业
寡头垄断	很少	有一定的差别或完全无差别	较大程度的控制	比较困难	同上	汽车、钢材

三、市场结构对市场行为和市场绩效的影响

市场结构、市场行为、市场绩效三个方面存在着如下的关系：市场结构是决定市场行为和市场绩效的基础；市场行为受市场结构的影响，反过来又影响市场结构，同时它又是市场结构与市场绩效的中介；市场绩效则要受到市场结构和市场行为的共同制约，是特定市场关系在资源配置效率上的表现，同时市场绩效的状况又影响未来市场结构和市场行为。

（一）市场结构与企业的市场行为

市场行为主要是指企业在市场上为了获得更多的利润或更高的市场占有率所采取的行动。市场行为主要包括以下几个方面：

1. 企业的价格行为

企业制定价格的主要原则是保证获得尽可能大的利润，同时还要尽可能限制更多的企业进入市场。在完全竞争市场上，企业置身于一个不确定性很大的经营环境里，企业对客观经济形势、技术进步状况、需求动态、新企业进入的多少等既无力加以影响，也不可能完全掌握与它有关的信息。于是企业往往采取追求短期利润最大化的行为，制定能获取较高利润的价格。而在寡头垄断市场上，由于市场上企业数量不多，企业掌握的市场信息比较完整。在此条件下，企业往往不是以短期利润最大化为目标，而是倾向于追求那种即使在短期内可能在一定程度上损失一些利润，但可以实现长期利润最大化的目标。为此，企业就把竞争的重点从价格竞争转移到产品品种、质量和市场占有率等方面去。在价格方面，寡头垄断企业往往采取协调价格。

2. 企业的非价格行为

非价格行为主要是指企业的技术和产品开发行为和销售行为(如广告宣传、促销活动)，其目的在于扩大本企业产品差别和增加市场销售，形成限制其他企业进入的障碍。非价格行为往往是大企业控制占领市场的重要手段，因为它们的实力和规模使其成为可能。

3. 企业的兼并行为

市场竞争条件下，企业为了扩大生产规模，实现规模经济，或为了进入新的产业领域，都会发生兼并行为，这种兼并行为会改变企业之间的规模结构和市场集中度，最终导致市场结构的变化。同时，我们也必须看到，大型化、集中化和小型化、分散化并存是高科技条件下企业规模结构变化的趋势。因此，市场结构是在动态变化之中。

（二）市场结构与市场绩效

市场绩效是指一定的市场结构条件下，企业采取一定的行为所产生的实际结果。合理的市场结构，应能使该行为的供给与需求保持动态均衡的状态，实现资源在产业间合理的配置，行业间的合理流动和调整，行业内企业间的正确配置。过度垄断和盲目竞争都不利于资源配置最具效率。

市场的企业规模结构和市场集中度的高低，直接影响市场的竞争与垄断的不同组合关系，形成不同类型的市场结构，进而产生不同的市场绩效。如果企业的规模不佳，市场绩

效必然受到不利的影响。另外，不同类型的市场对于技术创新也有不同的影响，也是判断市场绩效的一个重要方面。从长期看，通过推出新产品和新的生产方式来进行竞争，远比价格竞争重要得多。而这是在一定程度的垄断条件下才可能实现的。

因此，在评价不同类型市场的市场绩效时，不能简单化，必须权衡利弊，科学选择。

★ 第二节　市 场 体 系 ★

一、市场体系的构成、特征和功能

(一) 市场体系的构成

市场体系是一个很复杂的概念，它是由具有不同交换内容、不同属性、不同功能和处于不同流通环节、不同状态的各类特殊而又互相衔接的市场所组成的有机统一体。组成市场体系的各类市场可以从不同的角度进行认识和划分。

(1) 从流通环节的角度看，有批发市场、零售市场；一级市场、二级市场等；

(2) 从流通时序的角度看，有现货市场、期货市场等；

(3) 从流通的地域看，有城市市场、农村市场、地方市场、全国市场、国际市场等；

(4) 从流通组织形式的角度看，有商店、百货公司、交易中心、各种交易所、集市贸易等；

(5) 从流通状态的角度看，有买方市场和卖方市场；完全市场和不完全市场；有组织的市场和分散的市场；均衡市场和非均衡市场等；

(6) 从交易场所的角度看，有集市、物资交流会、货栈、商场、批发站等；

(7) 从市场上流通的商品属性或行业的角度看，市场可以分为商品市场和生产要素市场。前者包括消费资料市场和生产资料市场，后者包括金融市场、劳动力市场、房地产市场、建筑市场、技术市场、信息市场等。

市场是随着商品交换活动而产生并随着商品交换关系的扩大而发展起来的。随着社会生产力的提高和社会的不断进步，商品交换关系也随之发展到相当高级的形式，市场也获得了全面发展，形成了完整的市场体系。商品交换是市场交换的基本内容，商品市场在市场体系中处于基础的位置，其他的市场在某种程度上是为商品市场服务的。金融市场在市场体系中占有极为重要的地位，因为在现代市场经济中，货币是所有资源的一般代表形式，资源的分配首先表现为资金的分配。劳动力市场则是最能动的生产要素——劳动力资源的交易和分配场所。所以，商品市场、金融(资本)市场和劳动力市场是市场的最基本内容，可称之为市场体系的三大支柱。

市场体系内部各类市场之间存在着相互制约、相互依赖、相互促进的关系。如果某一分类市场发育不全，发展滞后，就会影响其他市场的发育和功能的发挥，从而影响市场体系的整体效率。因此，发展市场经济、提高市场效率、发挥市场功能，必须从整体上、系统上发展市场体系。

(二) 市场体系的基本特征

1. 市场体系的完整性

市场体系中不仅要有发达的商品市场，而且要有发达的要素市场；既要发展和完善零售市场，又要发展和完善批发市场；既要发展现货市场，又要发展期货市场；既要发展有形市场，又要重视无形市场。

2. 市场体系的统一性

市场体系的统一性就是要做到全国统一法规、统一政策，打破地区、部门的分割与封锁，形成全国通畅的大流通、大市场格局。

3. 市场体系的开放性

市场体系的开放性就是要扩大对外开放，实现国内市场与国际市场接轨，有效地利用国内和国外两种资源。

4. 市场体系的竞争性

市场体系的竞争性就是要创造平等的竞争环境，实行公平竞争，优胜劣汰。促进企业不断提高劳动生产率、产品质量和经济效益。要反对垄断，反对非关税壁垒。

5. 市场体系的有序性

市场体系的有序性就是要求一切市场活动都必须有秩序地进行，为此需要完善有关市场运行的法律和规则，加强对市场的管理和监督，保证实现公平交易、平等竞争，保护经营者和消费者的合法权益。

(三) 市场体系的功能

在市场经济条件下，人们之间的经济联系和经济关系是通过市场、市场体系实现的。在社会经济运行过程中，市场的各种要素和机制如价格、供求、竞争相互联系、相互作用而表现出市场和市场体系的内在功能。市场体系的功能主要包括以下几个方面：

1. 交换联系功能

在市场经济运行过程中，市场的中介联系功能主要表现在：市场体系是实现社会再生产和流通的条件；市场是生产和消费的必经中介；市场实现着多种市场主体之间的经济联系，把企业、个人、国家及国外市场联结成一个有机体。

2. 信息传递功能

市场作为商品交换的场所，融合各种关系为一体。价格、供求数量、供求时空等经济信息都通过市场反映出来。这些市场信息是生产者、消费者和政府进行生产、消费决策和实现调控管理决策的依据。

3. 检验评价功能

商品的使用价值是否合适及价值的大小都只有进入市场，才能在交换中受到检验和评价。因此，市场是检验评价商品是否符合社会需求的场所。

4. 利益调节功能

市场价格以及与价格有关的税收、利率等经济杠杆是经济生活的调节器。在这里，通过价格与价值的背离来实现市场参与者之间的利益分配和再分配，正是市场的利益调节功能，使国家有可能利用这些经济杠杆调节各个环节、各个层次之间的经济利益关系。

5. 经济平衡功能

在市场经济条件下，市场各种信号是各个主体进行生产、消费和资源流动配置的决策依据。因此，市场体系的统一、开放、竞争、有序运行，能够使经济信息准确反映市场状况，调节社会经济比例关系，实现国民经济持续、稳定、健康、协调地发展。

（四）完善的市场体系的主要特征

1. 独立的企业制度

独立的市场主体是市场经济的基石，而企业是最主要的市场主体。独立的企业制度包括三层含义：一是拥有明确和独立的产权并受到法律的有效保护；二是有充分的决策权，能够根据市场信息的变化自主决策；三是对自己的决策和行为负民事责任。这三个方面相互联系，相辅相成，缺一不可。

2. 有效的市场竞争

竞争是市场经济有效性的最根本保证。市场机制正是通过优胜劣汰的竞争，迫使企业降低成本、提高质量、改善管理、积极创新，从而达到提高效率、优化资源配置的结果。有效的市场竞争包括三个方面的内容：一是竞争必须公平；二是竞争必须相对充分；三是规范的政府职能。现代市场经济的一个突出特点是政府与经济之间保持一定的距离，市场经济的正常运转离不开政府的作用，但政府的作用不能过大，其行为必须受到法律的约束，否则，如果政府任意对经济活动进行干预，同样会损害民间经济的活力和创造力。能够成功促进市场机制有效发挥作用的、规范的政府行为通常被称为“有限和有效政府”。

3. 良好的社会信用

与传统市场经济的交易方式主要是现货交易，即一手交钱，一手交货不同，现代市场经济的交易方式主要是信用交易。在规范的市场经济体制下，诚信对于企业来讲不仅意味着较好的信誉，更意味着更高的竞争优势。各国的发展经验还表明，与市场主体的诚实守信相比，政府的诚信更为重要。政府严格履行其对社会的承诺不仅直接影响社会信用的状况，而且能够增强其他市场主体的信心，为良好社会信用的形成起到示范作用。

4. 健全的法制基础

从各国经济体制演变的历史经验来看，一个国家能否真正实现从传统市场经济或计划经济向现代市场经济的转变，关键在于能否真正建立起适应市场经济需要的法制基础。没有好的法治环境，市场主体的独立性、市场竞争的有效性、政府行为的规范性和市场秩序的有序性都将缺乏根本的保证。因此，从根本上讲，现代市场经济是法制经济。

二、商品市场

商品市场有狭义与广义之分。狭义的商品市场主要是指消费品市场和生产资料市场，这也是最严格意义上的商品市场。广义的商品市场除包括商品市场外，还包括技术、信息、各类服务等无形商品市场，劳动力、土地、金融等特殊商品市场，电影、电视、书籍、文娱等精神产品市场。这里我们主要研究的是狭义的商品市场。

（一）消费品市场

1. 消费品市场的含义及特征

消费品市场是指交换用于满足消费者生活需要以及社会消费需要的消费品的一种商品市场，它作为直接联系消费品的生产与消费的重要纽带，具有以下主要特点：

(1) 需求具有复杂性、差异性、多变性。消费品市场的购买者人数众多，由于消费者本身的差异性等各种因素，如民族、性别、年龄、收入、职业、文化程度、情趣、习惯及个性心理因素等不同而形成了市场需求的复杂、多变、差异性特点。

(2) 交易频繁。由于消费者的需求复杂多样，而市场上可提供给人们购买的商品又千姿百态，加之所购商品主要用于个人或家庭使用，因此，在消费市场上一般是每次交易额小、次数多、频率高、购买时间分散。

(3) 购买力流动性大。消费者受购买力制约，对商品的选择性很强，尤其是一些高档消费品，就形成了他们在不同商业企业和不同的地区进行成交，如大中城市、交通枢纽地点，流动购买力占相当大的比例。

(4) 商品专用性不强。大多数消费品有较强的替代性，每个购买者选择购买商品的动机不同，对产品的看法及要求不同。要求经营者尽量多提供商品的花色品种，满足不同层次的需要。

(5) 具有较大的可诱导性。由于日用消费品的可选择性，替代性很强，面对琳琅满目的商品，购买者有时会觉得束手无策，特别是由于对商品知识的缺乏，对商品的性能、使用、保管、维修等知识，急需经营者的宣传、介绍和帮助。消费者易于受广告及其他推销方式的影响，具有较大的可诱导性。

(6) 消费者对非生活必需品的需求弹性大。生活必需品是日常生活中不可少的，价格变动对其需求量的影响很小，但非生活必需品的需求量易受价格变动的影响，对于厂商来说，可根据市场状况通过调整价格来调节供求，以搞活市场营销。

鉴于上述特点，厂商在组织消费品的生产经营活动时，必须深入细致地研究影响消费者购买动机与购买行为的因素，以适应市场需求的变化。

2. 消费品市场的基本功能

消费品是人类赖以生存和发展的物质条件，人们日常生活中片刻都离不开对它的消费。在市场经济条件下，消费品的获取是以市场为媒介的，因而大力发展消费品市场具有重要意义。它具有如下的功能：

(1) 消费品市场是满足人们的需要，实现社会生产目的的主渠道。消费品市场所交换的商品直接涉及人们的物质利益关系，市场上商品是否丰富和符合需要，直接关系到消费者物质文化需要的满足程度。因此，发展消费品市场是实现社会生产目的的有效途径。

(2) 消费品市场是连接生产和消费的纽带与桥梁。对于生产者而言，只有通过市场交换，才能使所生产的消费品耗费的社会劳动即价值得到补偿；而作为消费者，要获取所需的消费品也只能通过市场。同时通过消费品市场也可以指导合理消费，促进生产发展，使生产及时向消费转化。

(3) 消费品市场是社会总供给与社会总需求相结合的场所。消费品市场的状况，不仅是消费品供求状况的反映，而且也是整个国民经济状况的反映，它也决定和影响着社会再生产的速度规模。消费品市场上商品供求平衡、物价稳定，社会总供给与社会总需求就会相互适应，国民经济发展的速度与比例才能协调。

此外，消费品市场的发展可以拉动经济增长，为经济发展积累资金，也是社会主义个人分配方式实现的形式，是市场体系中最基本的组成部分。

(二) 生产资料市场

1. 生产资料市场的含义及特征

生产资料市场是指为满足各种类型生产者的生产需要而提供生产资料的一种商品市场，它是社会再生产过程中生产者之间的中介，是市场体系的重要组成部分，具有以下特点：

(1) 市场相对比较集中，需求差异主要体现在购买规模与集中程度上。生产资料市场上的消费者是企业，与消费品市场相对，消费单位较少，一般都是大规模购买，但购买次数受生产状况影响，频率较低。各企业在生产上差异大，其需要的数量也不同。

(2) 专业性较强，技术要求较高。一般生产资料消费者对市场提供的产品都有比较明确的技术要求。生产生产资料的企业及经营单位要深入市场了解消费者需求，在产品品种、规格、型号上尽量予以满足，首先要保证产品质量与技术性能，其次还应有比较完善的售后服务。

(3) 属于专家购买，理智性很高，购买者必须重视产品质量，不易被广告及促销手段所左右，而且所购商品必须实用，能满足生产发展的需要。发展生产资料市场，要认真研究与分析市场，慎重决策，以防决策失误。

(4) 需求属于派生需求。人们之所以需要生产资料，最终目的是为了提供消费品。所以，生产资料市场的需求是由消费者需求引起或派生的，由最终消费需求来决定。生产经营生产资料的企业，其眼光不能只停留在生产资料使用者身上，而需透过使用者看到最终消费者。

(5) 需求基本不具弹性。工业生产资料需求主要取决于企业的生产结构和经济发展速度。产品价格变动、广告及促销手段的使用，对需求总量影响不大，一定的生产结构与生产规模，对需求的数量大致是固定的。

2. 生产资料市场的基本功能

生产资料市场在市场体系中处于支柱地位，对整个国民经济起着重要的作用，具有以下功能：

(1) 生产资料市场是联系生产资料的生产和消费的桥梁。生产资料在社会再生产中，既是生产的物质成果，又是生产的物质条件。它是联结上下两个过程的纽带，处于中介位置。

(2) 生产资料市场对全体社会范围内生产要素的分配具有调节功能。生产资料商品在市场上进行流通、交换，实质上是在社会范围内分配生产要素，调节着整个社会生产资料的供求关系，从而使社会再生产的比例保持协调。

(3) 生产资料市场具有提高资源配置效率的功能。生产资料的价格高低，直接影响着使用它们生产产品的价格，在生产资料市场上，价格的核心功能是调节资源配置，保证其配置效率。通过市场竞争，首先形成合理的市场价格，在此基础上保证所有商品价格的合理化，从而通过价格机制配置资源，提高配置效率。

此外，生产资料市场还是完善市场体系，推动其他要素市场发展的重要条件和物质基础。

三、金融市场

(一) 金融市场概述

1. 金融市场的构成要素和分类

金融市场是指实现货币借贷、办理各种票据及有价证券买卖的场所。广义的金融市场包括资金市场、黄金市场和外汇市场，这里所讲的是狭义的金融市场，即资金市场。

金融市场的构成要素很多，概括起来，主要有以下三个：

(1) 参加者。即参与金融交易的各经济单位。现代金融市场的参与者已扩大到几乎社会经济生活的各个部门，包括企业、个人、政府机构、商业银行、中央银行、证券公司、保险公司、各种基金会等。按照他们进入市场的身份，就某一时点静态考察，可以分为资金供应者、资金需求者、中介人和管理者四个部分。但从参加者本身考察，他们都同时既是资金供给者，又是资金需求者。

(2) 金融工具。即金融市场交易的对象。由于资金供需者对借贷资金的数量、期限和利率有着多种多样的要求，相应出现了多样化的金融工具，也由此形成了金融市场的各类子市场。

(3) 组织形式和管理方式。组织形式有交易所交易和柜台交易两种。交易方式主要有现货交易、期货交易、信用交易等。金融市场的管理包括管理机构的日常管理、中央银行的间接管理及国家的法律管理等。

上述三个要素构成了金融市场的基本框架，金融市场交易活动的正常运行还必须有健全的机制，健全的内在机制主要是指具有一个能够根据市场资金供求灵活调节的利率体系。

金融市场由许多不同的具体市场所组成，可以按不同的划分标准进行不同的分类。例如按照融资期限可分为短期市场和长期市场；按交割时间分为现货市场和期货市场；按证券新旧可分为发行市场和交易市场；按地理范围可分为地方性市场、全国性市场和国际市场；等等。目前一般从融资期限和融资对象相结合的角度作如下分类：

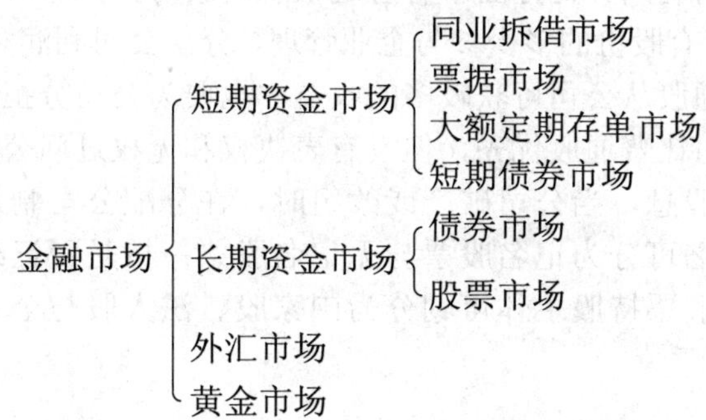

2. 金融市场的功能和作用

金融市场在现代市场经济中居特殊地位。对经济资源的合理配置和有效使用，对现代市场经济的正常运行，对整个国民经济的协调发展具有重要作用。现代市场经济是信用经济，金融市场是市场体系运作的中枢。

金融市场作为市场体系的重要组成部分，在社会经济活动中具有如下功能与作用：可以有效地聚集社会资金，灵活地转换各种资金，调剂金融市场上不同的资金需求；引导资金的流向与流量，可以提高资金的使用效益，调控国民经济的运行等。当然，在肯定金融市场有上述功能的同时，不能否认由于金融市场的存在滋生和蔓延了投机诈骗行为，导致有人操纵市场，误导资金的流向与流量，破坏产业结构和市场秩序，造成经济的波动和加剧两极分化。因此，必须对金融市场进行监督与管理，抑制其消极作用。

(二) 股票市场

1. 股票的特征及种类

股票是股份公司发行的，表示投资者投资入股，并据此作为享有一定权益的凭证，它具有以下特征：

(1) 无期性，即股票没有还本之时。股票一旦发行之后，对于投资者来说就是一种永久性的投资，无权向发行者索取本金；对于发行者来说便获取了长期而稳定的投资。

(2) 权责性，股票持有者具有参与股份盈利分配和承担有限责任的风险。股票持有者权责的大小，与他掌握的股票在股份公司中所占的比例成正比。

(3) 流通性，股票可以在股票市场上转让买卖，亦可作为抵押品。股票持有者可以随时在股票市场上转让出售股票换成现金，它可以看做是流通性较强的流动资产。

(4) 风险性，股票投资除了可以获取收益之外，还要面临着至少两方面的风险，一是企业经营亏损或破产的风险，它使股东减少收益甚至可能分文无归；二是股市价格波动造成的损失风险，特别是在股市剧烈震荡的情况下，可能使投资者损失惨重、倾家荡产。

股票与债券都是金融工具，但二者是不同的，区别在于：前者是所有权凭证，后者是债权、债务凭证；前者无期限，后者有明确的期限，到期收回本息；前者收益不固定，可高可低，后者收益固定，有相对稳定的利息收入；前者有参与利益分配的权利和承担有限责任，而后者没有；前者的投机性大，而后者一般来说投机性小，风险亦小。

股票的分类方法较多，常用的方法是：按照股东的权利及保证，将股票分为普通股和优先股。普通股是在公司利润分配方面享有普通权利的股份，持有者是股份公司的基本股东，享有表决权，按其持有股份的多少参与企业管理，分享公司利润和分担公司亏损风险，并拥有优先认股权。普通股从公司可获较多的收益，也要为公司分担较大的风险。优先股在分配股利与剩余财产时比普通股优先，但没有表决权和无权过问公司事务。优先股仅按固定的股息率优先取得股息，当公司破产或改组时，在分配公司剩余资产方面优于普通股。按是否记载股东姓名可分为记名股票与无记名股票；按是否记载一定金额可分为面额股和无面额股；按照股票持股主体可划分为国家股、法人股与个人股等，股票有多种分类形式。

2. 股票的发行

股票发行是股份公司为了募集资金而出售或分配自己股份的行为。股票发行分为初次发行和增资发行两类，前者是在公司设立过程中发行股票，它与公司建立是同步的；后者是在公司成立后出于某种目的而发行的。

股票设立发行的程序。股票的设立发行大体要经过三道程序：一是发行人订立招股章程，以便公众了解公司的实际情况，它不是公司章程，而是专为招股订立的，其内容包括企业名称、经营范围、资产总额、拟募集的股票总额，各个发起人认领的股份数及发行价格等。二是发起人向政府主管机关与证券管理机关提交招股申请书，经核准后才能开始发行股票。三是政府主管机关审核批准、颁发许可证后，公司就可以开始发行股票了。

股票发行的对象既可以是自然人，也可以是经济法人。大体上包括：地方政府、各类银行、国有企业、文化科研单位、集体企业、城乡居民及有条件的企业向境外发行。尽管每一对象购买股票的资金来源不同，但无论是企业还是个人都严禁用银行贷款购买股票，它会冲击国家信贷计划，也容易给国家金融市场造成混乱及带来不可弥补的损失。

股票的发行方式有三种：一是公开招股，即按统一条件向非限定的投资者发行。其发行价格可分为平价发行与时价发行(即不以票面值而以市场时价为标准的发行价格)。公开招股还可以分为由发行公司直接发行和通过证券公司、银行等金融机构间接发行。前者对于发行公司来说可以节省发行费用，但要自己承担一切招股事务和风险，后者由于承销商承担发行风险，故手续费较高。二是私人配售，即将新股票分给本公司的董事、职员及往来客户等特定对象，或与本公司无关的第三者，严禁向企业对手发售。三是股东配股，即通过分配新股认购权邀请股东认购股票，分为有偿配股、无偿配股及两者搭配方式进行。

3. 股票交易

股票只有在转卖出去之后，才能收回投资，股票的发行是以交易为前提的，在股份公司创造股票发行市场的同时，股票交易市场便随之形成。

股票交易的方式有现货交易、期货交易、期权交易和信用交易。其具体的交易程序都不同，以下以现货交易为例来分析其交易程序。

一般来说，上市的股票在交易所进行交易，未上市的股票在证券公司柜台交易。

证券公司柜台交易有两种形式：代理买卖和自营买卖。

代理买卖是证券公司接受委托后，根据委托人要求以公开挂牌方式帮助物色交易对象，成交后向双方收取手续费，此种交易方式涉及的当事人有买者、证券经营公司和卖者。证券公司是中介人，收取手续费。此种方式的交易程序是：由顾客填写代理买入或出售证券委托书，办理委托手续；根据委托要求，委托买入的要交付委托最低价格的定额保证金，委托出售的要交付股票；证券交易柜台在点收保证金或股票，并验收股票及身份证之后，给委托人开具临时收据；交易柜台根据委托价格公开挂出牌价以物色交易对象；在委托有效期内，通知委托者补收或退回买卖差价，收取手续费，卖出的扣除手续费后付款，并收回原出具的临时收据；如在有效委托期内不能成交，交易柜台向委托人退回保证金和股票，并收回临时收据，不收手续费；记名股票成交后，填写证券过户申请书，并加盖售出方原预留印鉴，由买入方向该股票发行企业或证券公司办理过户手续。

自营买卖是指证券公司自行买卖股票，获取差价收益。此种交易方式涉及的当事人是买(卖)者证券公司。其交易程序是：填写股票买入或卖出成交单，交易台受理后，审核成交单，验看身份证，点收款项或验证股票；即行交割，钱券两清；记名股票加盖背书，填写过户申请书，由买入方向股票原发行企业或证券公司过户。

上市交易是指股票在证券交易所挂牌交易。如果是证券公司自营买卖的，涉及的当事人只有证券经营公司双方的经纪人成交；如果是代理买卖的，则涉及委托买入或卖出者及受委托的证券经纪商、委托卖出或买入者及受委托证券经纪商。买卖双方的经纪商根据委托指令在交易所里就某种股份竞价买(卖)，如果卖出或买入的有多个，就会出现多个经纪商就一笔交易互相竞价买(卖)，当双方找到恰当的买(卖)主，就算成交，双方经纪商便通知委托者履行交割清算责任。其交易程序大体是：开户，即委托经纪商代为买卖股票，顾客到证券公司向营业部提出购买或售出要求，填写开户账号单，交予委托人；证券公司营业部将委托买卖指令(要求)转告股票部，该部用电话或电脑与证券公司派往交易所的代理人(穿红马夹)取得联系，向其传达委托人指令，代理人接受后，按先后顺序登记在通知板上；场内经纪人按“时间优先、价格优先”原则，以一定价格促成买卖成交；经纪人把成交价格、数量通知交易所市场员(穿黄马夹)，立即反映在股票价格显示屏上，同时通过电话或电脑传达到证券公司，再通知委托人；成交 4 日后进行交割、过户，这一轮股票交易结束。

(三) 债券市场

1. 债券的特征及种类

债券是指国家、企业、金融机构等为筹措资金而向投资者出具的债务凭证。它代表了持有人即投资者对发行人的债权，在约定期限凭证可以要求还本付息。它具有以下特征：

(1) 收益性，是投资者买债券而相应获得的股资收益能力。它表现为不仅是可以获取较固定的、高于储蓄利率的利息，还可以通过在证券交易市场上买卖获取更高收益。

(2) 安全性，表现在：利率固定、本利安全和各国都对债务发行有一定限制，以防滥发。

(3) 流动性，债券由于具有上述特征，故具有较强的流通变现能力。

债券种类也较多，可以从不同角度划分：

按发行主体不同可分为政府债券、企业债券和金融债券；按筹资地区不同可分为国际债券和国内债券；按是否记名可分为记名债券和无记名债券；按偿还期不同可分为长期债券、中期债券和短期债券；按募集方式分类，可分为公开发行债券和非公开发行债券等。

2. 债券的发行

债券的发行是资金需求者通过发行债券筹措资金的过程，也是原始投资者进行债券投资过程。债券发行市场涉及的当事人有：债券发行者、认购债券的投资者和经纪人组织，主要有投资银行，接受委托、担保的托管银行及负责债券分售的证券公司。

债券发行的方法按承担主体不同可分为两种方式：

- 直接发行，即发行者直接发行并承担风险的债券和发行方式。其优点是可节省手续费，但其发行量受到限制，且发行者自己要承担发行风险。间接发行就是作为经纪人的证券公司和投资银行进行的发行。此种方法虽然向经纪人支付手续费，却能利用经纪人的信誉扩大发行量。
- 间接发行，又分委托发行和包销发行。前者主要是指债券是否销完，受托机构不承担风险，由发行者自己负责。后者是指以银行或信托银行作托管公司处理发行事务，由证券公司作为承销人员负责处理未售出债券，发行者不必担心债券是否销完。

3. 债券交易

债券的交易市场也叫次级市场，主要包括交易所交易和柜台交易两种。

债券交易所交易是指上市债券在交易所进行的交易。大体上有三种形式：一是当时结算交易，即在买卖双方签订买卖合同的当天交割完毕；二是普通交易，即在成交后的第四天结算；三是特约结算交易，即在成交后的15日内，由买卖双方商定日期进行结算交易。

债券的柜台交易是以证券公司或银行为中介人而促成的买卖双方进行的交易，或者在证券公司之间进行的个别交易，柜台交易一般是由双方议价，而不采取竞价的方式。

柜台交易方法很多，一般主要有单纯买卖，即单纯卖出或买入债券；预约交易，即预先约定买卖某种债券的交易，主要是在想买进某种债券但当时手头无资金，却又知道某时会有资金到来时，进行预约交易；交替买卖是指在出售某种债券的同时买进其他债券，以平衡风险。

我国目前的债券交易一般都在已批准的经营证券转让买卖业务的金融机构如证券公司、信托投资公司或银行等设立的证券柜台交易所进行，大体上有现金交易、委托代买、委托代卖、自由交易、债券抵押等五种形式，一种债券可重复多次进入交易市场进行再交易。

四、其他要素市场

（一）劳动力市场

劳动力市场是通过市场机制调节劳动力的供求、配置劳动力资源的一种方式。劳动力市场的概念有广义与狭义之分。广义的劳动力市场是指市场经济条件下劳动力商品交换关系的总和，反映的是劳动力拥有者与劳动力需求者之间的一种经济关系；而狭义的劳动力市场是指劳动力进行流动与交流的场所。

在市场经济条件下，劳动力的供求是由市场机制决定的。一般说来，劳动力的供给与工资成正方向变化，最终要受劳动力资源状况的限制。劳动力的需求者企业对劳动力数量的需求取决于每增加一单位劳动力可能给企业带来的收益，只有当这种可能的收入大于每增加一单位劳动力所需的成本时，企业才会增雇劳动力。当然在实际劳动力需求市场上，有些特殊情况使企业难以按照以上原则减少雇佣劳动者的人数。劳动力市场也是一种社会劳动力分配的机制，它已包含着劳动力商品的实现方式，劳动力的合理的、富有效率的流动，劳动力结构的合理配置，优化组合等。

在传统的计划经济中，劳动力资源的配置完全是由国家计划决定的，在实践上，它造成了企业在劳动用工方面无自主权，不能实现劳动力资源的合理流动和充分利用，不利于发挥劳动者的才智与积极性；加剧了行业发展的不平衡，不利于产业结构的灵活调整；滋长了平均主义思想，使按劳分配原则未能真正贯彻落实，限制了劳动者的自由择业权。这些弊端已对我国经济发展的许多方面造成了不利影响。因此，劳动用工制度与劳动力资源配置方式的改革就成为整个经济体制改革中不可分割的一部分。

（二）房地产市场

所谓房地产市场，实际上是房产市场与地产市场的统称。两者是一个相互作用、不可分割的统一市场。

房产市场是以房屋作为交换的物质对象，它带有价值大、使用周期长、在交换中不发生物体的空间移动，只需变更房屋产权，其价格有递增趋势的特点。它的建立必须有两个条件，一是房屋产权明晰，二是房产商品化。

地产市场主要是以土地使用权的交易与转让为核心，其特点表现为，土地市场上流通的只是土地使用权，而非土地所有权；实行土地国有的条件下，国家只承认土地使用权的有偿转让，但不放弃土地所有权；土地使用权的转让是有期的，而非永久性的。

我国房地产市场的组织形式大体有：土地的一级市场，即由国家采取公开拍卖、招标、协议等方式将土地使用权出售或划拨给开发者及使用者。房地产交易市场，即指房地产经营者从事的各种开发活动的总和。房地产交易市场，它几乎包括所有与土地与房产经营有关的活动。商品房销售市场，包括房屋产权的买卖和房屋使用权的出让。房地产销售市场，包括租赁、抵押、典当等融资性交易活动和房地产保险，涉外房地产市场等几种主要形式。

房地产市场作为市场体系的重要组成部分，有如下功能：有助于房地产资源的合理配置，使有限的土地资源得到更合理的利用；有助于产业结构的调整和生产力的合理布局；有助于促进劳动力的合理流动和第三产业的发展；有助于政府部门筹集资金，对土地进行成片开发利用；有助于更快更好地解决城市居民的住房问题。

（三）技术、信息市场

技术市场从广义上看，是指技术商品交换关系的总和，它包括从技术商品的开发到应用、流通的全过程；从狭义上看，是指技术商品交换的场所。技术商品固有其特殊性，其主要特征是：交换过程具有延伸性，技术市场的价格完全由交易双方自由协定，国家不加干预，列入国家计划的技术项目也可以进入技术市场流通。

信息市场是指专门进行信息交换的场所。信息市场提供的商品是信息，它的使用价值是抽象的，不能像其他生产资料那样以被感知的形式加工成最终产品，而是通过最终对它的使用可以提高企业的经济效益，而且所提高的经济效益要大于信息本身的价值。信息产业属于知识密集型产业，它的生产需要大量的知识、技术，要耗费人们大量的劳动。

技术信息市场一般是以下列形式出现的：科技信息交流会与科技信息商店，两者都以科技、信息成果为交易内容，但前者为集市性质的，而后者为常设的市场；各种类型的咨询服务公司和行业技术开发及信息中心，主要是为行业内的中小企业服务的；许可证贸易等。

技术信息市场具有以下功能：

(1) 价值实现的功能。技术信息商品同样耗费了一定的物化劳动与活劳动形成其价值，而且只有通过市场交换才能进行价值补偿与实现。

(2) 服务转移的功能。技术信息作为商品进入市场，其拥有者必须保证技术信息商品的可靠性、适用性和经济性，为买方提供合乎标准的服务。

(3) 横向联系功能。通过信息、技术交流，可以加强商品生产过程中，各部门、各企业的相互联系与合作，促进整个国民经济形成完整的体系。

(4) 加快转化的功能。技术、信息市场的发展，把科研、信息和生产部门较好地结合起来，加快了科技、信息向社会生产力的转化。

★ 第三节　我国市场体系的发展与完善 ★

社会主义市场体系在市场经济体制、社会经济运行和社会再生产中极为重要，因为：市场体系是社会主义市场经济体制的一块基石；是构筑社会主义市场经济体制基本框架的主要支柱；是社会主义市场经济体制的一个重要生长点；是市场发挥资源配置的基础性作用的运行基础；是实现国家间接宏观经济调控的必备条件；是实现社会再生产的中心环节，因此，我们必须加快培育和发展完善我国的市场体系。

一、我国市场体系存在的主要问题

改革开放以来，我国的市场体系建设取得了很大成绩。特别是商品市场蓬勃发展，集贸市场遍布城乡，农副产品批发市场形成网络，日用工业品市场空前活跃，生产资料市场也有所突破。商品市场发生了由卖方市场到买方市场的历史性变化，市场体系建设有新的进展，市场结构日趋合理，市场开放度进一步扩大。但是，同建立一个完整、统一、开放、竞争、有序的市场体系这一目标相比，还存在不少问题。主要是：

(1) 各类市场发展不平衡。在各种不同类型的市场中，商品市场发展较快，要素市场明显滞后；在商品市场中，农副产品和工业消费品市场发展较快，生产资料市场发展相对滞后；在农副产品和工业消费品市场中，零售市场较为发达，批发市场则不够发达。市场发育不平衡，要素市场特别是金融市场、劳动力市场发展的滞后，严重地制约了市场配置资源功能的发挥。

(2) 与市场经济相适应的价格形成机制尚未完全建立。我国价格改革的发展，应该说还是快的，但是适应市场经济要求的价格机制和管理体系并未完全确立，对市场价格的行政干预仍然过多，特别是像工资、利率、汇率等这些重要生产要素价格，还十分呆滞，脱离供求关系，而没有灵活地反映供求关系的价格，就不能发挥市场调节资源配置的作用。

(3) 市场法规建设滞后，市场管理不严。近年来市场秩序比较混乱，一个重要表现是缺乏完善的市场法规和制度，加强市场管理往往无法可依，无章可循。各地方出台的一些行政性法规、条例、办法，不尽统一，甚至互相抵触。这些都影响了市场体系的完善和发展。

(4) 市场封锁、部门垄断大量存在。个别地方的管理部门从本地利益出发，人为分割市场，限制了商品和要素自由进出本地市场。个别部门制定了限制竞争或者垄断的政策，抑制了市场的发展。

二、发展和完善商品市场

改革开放以来，我国商品市场特别是消费品市场发展较快，但这并不是说商品市场发展已经很成熟了。事实上，目前的商品市场还很不成熟，主要表现是市场流通环节还不够完备；市场形成价格机制还不充分；市场的信息功能还未充分利用；市场中介机构还不发达；市场基础设施还不完善；市场法规制度还不健全等等。所以，进一步推进流通体制改革，继续发展和完善商品市场仍是当前培育市场体系的重要任务。

1. 进一步推进价格改革

要在保持物价总水平相对稳定的前提下，进一步放开竞争性产品和服务的价格，合理调整政府控价商品和服务的价格，扩大和完善主要由市场形成商品价格的机制；同时，通过建立和完善重要商品的储备制度和风险基金，健全商品价格的调节机制。

2. 大力发展和完善批发市场

要充分利用和改造现有的设施和渠道，在重要商品的产地、销地或集散地，形成大宗农产品、工业消费品和生产资料的批发市场，增强辐射能力，增大市场容量，提高营运效率。

3. 积极探索和发展现代流通组织形式

要积极发展商品配送中心、规模化、网络化、连锁化的现代物流、产需间直达供货、代理制，连锁经营等形式，大力发展电子商务；提高规模效益，更好地为生产和生活服务；要有计划有步骤地引入期货交易机制，切实搞好建立期货市场的试点。

4. 培育市场主体

要培育产权清晰、自主经营、行为规范的市场主体；加强信用建设；大力培育农工商、产品供销一体化的大型商贸集团。国有流通企业和供销合作社要转换经营机制，积极参与市场竞争，充分发挥主渠道作用，真正成为市场主体。

5. 加强市场基础设施建设

市场基础设施不只是交易场所和仓储设施，而且还包括通信、运输、计算机信息网络、商检、银行、治安、安全、卫生、生活等方面为市场配套服务的设施，都需要逐步完善起来。

三、重点发展生产要素市场

一切生产要素都进入市场是建立社会主义市场经济体制的本质要求，也是优化资源配置的前提条件。没有要素市场的充分发展，就不可能实现要素的合理流动，当然也不可能真正实现资源的优化配置。而当前我国市场体系中最薄弱的环节，恰恰是要素市场严重滞后。如直接融资在资金运用总量中的比例很小，资本市场还处于刚刚起步阶段；劳动力的流动在国有经济中还没有根本改革原有体制的格局；科技成果的市场化程度和生产中的转化率都很低。这些都影响了市场配置资源作用的发挥。所以，当前培育和发展市场体系的重点必须放在要素市场建设上，努力取得突破性进展。

（一）进一步拓展金融市场

这一目标是指在发展和完善以银行间接融资为主的基础上，逐步扩大直接融资的比重；建立以中央银行利率为基准灵敏反映资金供求关系的利率形成机制。为此，要积极、稳妥地发展债券、股票融资的资本市场，规范债券、股票的发行和上市，逐步扩大发行规模；要加强对货币市场的管理，规范银行同业拆借和票据贴现业务，坚决制止违章违法的拆借和集资等活动；要在中央银行基准利率调节下，逐步扩大商业银行存贷款和债券利率的决策权，根据资金供求情况实行利率浮动，实现利率形成机制的市场化。

（二）积极培育劳动力市场

这一目标是指彻底改革僵化的劳动、人事和分配制度，逐步建立劳动就业双向选择和竞争机制，由劳动生产率与市场供求关系共同决定劳动力价格即工资的机制，形成有利于劳动者合理流动、有效配置劳动力资源的多层次多形式的劳动力市场。为此，要加快劳动用工制度改革，取消固定用工制度，推广全员合同制，实行考试录用、竞争上岗等劳动管理办法；与劳动制度相配合，转换工资形成机制，工资作为劳动力价格和劳动报酬，既要反映劳动力的市场供求关系，又要反映劳动力使用所创造的价值；要大力发展职业介绍所、就业培训机构等社会性劳动就业中介组织，健全和完善就业服务体系，帮助求职者实现就业或再就业；要扩大失业保险范围和健全失业保险制度，保障失业人员基本生活，同时鼓励企业和其他机构大力发展第三产业，广开门路，创造更多的就业机会。

（三）推进科技体制改革，发展技术市场

要按照“稳住一头(基础科学研究)，放开一片(应用科学技术)”原则，推进科技系统的结构调整、机制转换和人才分流，积极培育科技市场主体，逐步使全国所有的技术开发型机构和各企业的科技成果都进入市场；要加快技术开发型科研院所企业化的步伐，鼓励科技人员按照“自筹资金，自愿组合，自主经营，自负盈亏”原则，创建民营的科技型企业；要通过展览会、信息发布会、技贸洽谈会等多种形式开展技术贸易活动，促进科技成果进入市场；要建立和完善技术交易所、咨询公司等技术贸易中介服务机构，放手让其开展市场调查、推销代理、技术培训、知识产权保护等业务。

（四）推进土地使用制度改革，引导地产市场健康发展

土地是最重要的生产资源之一，必须最节约最有效地使用。社会主义市场经济体制下，商业性用地的使用权必须进入市场，实行有偿使用制度。国家要垄断城镇土地使用权的一级市场，土地使用权的有偿转让要尽量采取招标、拍卖的方式，实行协议批租的价格也应

对社会公开；在国家垄断城镇土地一级市场的条件下，放开搞活二级市场，建立正常的土地使用权转让价格的形成机制，并通过开征和调整房地产税费等措施，防止在房地产交易中获取暴利和国家收益流失。还要切实保护耕地，在严格控制农业用地转为非农业用地的前提下，搞好农村土地使用制度改革的试点。

四、完善市场规则，健全市场秩序

完备的市场规则和良好的市场秩序既是构成完整、统一、开放、竞争、有序的市场体系的基础，又是实现市场机制正常运作、形成良好市场关系的条件，一定要花大气力做好这方面的工作。要抓紧制定规范市场主体行为、维护市场秩序、净化市场环境所必要的各种法律和规章，保障市场经济活动公平、公正、公开地进行；相应地要建立健全市场监督机构和执行系统。要采取得力措施，消除目前仍然严重存在的地区封锁和部门分割现象，撤掉一切不符合市场经济要求、妨碍建立统一、开放的市场体系的障碍。政府部门在促进市场发育的过程中，一定要着眼于发展符合社会主义市场经济要求的市场关系，实现市场机制对资源配置的基础性作用，重点是完善市场规则，规范市场行为，促进和保护公平竞争。

五、发展规范的市场中介组织

中介组织是市场主体的一部分，主要指社会化的会计、审计和法律事务所，公证和仲裁机构，计量和质量认证机构，信息、咨询机构，资产和资信评估机构，以及行业协会、同业公会、商会等组织。中介机构作为政府与企业、企业与企业、政府和企业与社会公众之间联系的纽带，具有政府行政管理不可代替的服务、沟通、公证、监督和协调作用。

改革开放以来，我国的市场中介组织虽有一定发展，但距建立社会主义市场经济体制的需要还相差很远。主要存在两方面的问题：一是中介组织本身数量不足，分布很不平衡，人员素质不高，自律性不强；二是社会各方面包括政府和企事业单位对中介组织的作用认识不足，利用不够。今后，要根据经济和社会发展的需要，积极稳步地发展各类中介组织，并充分发挥它们的作用。中介机构的建立，要依法通过资格认定，要形成较强的自律机制。中介机构都要对其行为后果承担相应的经济责任和法律责任，并接受政府有关部门的管理和监督。而这些又都要通过制定必要的法规来加以规范。

★ 第四节　健全现代市场体系 ★

加快形成统一开放竞争有序的现代市场体系，更有效地发挥市场配置资源的基础性作用，需进一步放开政府对价格的管制，充分发挥市场价格的引导作用，注重发展各类自由贸易的商品市场，着重发展资本、房地产、劳动力、技术等生产要素市场，完善生产要素价格市场化形成机制。通过不断深化市场经济体制改革，健全市场规则，加强市场管理，清除市场障碍，发展和健全统一开放、竞争有序的现代市场体系。

一、现代市场体系的价格机制

价格的市场化改革是培育现代市场体系和完善市场经济体制的关键。在改革 30 多年后的今天，需要根据各方面的承受能力加快市场化步伐，积极理顺价格关系，建立以市场形成价格为主的价格机制。现在，绝大部分商品的价格已经放开，但少数生产资料价格双轨制仍然存在，生产要素价格的市场化程度还比较低，价格形成和调节机制还不健全。今后深化价格改革的主要任务是：在保持价格总水平相对稳定的前提下，放开竞争性商品和服务的价格，调顺少数由政府定价的商品和服务的价格；尽快取消生产资料价格双轨制；加速生产要素价格市场化进程；建立和完善少数关系国计民生的重要商品的储备制度，平抑市场价格。

生产资料市场的完善是发展和完善市场经济的基础条件，保证生产资料的生产供给和价格稳定是保持国民经济运行稳定的基本前提。在市场经济体制下，生产资料的价格形成必须是市场化的。生产资料市场价格改革的深化，就是建立规范的与国际市场接轨的市场价格形成机制，依靠体制的完善保持价格的合理与稳定。

二、现代市场体系的资本市场

大力发展资本市场，必须更进一步地规范和发展股票市场，推进风险投资和创业板市场建设，使这一重要的资本市场的建设能够达到国际通行的规范水平。

国债市场是市场经济条件下国民经济的晴雨表。作为一种信用工具，在现代市场经济中，国债是政府筹集的资金用来进行经济建设投资的，同时也是供进行宏观金融调控的中央银行开展公开市场业务使用的。过去在一个较长的时期内，中国的国债发行对象主要是居民个人，即财政部门的国债主要发给了居民个人，很少向商业性金融机构发行。在这样的国债市场中，中央银行无法规范地开展公开市场业务，无法与商业银行等金融机构之间买卖国债。因此，在“十二五”规划时期，必须改变以往的国债市场运行机制，让财政部门直接面向商业银行和非银行金融机构发行国债。只有这样，中国宏观金融调控的焦点才能像其他发达市场经济国家一样落实在国债市场上，中国的中央银行才能规范地开展公开市场业务，完善货币政策运作调控手段。

改革三十多年之后，中国的银行业发生了巨大变化。国有银行的上市、资本市场的股权改革以及人民币汇率的形成机制等，都显示出国家大力改革金融业的决心。在国家对借贷市场的宏观调控中，重要的并不是调整利率和准备金率，而是要将银行业推向国际惯例的轨道上去，要将借贷市场的运作与国际市场的融资方式接轨。

中国的产权交易市场，最初是由交易国有企业的产权起步的，所以一直是由政府部门组建、事业单位操作的。由于国有企业的改革长期徘徊，在很大程度上影响了产权交易市场的发展。随着国有企业改革的推进，产权交易市场不仅为国有企业的产权交易提供服务，而且还面向全社会发挥市场交易作用，在资本市场中发挥着越来越重要的作用。

保险市场的发达标志着市场经济体制的成功和现代市场经济的发达。进行市场化的改革，就是要将一大部分社会保障的任务推向保险市场，而不是由政府统包下来。因此，在推动资本市场发展中，中国需要像其他发达市场经济国家一样，积极发展企业与居民个人的财产保险、人身保险和再保险，促使各类保险市场在今后时期内获得长足的发展。

三、现代市场体系的劳动力市场

改革劳动制度，逐步形成劳动力市场，是中国经济转轨的重要内容。在中国，劳动力充裕是发展经济的优势，但同时也存在着巨大的就业压力。在未来的市场建设中，需要把开发利用和合理配置人力资源作为进一步发展劳动力市场的出发点，要广开就业门路，发展多种就业形式，运用经济手段调节就业结构，形成用人单位和劳动者双向选择、合理流动的就业机制，鼓励和引导农村剩余劳动力逐步向非农产业转移和实现地区间的有序流动，更多地吸纳城镇劳动力就业。

未来的中国，将是以工业化带动城镇化的城乡一体化发展格局。劳动力市场的建立应与国民经济城乡一体化的发展趋势相一致。一方面，劳动力来源于城镇，另一方面，劳动力来源于农村。在工业化的进程中，劳动力的供给主要来自农村，来自农村人口向城镇人口的转化。因此，在劳动力市场的建设中，需要有全局性的考虑，要建立统一的劳动力市场，不要再区分城镇劳动力市场和农村进城人口就业市场。这样一来，受益的将是整个国民经济，减少的是歧视性就业产生的劳动关系紊乱以及社会不安定因素，有利于中国基础性市场建设的规范发展。

在市场经济条件下，任何企业的当家人都必须接受市场的外部性约束，即企业家市场的约束。对于大多数受聘于企业的高级管理人员来说，实际上他们是来自企业家市场的，不管这个市场是规范还是不规范，他们在企业能够站住脚，就是在企业家市场能够站住脚，能够在企业站住脚的人，才能在市场上有出路。所以，在市场经济中，必须要有企业家市场，必须要有企业家市场对企业高级管理人员的约束。猎头市场就是一种类型的企业家市场，就目前来看，猎头市场已经对企业高级管理人员产生了相当大的约束力，几乎可以左右一部分人的企业家生涯。除此之外，还要有更多的企业家市场存在形式，还需要更加规范地发展企业家市场，要让这一市场的参与者得到进出自如的生存保障。

四、现代市场体系的期货市场

现阶段，商品市场的交易规模不断扩大，价格波动幅度明显加大，金融资本对商品市场的投资需求日益增加，投资银行和商业银行正积极介入商品期货市场。随着期货市场的不断创新和投资主体的扩大，商品期货市场的功能也在不断深化和拓展。以往，我们只注重期货市场的价格发现、套期保值等基础性功能，而对商品期货所具有的金融属性不够重视。事实上，作为衍生工具的商品期货本身就是金融领域的高端市场。目前，中国的商品期货市场的发展还是很有限的。今后商品期货市场的建设，需要兼顾基础的培育和金融资本进入的作用。

建立商品期货市场的目的就是要为发达的商品社会化大生产服务，起到稳定市场的价格发现作用。如果无视这一基本的市场作用，将商品期货市场完全搞成资本的赌博场所，那是有百害而无一利的。中国的商品期货市场应吸取历史上期货市场发生危机的教训，踏踏实实地打好市场基础。但要明确的是，商品市场的发展是在前的，商品期货市场的发展是在后的，商品期货市场的发展能够推动商品市场发展，却不能替代商品市场的发展。商品期货市场的发展是商品市场发展的保障，在市场经济条件下，这一保障的作用就是体现在商品期货市场的价格发现上。在今后的市场建设中，需要使更多的商品种类进入到商品期货市场之中，比如钢铁、煤炭、石油、化肥等工业品需要有期货保值的要求，其价格的发现对生产的稳定是十分重要的。

金融资本在商品期货市场的运作不同于在证券期货市场的运作。在慎重开放金融衍生品期货市场的前提下，金融资本进入商品期货市场应得到全力的支持，这是商品期货市场能够起到全局性的功能作用的必备条件。此外，金融领域需要高度重视对于商品期货市场的投入以及运作技巧，以利于发挥金融资本的作用。商品生产企业只能做交易商品的套期保值，不能做类似金融资本的市场运作。

五、积极应用和发展电子商务

加快发展电子商务，是企业降低成本、提高效率、拓展市场和创新经营模式的有效手段，是提升产业和资源的组织化程度、转变经济发展方式、提高经济运行质量和增强国际竞争力的重要途径，对于优化产业结构、支撑战略性新兴产业发展和形成新的经济增长点具有非常重要的作用，对于满足和提升消费需求、改善民生和带动就业具有十分重要的意义，对于经济和社会可持续发展具有愈加深远的影响。近年来我国的电子商务不断普及和深化，支撑水平不断提高，发展环境不断改善，我国电子商务保持了持续快速发展的良好态势，交易总额增长近 2.5 倍，2010 年达到约 4.5 万亿元。电子商务发展的内生动力和创新能力日益增强，正在进入密集创新和快速扩张的新阶段。

但是，我国电子商务的发展仍然存在着一些比较突出的问题。一是电子商务对促进传统生产经营模式创新发展的作用尚未充分发挥，对经济转型和价值创造的贡献潜力尚未充分显现。二是电子商务的商业模式尚不成熟，服务能力尚待增强，服务水平尚待提高，服务范围尚待拓展。三是电子商务发展的制度环境还不完善，相关法律法规建设滞后，公共服务和市场监管有待增强，信用体系发展亟待加强，网上侵犯知识产权和制售假冒伪劣商品、恶意欺诈、违法犯罪等问题不断发生，网络交易纠纷处理难度较大，在一定程度上影响了人们对电子商务发展的信心。四是推进电子商务发展的体制机制有待健全，投融资环境有待改善，统计与监测评价工作亟待加强，全社会对电子商务的认识有待进一步提高，对网络空间的经济活动规律有待进一步探索。

加快发展电子商务的基本原则：一是企业主体，政府推动。充分发挥企业在电子商务发展中的主体作用，坚持市场导向，运用市场机制优化资源配置。处理好政府与市场的关系，创建更加有利于电子商务发展的制度环境，综合运用政策、服务、资金等多种手段推进电子商务发展。二是统筹兼顾，虚实结合。坚持网络经济与实体经济紧密结合发展的主流方向，全面拓展电子商务在各领域的应用，提高电子商务及相关服务水平，努力营造全方位的电子商务发展环境，推动区域间电子商务协调发展。三是着力创新，注重实效。推动电子商务应用、服务、技术和集成创新，着重提高电子商务创新发展能力。立足需求导向，坚持务实创新，选准切入点，注重应用性和实效性，避免盲目跟风和炒作。四是规范发展，保障安全。正确处理电子商务发展与规范的关系，在发展中求规范，以规范促发展。以网络运行环境安全可靠为基础，促进网络交易主体与客体的真实有效、交易过程的可鉴证，加强对失信行为的惩戒力度，形成电子商务可信环境。

我国电子商务发展的总体目标是：到 2015 年，电子商务进一步普及深化，对国民经济和社会发展的贡献显著提高。电子商务在现代服务业中的比重明显上升。电子商务制度体系基本健全，初步形成安全可信、规范有序的网络商务环境。具体目标是：电子商务交易额翻两番，突破 18 万亿元。其中，企业间电子商务交易规模超过 15 万亿元。企业网上采购和网上销售占采购和销售总额的比重分别超过 50%和 20%。大型企业的网络化供应链协同能力基本建立，部分行业龙头企业的全球化商务协同能力初步形成。经常性应用电子商务的中小企业达到中小企业总数的 60%以上。网络零售交易额突破 3 万亿元，占社会消费品零售总额的比例超过 9%。移动电子商务交易额和用户数达到全球领先水平。电子商务的服务水平显著提升，涌现出一批具有国际影响力的电子商务企业和服务品牌。

六、标本兼治建立健全社会信用体系

形成以道德为支撑、产权为基础、法律为保障的社会信用制度，是建设现代市场体系的必要条件，也是规范市场经济秩序、为市场创造良好环境的治本之策。必须增强全社会的信用意识，无论是政府、企事业单位，还是个人，都要把诚实守信作为基本行为准则。创建社会主义市场经济的社会信用体系，应按照完善法规、特许经营、商业运作、专业服务的目标，加快建设企业和个人的信用服务体系，建立信用监督和失信惩戒制度，逐步开放信用服务市场。

第七章　财政与税收

财政与税收活动影响整个国民经济运行的质量与效率，影响宏观经济目标的实现，因此，财政与税收分析在整个宏观经济学中具有十分重要的地位。本章通过对财政的概念、重要职能、财政体系、财政收支、税收及税收制度的学习和研究，从总体上了解财政与税收的基本理论，为进一步研究宏观经济运行和管理提供基础和条件。

★ 第一节　财政的一般理论 ★

一、财政的一般概念

财政是一个历史的经济范畴，是社会生产力和生产关系发展到一定历史阶段的产物。财政的产生是由于社会生产力的不断发展，在产生了剩余产品的基础上，相继出现了私有制、阶级和国家，才出现了以国家为主体的社会产品分配，才有了财政。因此，剩余产品的出现是其产生的物质前提，私有制和阶级对抗是其产生的社会根源，国家的出现是其形成的标志。财政的发展是随着国家的发展而发展的。由于社会生产方式及由此决定的国家类型不同，财政经历了奴隶制国家财政、封建制国家财政、资本主义国家财政和社会主义国家财政的历史演变。在现代社会，财政作为一种分配关系，既要为国家行使职能，为满足社会共同需要提供财力保障，又是政府进行宏观经济管理和调控的主要手段之一。财政理论是宏观经济学的重要组成部分。

从财政的产生和发展的历史可以归结出财政的一般概念。所谓财政，是指为满足社会公共需要而形成的以国家为主体，强制地、无偿地参与社会产品分配的活动及其所形成的分配关系。其涵义包括：

(1) 财政分配的主体是国家。

财政分配的主体是国家，包括以下几层含义：第一，财政分配以国家为前提。国家直接决定财政的产生、发展和范围，没有国家这一分配主体，财政这种分配就不复存在；或者说，非国家为主体的分配，都不属于财政。第二，在财政分配中，国家处于主动的、支配的地位。国家是财政分配活动的决定者和组织者。财政收入的取得、支出的安排、规模的大小、来源和使用方向，决定于国家的意志。财政是国家可以直接用来调节经济的强有力的手段和物质力量。第三，财政分配是在全社会范围内进行的集中性分配，国家作为整个社会的代表和它执行的社会职能，决定着财政分配是在全社会范围内进行，具有社会性和集中性特点。

(2) 财政分配的客体是社会产品的一部分，其中主要是剩余产品的一部分。

按收入来源可将财政分配划分为两类：第一类为企业纯收入。企业纯收入包含在产品价值(c + v + m)之中，财政既可以通过对产品销售收入、实现利润等进行分配，也可以根据资源占有及财产占用情况收取税(费)进行分配。第二类为劳动者和居民收入。这是以职工和居民的工资收入、奖金收入、利息收入等为对象取得的财政收入，也可视职工和居民的财政占用情况来调节其收入。财政收入要以财源的结构状况和财政支出的状况来确定。可以根据合理负担原则、受益原则、公平原则、效率原则及其相互关系等状况来选择。

(3) 财政分配的一般特点是国家主体性、强制性、无偿性、社会基金性。

财政分配的国家主体性前面已进行过介绍，不再赘述。财政分配的强制性是指财政分配凭借国家政治权力，通过国家法律、法规、制度等形式强制实施。财政分配的无偿性是指财政收支一般为价值的单方面转移，征集上来的资金通常不再直接偿还给交纳者。财政分配的社会基金性是指财政分配的出发点和归宿就是建立和使用多种社会基金，从物质上保证国家职能的全面实现。在上述特征中，国家主体性是最基本的特征，它决定财政分配的强制性、无偿性和社会基金性。

(4) 财政分配的目的是满足社会公共需要。

社会公共需要是指向社会提供安全、秩序、公民基本权利和经济发展的社会条件等方面的需要，通过财政分配满足的是同国家执行职能有关的那部分社会公共需要。社会公共需要包括的范围广泛，可以分成性质各异的不同层次：第一，保证国家执行职能的需要，包括国家政权的职能和执行某些社会职能的需要，如公安、司法、监察、防务、外交、行政管理以及普及教育、卫生保健、基础科研、生态环境保护等。这类需要是典型的社会公共需要。第二，半社会公共需要。这是介于社会公共需要与个人需要之间的那部分需要，如高等教育等。第三，为社会再生产提供大型公共设施以及基础产业，如邮政、电讯、能源、交通、城市公共设施等。

二、公共产品与公共财政

西方国家的财政称为公共财政，或称为公共经济。公共财政的理论基础是“公共产品”和“市场失灵”理论。

(一) 公共产品及其特征

西方国家把经济部门分为私人部门和公共部门两部分。私人部门提供的产品叫做私人产品，公共部门提供的产品叫做公共产品。现代经济学一般认为，公共产品提供全体社会成员消耗的各种物品和为政府提供的各种服务。公共产品包括的范围很广，大体有两类：一类是人为的，如灯塔、桥梁和司法、警察、国防、经济调节等；另一类是大自然或过去岁月的赐予物，如洁净的空气和水源等。

公共产品作为与私人产品的对称，具有如下特征：

(1) 效用的不可分割性，即公共产品是向整个社会共同提供的，而不能将其分割成若干部分，分别归个人或集团消费，如安全，秩序，国防等。当然，根据受益范围的大小，可将公共产品分为全国性或地区性的公共产品，公共产品的效用仍然是不可分割的。

(2) 消费的非排他性，即某个人或集团对公共产品的消费，并不影响或妨碍其他个人或集团同时消费该公共产品，也不会减少其他个人或集团消费该公共产品的数量或质量。有些公共产品虽然经过技术处置可以具有排他性，但由于排除的费用过于昂贵，因而在经济上也不可行。

(3) 取得方式的非竞争性，指消费者的增加不会引起生产成本的增加，即多一个消费者引起的边际成本为零，因此价格也为零。这意味着可能形成“免费搭车者”，即获得公共产品的消费者无需通过市场采取出价竞争的方式。

(4) 提供目的的非盈利性，即提供公共产品不以盈利为目的，而是追求社会效益和社会福利的最大化。公共产品的上述特征中，核心特征是非排他性和非竞争性，其他两个特征是其必然延伸。

公共产品的上述特征决定了市场在提供公共产品方面是失灵的。它必须由政府来提供，这就决定了公共财政存在的必要性及其活动范围和内容。

(二) 市场失灵与公共财政

现代经济学认为，在市场经济条件下，社会资源的主要配置者是市场，而不是政府。只有在“市场失灵”的领域，政府部门的介入才是必要的，这即是说，“市场失灵”决定着公共财政存在的必要性及其职能范围。

在第一章中，我们已经分析了“市场失灵”的发生机理及范围并进行了论述。这种“市场失灵”主要体现在如下方面：

① 公共产品提供方面的失效；

② 外部效应，即私人利益与社会利益之间的非一致性导致的社会资源配置的扭曲；

③ 不完全竞争形成的集中和垄断对整个竞争性市场的破坏；

④ 市场决定收入分配带来的收入分配不公，不仅会影响经济，还会带来社会的不稳定；

⑤ 自由放任的市场经济造成经济波动与失衡，不能经常保持供求平衡，于是失业、通货膨胀和经济的波动与失衡周期性出现。

上述“市场失灵”问题以居民和企业为主体的私人经济或私人部门是无力加以解决的，市场机制是无法奏效或不能完全奏效的。此时需要有以政府为主体的公共经济即时政的介入，用非市场价格机制的方式去解决市场失灵问题，政府将提供公共产品纳入财政职能范围，有责任采取包括财政在内的非市场方式去纠正外部效应问题，政府要承担起维持市场有效竞争的责任，将与此有关的任务纳入财政的职能范围，政府有义务解决收入分配不公问题，而财政是其重要手段。由此可见，市场经济条件下的公共财政的职能范围是以“市场失灵”为标准，从纠正和克服“市场失灵”的现象出发来界定的。因此，现代市场经济条件下，财政理论是一个重要的方面。

三、财政的职能

财政的职能是指财政在社会经济生活中所具有的职责和功能，它是财政这一经济范畴本质的反映，具有客观性。在社会主义市场经济条件下，从财政宏观调控目标的角度看，可以把财政职能概括为以下三个方面：资源配置职能，收入分配职能，经济稳定职能。

(一) 资源配置职能

在市场经济条件下，资源配置的基础性机制是市场机制。但是单靠市场机制配置资源有一定的局限性：一是许多社会公共需要不是经过市场来满足的；二是市场调节有一定的盲目性，往往产生“短期行为”。这就需要国家从全社会的整体利益出发对资源配置进行宏观调控。其中，财政对资源的配置具有重要的作用。

财政配置资源职能的主要内容如下：

1. 调节积累和消费的比例关系

积累和消费的比例关系是国民经济中一个根本性的比例关系。财政在这一比例关系的最终形成上起着重要的作用。主要表现在：

① 生产领域中 V 和 M 的比例是决定积累和消费比例关系的基础。而 V 与 M 之间存在此消彼长的关系，由于 M 的相当大部分是通过财政分配的，因此。财政分配的规模即财政收入占国民收入的比重直接制约 V 与 M 的比例，从而制约着积累和消费比例关系的基础。

② 在 V 与 M 比例一定的条件下，积累和消费的比例就决定于 M 的使用方向。由于 M 的相当大部分是通过财政分配的，因此，财政支出中用于积累支出，特别是基本建设支出的比例，对积累和消费比例关系的最终形成具有决定性作用。

2. 调节资源在产业部门之间的配置

这方面的职能亦即调整产业结构，具体表现在：一是通过调整国家预算支出中的投资结构和利用财税政策引导企业投资方向来实现整个投资结构的调整；二是通过执行有利于市场竞争的财税政策，改变现有企业的生产方向，促使资产存量结构的调整。

3. 调节全社会的资源在政府部门和非政府部门(企业和个人)之间的配置

这决定于财政收入在国民生产总值或国民收入中比重的高低，提高这一比重，意味着社会资源中归政府部门支配使用的部分增大；反之，则减少。

(二) 收入分配职能

收入分配通常是指国民收入的分配。我国财政收支活动是国民收入分配体系中的一个重要组成部分和环节。它既参与国民收入的初次分配，又参与国民收入的再分配。财政参与国民收入分配的目标是实现公平分配，即通过调节国家、企业(集体)和个人之间的分配关系，实现收入的公平合理分配目标。财政的公平分配职能的主要内容包括调节企业利润水平和调节居民个人收入水平两方面的内容。

1. 调节企业利润水平

这涉及两个问题：一是企业的税负要适度，使之既能满足国家的财力需要，又使企业具有自我积累、自我发展和自我改造的能力；二是通过征税剔除客观因素对企业利润水平的影响，使企业在相同条件下获得大致相同的利润。

2. 调节居民个人收入水平

这一职能主要是通过征收个人所得税和个人收入调节税以及多种转移性支出来实现

的。实现既要合理拉开收入差距，又要防止贫富悬殊，逐步实现共同富裕。

(三) 经济稳定功能

经济稳定是指经济的动态稳定，包含有经济增长的内容，即要保持国民经济持续、高速、健康地发展。稳定经济的关键是实现社会总供给与总需求的平衡，包括总量平衡和结构平衡。财政在以下方面都能发挥作用：

1. 调节社会供求总量的平衡

这主要是通过国家预算来进行的，即根据供求总量平衡状况采取相应的国家预算政策：当社会总需求大于社会总供给时，可以采取预算结算政策进行调节；当社会总供给大于社会总需求时，可以采取赤字预算政策进行调节；在社会总供求大体平衡时，应采取预算平衡政策进行调节。

2. 调节社会供求结构上的平衡

调节社会供求在结构上的平衡，包括调节供求在地区结构、两大部类产品结构和主要产品结构等方面的平衡关系，其中主要是调节两大部类产品结构的平衡，即生产资料的供求平衡和消费品的供求平衡。为此，财政分配的使用方向要同两大部类产品的供求结构相适应。

四、财政体系

财政体系是指国家财政分配关系领域中既相对独立又相互联系的各环节的总和。我国的财政体系包括国家预算、国家税收、国家信用、预算外资金和国有企业财务。

(一) 国家预算

世界各个国家的政府在每个预算年度里都要编制国家预算。国家预算是国家财政的收支计划，它是以收支一览表的形式表现的，是具有法律地位的文件，是国家财政实现计划管理的工具，从根本上决定着国家活动的范围和方向。财政收入反映国家支配的财力规模和来源；财政支出反映国家财力分配使用的方向和构成。财政收支的对比反映着国家财力的平衡状况。国家预算对于一个国家来说是至关重要的，反映着整个国家的政策，规定着政府活动的范围和方向。

我国的国家预算是国家的基本财政计划，是国家动员和分配财政资金的重要工具，是我国财政体系的主导环节。国家预算包括预算收入和预算支出。预算收入主要来源于国有经济和集体经济，包括税收收入、依照规定应当上缴的国有资产收益、专项收入、其他收入；预算支出主要用于经济建设、教育、科学、文化、卫生、体育等事业发展支出、国家管理费用支出、国防支出、各项补贴支出和其他支出。我国的国家预算分为中央预算和地方预算。国家预算的原则是：公开性、完整性、统一性、可靠性、年度性、法律性。编制程序是实行自下而上和自上而下相结合的方法。中央预算由全国人民代表大会审查和批准，地方各级预算由本级人民代表大会审查和批准。

(二) 国家税收

国家税收是指国家按照法律预先规定的标准，强制地无偿地取得财政收入的一种分配形式。税收具有强制性、无偿性和固定性三个基本特征。税收的基本职能是：筹集财政资金的职能，调节经济的职能，监督管理的职能。税收在社会主义市场经济条件下具有如下作用：为现代化筹集资金；体现国家产业政策，促进经济结构的调整和资源的合理配置；调节级差收入，平衡企业之间的利润水平；公平税负，促使各类企业平等竞争，共同发展，参与社会成员收入分配，调节分配不公，促进共同富裕；维护国家权益，促进对外经济交往的发展；监督经济活动，维护正常的经济秩序。因此，税收是我国财政体系的重要环节。

(三) 国家信用

国家信用是以国家为一方所取得或提供的信用，它包括国内信用和国际信用两种形式。其特点是国家直接以债务人的身份，采取有偿方式筹集和分配资金。它是国家预算的组成部分，是我国财政体系的调节环节。发行公债和举借外债是国家信用的基本形式，可以弥补财政赤字、平衡财政收支，有助于稳定经济。

(四) 预算外资金

预算外资金是指不纳入国家预算统一管理的资金，这些资金是由各地区、各部门、各单位按国家政策规定自收自支自行管理的一部分财政资金。预算外资金有利于地方、部门和单位因时因地因事制宜地解决一些国家预算照顾不到的需要，充分发挥他们的积极性，是我国国家预算的必要补充，是我国财政体系的辅助环节。

(五) 国有企业财务

国有企业财务是指企业再生产过程中的资金运动及其产生的企业与各方面的经济关系，是企业财务活动和财务关系的统一。企业财务活动是指企业再生产过程中的资金运动过程，即企业再生产过程是资金的筹集、使用、耗费、收回和分配过程。企业的财务关系是指再生产过程中资金运动所体现的企业和各方面的经济关系，包括企业与国家之间的财务关系；企业与企业之间的财务关系；企业内部各单位之间的财务关系以及企业与职工之间的财务关系。国有企业财务分配是国家财政分配的基础和前提，国家财政分配又为企业再生产和企业财务分配的顺利实现提供社会保障。

★ 第二节　财政收支关系 ★

一、财政收入

(一) 财政收入的来源和形式

财政收入是货币形态的社会产品价值，从它的价值构成来看，不外是 C、V、M 三部分。C 是补偿生产资料消耗的价值部分；V 是新创造的价值中归劳动者个人支配的部分；M 是新创造的归社会支配的剩余产品价值部分。在社会产品的价值构成中，C 是补偿基金，是维持简单再生产的基本条件，不构成财政收入的来源。V 是劳动者的生活资料基金，但是社会集中一小部分 V 也是可能的。

目前在我国来自 V 的财政收入主要有：① 直接向个人征收的税；② 直接向个人收取的规费收入和罚没收入；③ 居民购买的国库券；④ 国家出售高税率的消费品所获得的一部分收入；⑤ 服务性行业和文化娱乐业等企业单位上交的税收，其中一部分是通过对 V 的再分配转化来的。因此，V 的一小部分可以构成财政收入的来源，但在财政收入中占的比重不大。财政收入的主要部分来自 M。因此，影响 M 增减变化的因素是影响财政收入的因素，要增加财政收入必须努力增加 M。

目前我国财政收入中属于来自剩余产品价值 M 的部分主要有各种流转税、收益税和企业上交的利润等。

财政收入的形式是指国家取得财政收入的具体方式，即来自各个方面、各个部门、单位和个人的财政收入通过什么方式上交给国家。在世界各国，取得财政收入的主要形式都是税收，除此之外，其他非税收入的形式，则视各国的政治制度、经济结构和财政制度的不同而有所区别。

当前我国财政收入的形式主要有以下几种：

(1) 税收收入，包括国家税法规定的各种税收。税收是征集面最广、最稳定、可靠的财政收入形式。目前在我国，税收收入占全部财政收入的90%左右，是财政收入的最主要形式。

(2) 企业收入，指国有企业上缴国家财政的收入(税收除外)，主要指利润上交，包括国有企业的租赁费、利润和股金分红收入等。

(3) 债务收入，指国家通过信用方式从国内、国外取得的借款收入。

(4) 其他收入，这种收入在财政收入中占的比重不大，但包括的项目多、政策性强。主要有事业收入、规费收入、罚没收入、国家资源管理收入、公共收入、专项收入等。此外，还有基本建设收入、国际组织援助捐赠收入、对外贷款归还收入、收回国外资产款收入、国有土地使用权有偿使用收入等。

(二) 财政收入规模

财政收入规模是财政和整个经济生活中的一个重要问题。反映财政收入规模的指标可以用绝对数表示，如财政收入总额，但更多的是用相对数表示；反映财政收入水平的指标有，财政收入占国民收入的比重、财政收入占国民生产总值的比重。合理确定财政收入规模对于保证政府职能和稳定经济发展具有重要意义。

影响财政收入规模的因素主要有：

1. 经济发展水平

经济发展水平高，社会产品丰富及其国民生产总值或国民收入多，一般来说，该国的财政收入不仅总额大，而且占国民生产总值或国民收入的比重也较高。经济发展水平的高低受许多因素的影响，其中生产技术水平在当代经济发展中具有决定性作用。因为技术水平的提高，可以增加国民收入、国民生产总值和剩余产品，为财政收入创造不断增大的来源和基础。经济发展水平是制约财政收入规模的最综合性、基础性的因素。

2. 政府职能范围

政府的职能范围是决定财政收入规模的直接因素。因为政府是财政活动的主体，是公共产品和社会公共需要的直接提供者，政府职能的范围越大，需要的财政支出和财政收入的规模也就越大，无论绝对额或相对额都是如此。

3. 经济体制和分配政策与制度

这是影响财政收入规模的关键性因素，它决定着国民收入在政府、企业和个人之间的分配。我国改革开放前后经济体制和分配政策与制度由高度集中型的计划经济模式向社会主义市场经济模式的转换，使我国的财政收入规模和结构发生了重大变化。

4. 价格

财政收入是一定量的货币收入，它是按现行价格水平计算的，不扣除价格变动因素。因此价格水平的变动直接影响财政收入的真实状况。如果由于财政赤字引起通货膨胀，可以实现国民收入有利于政府的再分配，从中获得额外的收入，它同征税具有同样的效果；如果通货膨胀不是由财政赤字引起的，而是由信用膨胀引起的，那么，财政在再分配中会有得有失，通常是所失大于所得，即财政实际收入下降。此外，不同的税收制度和国有企业利润上交制度在价格的波动中也会产生对财政收入规模的影响。

二、财政支出

财政支出是指国家把集中起来的财政收入按国民经济发展计划的需要转化成具有各种不同用途的财政资金的过程。合理有效地安排财政支出，既可以满足国家实现其职能的需要，又能促进国民经济协调快速发展。

(一) 财政支出的构成

财政支出根据不同的目的要求，可以有不同的分类。

(1) 按财政支出的形式划分，财政支出由无偿拨款支出(如国防建设、国家行政管理部门和事业单位所需的经费支出及其对这些部门单位的基本建设投资支出)、有偿贷款支出和财政补贴(如价格补贴、消费补贴和特殊对象的扶持补贴)三部分构成。

(2) 按支出用途划分，主要包括：基本建设支出、企业技术改造资金支出、流动资金支出、国家物资储备支出、地质勘探费支出、科技三项费用支出、支援农业支出、工业交通商业等部门的事业费支出、文教科学卫生支出、城市维护费支出、抚恤和社会福利救济费支出、行政管理费支出、国防战略费支出、债务支出、其他支出。

(3) 按照财政支出与国家职能的关系划分，财政支出由经济建设支出、社会文教支出、行政管理支出、国防支出、债务和其他支出组成。

(4) 按财政支出的经济性质划分，财政支出由两部分组成，即购买性支出和转移性支出。购买性支出是指国家财政用于购买所需商品及劳务方面的支出，主要有基本建设投资支出、企业更新改造支出、物资储备支出等经济建设支出，以及国防、文教卫生科学事业、行政管理支出等。转移性支出是指国家财政用于不需要得到相应产品及劳务的资金支出，这部分支出是无偿的，主要有债务支出、抚恤和社会福利救济支出等。

此外，按照与社会再生产的关系划分，财政支出可以划分为补偿性支出、积累性支出和消费性支出；按财政支出与生产的关系，可划分为生产性支出和非生产性支出；按财政支出与投资和资产经营的关系，可划分为经常性支出和资本性支出；按财政支出的使用部门划分可以分为国民经济各部门支出。

(二) 财政支出的原则

为了合理地安排财政资金，应当遵循一定的原则。一般来说，确定财政支出原则应达到两方面的要求：一是该原则能覆盖财政支出的全过程，能缓解财政支出中的主要矛盾；二是该原则能对财政支出活动和国民经济运行直接起到促进或制约作用，使之实现良性循环。

我国财政支出中必须坚持以下原则：

1. 必须坚持量入为出的原则

所谓量入为出，就是在财政收入既定的前提下，根据收入的多少安排支出，不作超过收入的过头支出。财政支出是为了满足国家管理、经济建设和人民生活等各种需要的，但这种需要必须以财政收入的可能限度为度。这种可能就是在不损害经济正常发展以及集体和个人的目前利益的条件下，财政收入在国民收入或国民生产总值中所占的最大限度的比重。在保证恰当比重，合理组织财政收入的基础上，根据财政收入的多少来安排支出。

2. 优化支出结构的原则

要正确安排财政支出中的各种比例。使之实现结构的最优组合，以促进经济的协调稳定发展，在财政支出中需要处理好许多比例关系，其中主要有：积累性支出与消费性支出的比例关系；生产性支出与非生产性支出的比例关系；农业、轻工业、重工业之间的比例关系；简单再生产与扩大再生产的比例关系；沿海与内地投资之间的比例关系；基本建设支出的比例关系；农业、轻工业、重工业之间的比例关系；简单再生产与扩大再生产的比例关系；沿海与内地投资之间的比例关系；基本建设与更新改造之间的比例关系。做到统筹兼顾，保证重点，实现各种支出之间的最优组合。

3. 公平与效率兼顾的原则

公平与效率兼顾的原则制约着财政活动的整个过程。它既是财政收支活动所要坚持的原则，又是财政活动所追求的更高层次的目标。社会主义市场经济发展中，必须坚持公平与效率兼顾的原则，财政活动在这方面可以发挥重要作用。财政支出的公平原则是指通过财政支出，对市场调节所形成的初次分配进行有效的再分配，以求得个人和企业在国民收入分配中能够实现机会均等。通过政府利用财政再分配手段来改变社会成员之间的分配状况，以提高社会公平分配的程度。可通过转移支付、社会保障、财政补助和建设资金向社会特殊群体、特殊地区提供帮助，实现机会均等和社会公平分配。财政支出效率原则是指通过财政支出，优化资源配置，提高劳动生产率，以获得最大的经济效益。主要是通过科学地编制财政预算实现社会资源优化配置，对每项财政支出的经济效益进行考察与评价，实现财政支出的最大效益。此外，根据国民经济供求平衡的状况，适时调整时政平衡政策，也是财政支出原则的重要体现。当前，在我国财政资金十分紧张的情况下，安排财政支出一定要兼顾公平与效率原则，并将效率放于首位。

三、财政平衡与财政赤字

（一）财政平衡

财政平衡是指财政收支之间的对比关系。它有两种含义：一是在编制财政收支计划时安排的正常收入额与支出额的平衡，称为预算平衡；二是财政收支计划执行结果的平衡量，称为决算平衡。既然财政平衡与否是以收支对比关系来看的，那么，从理论上来说，就有如下三种结果：① 收大于支，结余；② 支大于收，赤字；③ 收支相等。财政收支相等只是在编制计划时才会出现，现实执行中不可能真正实现。因为财政收支是一项极其复杂的经济过程，收支刚好相等实际上是不可能的。一般情况下是：收大于支或者收小于支。因此，财政收支平衡是相对的，是在一定范围内略有结余或略有赤字的基本平衡，略有结余或略有赤字都是财政平衡的具体表现形式。

财政平衡不仅要从静态上考察，而且还要从动态上来考察。从动态上看，财政平衡有一个年度之间的衔接问题。个别年度略有结余或略有赤字应视为基本平衡，是一种理想状态。但年年有结余或赤字就会形成较大结余或赤字，由理想状态变成非正常状态。

财政平衡不仅要从总量方面进行量的考察，而且也要从结构方面进行质的考察。从结构方面看，所谓财政收支平衡就是指在财政收支过程中，对各种经济关系处理得当，促进了经济结构的合理化。如果财政的结构不平衡，即使总量平衡了，这种财政分配也必然加剧比例关系的失调，最终导致总量平衡的破坏。只有总量平衡，没有结构平衡，不是真正的平衡。

（二）财政赤字

财政赤字就是在一个财政年度内，财政收入不敷财政支出所形成的差额，因为在会计账务处理上，支大于收的差额通常用红字表示。从形式上看，财政赤字的形成有两种情况：一种是预算制订时，即将各种收入打足，其总额仍然小于无法压低的各种支出之和，即预算外赤字，这样的预算称之为赤字预算。另一种赤字是在预算执行过程中形成的，通常叫预算内赤字，它或者是因为经济增长达不到预期目标，以致预算收入完不成，而预算支出则因有较强的刚性不可能作相应的压缩或削减(相反，有时因经济不景气，财政支出还要超出原来的预算)；或者是预算收入虽然完成了(甚至略有超过)，但预算支出则较多地超出了原来的计划所出现的赤字。在我国，改革开放以来，我们见得最多的是后一类型的赤字。

在现代经济中，财政赤字是一个复杂的经济现象，不能笼统地、简单地说赤字是有害或无害。必须根据不同情况(如弥补赤字的来源、赤字形成的经济条件、赤字数额的大小等)，要联系国家的政治经济体制和社会经济状况进行具体分析，在此基础上作出正确的决策。

财政发生赤字，可以通过以下四种方法进行弥补：① 动用上年结余；② 发行公债；③ 向银行透支和借款；④ 增加税收。

无论财政赤字采取哪种弥补方式，赤字对经济有害还是无害，关键要看财政、信贷能否实现综合平衡。如果银行信贷具有较强的承受能力，财政信贷能够实现综合平衡，那么，财政赤字就不会对经济发展产生危害。

★ 第三节 财政政策 ★

一、财政政策概述

财政政策是指国家根据一定时期政治、经济、社会发展的任务而规定的财政工作的指导原则，财政部通过财政支出与税收政策来调节总需求。增加政府支出，可以刺激总需求，从而增加国民收入，反之则压抑总需求，减少国民收入；税收对国民收入是一种收缩性力量，因此，增加政府税收，可以抑制总需求从而减少国民收入；反之，则刺激总需求增加国民收入。它由国家制定，并受一定的社会生产力发展水平和相应的经济关系制约。财政政策是国家整个经济政策的组成部分，同其他经济政策有着密切的联系。财政政策的制定和执行，要有金融政策、产业政策、收入分配政策等其他经济政策的协调配合。

政府支出有两种形式：一是政府购买，指的是政府在物品和劳务上的花费——购买军品、修建道路、支付公务员的薪水等等；二是政府转移支付，以提高某些群体(如老人或失业者)的收入。

税收是财政政策的另一种形式，它通过两种途径影响整体经济。一是税收影响人们的收入；二是税收还能影响物品和生产要素，因而也能影响激励机制和行为方式。

财政政策的内容主要包括：社会总产品、国民收入分配政策、预算收支政策、税收政策、财政投资政策、财政补贴政策、国债政策、预算外资金收支政策等，它们之间是相辅相成的关系。

二、财政政策的类型

(一) 扩张型财政政策

扩张型财政政策(又称积极的财政政策)是指通过财政分配活动来增加和刺激社会总需求的相关政策。在国民经济存在总需求不足时，通过扩张型财政政策使总需求与总供给的差额缩小以至平衡；如果总需求与总供给原来是平衡的，扩张型财政政策就会使总需求超过总供给。实施扩张型财政政策的措施主要是减税和增加财政支出。一般来说，减税可以增加民间的可支配收入，在财政支出规模不变的情况下，也可以扩大社会总需求。财政支出是社会总需求的直接构成因素，扩大财政支出规模会直接增加社会总需求。在减税与增加财政支出同时并举的情况下，扩张型财政政策会导致财政赤字。因此，扩张型财政政策又被称为赤字财政政策。

(二) 紧缩型财政政策

紧缩型财政政策是指通过财政分配活动来减少和抑制社会总需求的相关政策。在国民经济存在总需求过旺的情况下，通过紧缩型财政政策可消除通货膨胀缺口，达到供求平衡；如果总需求与总供给原来是平衡的，紧缩型财政政策就会使总需求不足。实施紧缩型财政政策的措施主要是增税和减少财政支出。一般来说，增加税收可以减少民间的可支配收入，降低他们的消费和投资需求。而减少财政支出可以降低政府的消费需求和投资需求，直接减少社会总需求。所以，无论是增税或减少财政支出，都具有减少和抑制社会总需求的效应。如果在一定的经济状态下增税与减少支出同时并举，财政会出现盈余。因此，紧缩型财政政策又被称为盈余型财政政策。

(三) 中性财政政策

中性财政政策是指财政的分配活动对社会总需求的影响保持中性的政策，即既不抑制减少社会总需求，也不扩张增加社会总需求。在一般情况下，这种政策要求财政收支基本平衡。因此，中性财政政策又叫平衡性财政政策。

三、财政政策的基本手段和调节方式

财政政策的手段主要包括税收、预算、国债、购买性支出和财政转移支付等手段，是国家为实现财政政策目标所采取的经济、法律、行政措施的总和。经济措施主要指财政杠杆；法律措施是通过立法来规范各种财政分配关系和财政收支行为，对违法活动予以法律制裁；行政措施指运用政府机关的行政权力予以干预。财政政策手段的选择是由财政政策的性质及其目标所决定的。

我国财政政策的基本手段有：

(1) 国家预算。主要通过预算收支规模及平衡状态的确定、收支结构的安排和调整来实现财政政策目标。

(2) 税收。主要通过税种、税率来确定和保证国家财政收入，调节社会经济的分配关系，以满足国家履行政治经济职能的财力需要，促进经济稳定协调发展和社会的公平分配。

(3) 财政投资。通过国家预算拨款和引导预算外资金的流向、流量，以实现巩固和壮大社会主义经济基础，调节产业结构的目的。

(4) 财政补贴。它是国家根据经济发展规律的客观要求和一定时期的政策需要，通过财政转移的形式直接或间接地对农民、企业、职工和城镇居民实行财政补贴，以达到经济稳定协调发展和社会安定的目的。

(5) 财政信用。它是国家按照有偿原则，筹集和使用财政资金的一种再分配手段，包括在国内发行公债和专项债券，在国外发行政府债券，向外国政府或国际金融组织借款，以及对预算内资金实行周转有偿使用等形式。

(6) 财政立法和执法。国家通过立法形式对财政政策予以法律认定，并对各种违反财政法规的行为(如违反税法的偷税抗税行为等)诉诸司法机关，按照法律条文的规定予以审理和制裁，以保证财政政策目标的实现。

(7) 财政监察。它是实现财政政策目标的重要行政手段。即国家通过财政部门对国营企业事业单位、国家机关团体及其工作人员执行财政政策和财政纪律的情况进行检查和监督。

现代国家的财政政策的调节方式，都是随着不同时期政治和经济发展的不同需要而不断调整的，但这种调整在一定时期内又持相对稳定性。主要的调节方式有：

① 动态调节，即根据社会经济的发展变化规定相应的财政政策。

② 总体调节，即从全局上组织各种经济活动之间、经济与社会事业之间平衡协调发展的财政政策。

③ 主动调节，即基于对经济发展状况的认识而制定的有针对性的政策。调节经济的财政政策，有膨胀性财政政策、紧缩性财政政策、平衡性财政政策、总量调节政策和结构调节政策等。

★ 第四节　税收和税收制度 ★

一、税收的特征和作用

(一) 税收的基本特征

税收是国家或政府为了实现其职能的需要，凭借政治权力，按照法律规定的标准，强制、无偿地取得财政收入的一种形式。税收同财政收入的其他形式相比，具有三个基本特征：

1. 强制性

税收的强制性是国家凭借政治权力，以法律形式确定征纳双方的权利和义务关系。税收分配关系是国家和纳税人共同遵守的权利义务关系，国家通过税收进行的分配所凭借的是公共权力或政治权力，而不是生产资料的所有权；税收分配关系是一种由国家法律加以规范、制约、保护的分配关系，具有很强的法律约束和强制作用，违背这种分配关系，必然受到法律的严厉制裁。

2. 无偿性

税收的无偿性是指国家不需要对具体纳税人付出任何代价而占有和支配一部分剩余产品。这种无偿性特征是针对具体的纳税人来说的，即税款交纳后和纳税人之间不再有直接的返还关系，这使得税收同公债、银行信用等分配形式相区别，后者是以偿还为条件的。

3. 固定性

在纳税以前，一般都预先规定了征收对象和征收比例，纳税人只要取得了应付税的收入或发生了纳税行为，就必须按照比例或固定的数量纳税，一般不受其他客观因素的影响。当然固定性是相对的，是就税法的不变而言的。

(二) 税收的职能和作用

税收的职能是客观存在的，不依人的主观意志为转移的，不因社会制度性质的不同而不同，是各种社会制度下税收的共有的客观存在的功能。一般认为税收具有以下三个职能：

1. 筹集财政资金的职能

税收可以把分散在各部门的国民收入集中起来，以满足国家实现职能的物质需要，是税收的基本职能。

2. 调节经济的职能

国家通过征税，改变不同纳税人、不同经济部门在国民收入中所占的比重以及不同产品的盈利水平，从而对经济发展产生某种影响的功能。

3. 监督管理的职能

从微观经济方面看，征税过程从客观上要求对各个部门、企业的纳税情况和经营活动全过程进行检查和监督；从宏观经济方面看，税收介入了社会经济生活的诸方面，征税的同时，社会经济过程中的许多信息、经济动态得以体现和反映，成为国家实施宏观经济调节和管理的重要依据。

在社会主义市场经济条件下，税收具有如下作用：

(1) 为现代化建设筹集资金；

(2) 体现国家产业政策，促进经济结构的调整和资源的合理配置；

(3) 调节级差收入，平衡企业之间的利润水平；

(4) 公平税负，促进各类企业平等竞争，共同发展；

(5) 参与社会成员收入分配，调节分配不公，促进共同富裕；

(6) 维护国家权益，促进对外经济交往的发展；

(7) 监督经济活动，维护正常的经济秩序。

二、税收制度的基本构成要素

税收制度是国家各种税收法令和征收管理办法的总称，是国家税务机关向纳税人征税的法律依据，也是纳税人履行纳税义务的法定准则，是实现税收的职能作用的保证。税收制度由纳税人、课税对象、税率等基本要素构成。

(一) 纳税人

税法规定的直接负有纳税义务的单位和个人，它是纳税的主体，纳税人包括法人和自然人。在这里，必须区别纳税人和税金的实际负担者。纳税人并不一定是税金的实际负担者，因为纳税人可以把税金转嫁给他人负担。各种税收转嫁是通过市场经济进行的，可分为向前转嫁方式和向后转嫁方式。前者是指纳税人用提高商品或劳务的价格的方式，把税金转嫁给商品或劳务的消费者；后者是指纳税人用少付生产要素价格的方式，把税金转嫁给生产要素的供给者。

(二) 征税对象

征税对象亦称课税对象，是课税的客体，它是指税法规定的目的物。它体现不同课税的基本界限，是区别不同税种的主要标志。就课税对象的不同，我国的税收可以划分为五类。

1. 流转税

流转税是指以流转额为课税对象的税种。流转额分为商品流转额和非商品流转额。商品流转额是指销售商品的收入额，非商品流转额指交通运输、通讯、邮电、金融保险、娱乐、旅游业等服务业的营业收入。流转税是我国现行税收结构的主体税种，目前属于流转税的税种主要有增值税、消费税、营业税、关税、城市维护建设税等。

2. 收益税

收益税又称所得税，它是以纳税人的收益额或所得额为课税对象的各种税的统称。收益额又分为纯收益额和总收益额。纯收益是指企业或个人在生产经营、投资和个人劳动所获得收入扣除为了取得收入所需费用后的余额。一般表现为利润、工资、利息、股息、红利等。总收益额是指纳税人的全部收入。我国税收体系中，收益课税占有举足轻重的地位，与流转税共同构成我国的主体税种。现行属于收益税的税种主要有企业所得税，个人所得税、外商投资企业与外国企业所得税、农(牧)业税等。

3. 资源税

资源税类是以自然资源为课税对象的多个税种的总称。国家对资源征税除了取得一部分财政收入外，主要目的是调节级差收入，促进企业公平竞争；限制资源的盲目开采、使用，促进资源的合理开发和利用。现行税制中属于资源类的税种有：资源税、土地使用税、土地增值税、耕地占用税。

4. 财产税

财产税是以纳税人拥有或支配的财产为课税对象的一种税。作为财产税的课税对象的财产按其运动形态可分为不动产和动产。不动产一般指房屋、土地；动产指除不动产之外的全部财产，包括有形财产和无形财产，前者如家具、用品、首饰、货物、运输工具等；后者如股票、债券、货币、存款、专利权、专用技术等。目前征收的财产税主要包括房产税、契税、遗产税、车船税等。

5. 行为税

行为税类是以纳税人的某些特定行为为课税对象的一类税收的总称。我国目前属于行为税类的税种主要有固定资产投资方向调节税、屠宰税、印花税、筵席税、船舶吨税、证券交易税等。

(三) 税率

税率是指税额与课税对象数额之间的比例，它是计算税额的尺度。在课税对象既定的条件下，税率的高低直接关系到财政收入的高低和纳税人负担的大小。所以，它是税收制度中体现国家政策的中心环节，常用的税率有三种：

(1) 比例税率。同一课税对象不论数额大小，都按同一比例征税。课税不因课税对象多少而变化，一般适用于对流转额的征税。

(2) 累进税率。就课税对象数额的大小规定不同等级的税率。课程对象数额越大，税率越高。实行累进税率，可以有效地调节纳税人的收入，一般适用于对所得额的征税。

(3) 定额税率。即按单位课税对象直接规定一个固定税额，而不采取百分比形式。

此外，税收制度还包括税目、纳税环节、纳税期限、附加、加成和减免、违章处理等。

三、财政政策的内在稳定器作用

内在稳定器，又称自动稳定器，是指在对税收和财政支出作出一定的制度安排的前提下，财政对社会经济具有的内在的自动稳定的功能。财政的内在稳定器的作用机制主要有以下两项：

(一) 政府税收的自动调整

稳定经济是指减轻经济波动、防止或消除经济大起大落，既需要抑制经济过热、通货膨胀，又要减少失业、克服经济萧条。一定制度下的税收能自动起到减轻波动的作用。在现代税制中，所得税占有重要地位乃至主体地位。个人所得税一般是累进的，当经济高涨特别是过热时，大多数居民、家庭收入随之增长，因而不仅有更多的人进入交纳所得税的行列，还有许多人将按较原来高的税率交税，其结果，政府所得到的税收收入不仅增加，而且增加幅度还会超过居民收入的增长幅度，这就会在一定程度上抑制消费和投资的增长，使经济增长降温。假如经济衰退，情形正好相反，由于居民税后可支配收入减少的幅度小于总收入下降的幅度，自然对经济的下降趋势有一定的遏制作用。公司或企业所得税的作用机制与个人所得税类似。只是由于企业固定成本的存在，在经济高涨时期，企业利润的增长快于经济增长；在经济衰退时，利润减少也比经济下降更厉害。所以，企业所得税自动地随经济繁荣而急涨，随经济衰退而剧跌。综上所述，所得税的自动调整能够成为促进社会经济稳定的因素。

(二) 财政转移支付的自动增减

转移支付特指失业救济金和其他福利支出。在经济繁荣时期，社会能提供更多的就业，失业救济金的支付大大减少，税收则大大增加，有利于遏制需求进一步膨胀；而经济一旦萧条，失去工作的人可以从政府得到收入(失业救济金)，以维持一定的消费需求，这就能减轻社会经济进一步滑坡的程度。其他福利支出因经济波动而自动增减也有内在的反周期、促稳定的作用。

四、我国税收制度改革

税收是政府履行职能的物质基础，也是推动经济发展方式转变、公平分配收入的重要手段。推进税收制度改革，完善税收体系，形成有利于结构优化、社会公平的税收制度，体现正确的利益导向，对于推动经济持续健康发展、全面建成小康社会具有重要意义。

改革开放以来，在推进经济体制改革的过程中，我国的税收制度先后进行了多次调整，税收收入组织体系不断健全。近些年来，通过持续深化税制改革，逐步建立和完善了以流转税和所得税为主体，其他税种相配合的复合税制，政府与企业、个人之间的分配关系进一步规范，税收调节经济和收入分配的作用得到较好发挥。统一了企业和个人的税收制度，形成了有利于公平竞争的税收环境。完善增值税制度，全面实施消费型增值税，促进了企业扩大投资和技术改造。顺利推进成品油税费改革，进一步理顺了税费关系，增强了税收促进节能减排的作用，建立了依法筹集公路发展资金的长效机制。在全国范围内实施原油、天然气资源税从价计征改革，完善了能源产品价格形成机制。开展营业税改征增值税试点，促进了服务业发展。推进个人住房房产税改革试点，发挥房产税调节收入分配、引导居民合理住房消费的作用。调整和完善了个人所得税、消费税等税收制度。健全城市维护建设税等税收制度，积极推进地方税改革。在经济发展基础上，国家财政实力不断增强。

虽然我国税制建设取得重要进展，但现行税制仍然存在一些需要解决的问题，突出表现在：税制结构不尽合理，地方税体系建设相对滞后，税收在促进科学发展和调节收入分配方面的作用有待进一步发挥。按照党的十八大报告要求，今后一个时期完善税收制度的主要目标是：健全以流转税和所得税为主体税种，财产税、环境资源税及其他特定目的的税相协调，多税种、多环节、多层次调节的税收体系，充分发挥税收筹集国家财政收入的主渠道作用和调控经济、调节收入分配的职能作用，促进结构优化和社会公平，推动科学发展和社会和谐。实现上述目标，需要按照简税制、宽税基、低税率、严征管的原则，进一步优化税制结构，公平税收负担，规范收入分配秩序。

(一) 强化税收促进经济结构优化和发展方式转变的作用

(1) 在实施和完善消费型增值税的基础上，结合增值税立法，稳步扩大增值税征收范围，相应调减营业税等税收，进一步消除重复征税，最终实现货物与劳务税制的统一，促进服务业特别是现代服务业发展。

(2) 合理调整消费税范围和税率结构，将部分容易污染环境、大量消耗资源的产品等纳入消费税征收范围，增加消费税应税品目，充分发挥消费税促进节能减排和引导理性消费的作用。

(3) 完善企业所得税制度，鼓励科技创新。

(4) 进一步推进资源税改革，将煤炭资源税计征办法由从量征收改为从价征收，并适当提高税负水平，其他矿产资源等提高从量计征税额，并适时将水资源纳入资源税征收范围，促进资源节约和环境保护。

(5) 选择防治任务繁重、技术标准成熟的税目开征环境保护税，逐步扩大征收范围，促进环境友好型社会建设。

(二) 充分发挥税收调节收入分配的作用

(1) 实施个人所得税改革，推进个人收入申报和财产登记、信息沟通等社会诚信系统建设，逐步建立健全综合和分类相结合的个人所得税制度，将固定性、经常性所得作为综合所得按年计算征税，将资本所得和临时性、偶然性所得作为分类所得按次计算征税，加大对高收入者的税收调节力度，促进社会公平正义。

(2) 完善消费税制度，适应消费品升级换代不断加速、一些高端消费品向普通消费品转变以及节约能源资源的要求日益迫切等趋势，适当调整部分消费品的税目和税率，进一步发挥其调节收入分配的作用。

(3) 深化房地产税制改革，构建合理完善的房地产税收制度，有效调节财富分配。统筹推进房地产税费改革，逐步改变目前房地产开发、流转、保有环节各类收费和税收并存的状况。结合其他方面的税制改革，对房地产交易环节征收的有关税种进行简并，合理安排税收负担。认真总结个人住房房产税改革试点经验，研究逐步在全国推开，同时积极推进单位房产的房产税改革。

(4) 根据适当提高社会保障统筹级次的要求，健全社会保障筹资机制。按照“正税清费”和“分类规范”原则，继续清理整合行政事业性收费和政府性基金，进一步规范收入分配秩序。

(三) 构建地方税体系

(1) 结合上述税收制度的改革完善，将财产行为类有关税收作为地方税体系的重要内容，不断增加地方税收收入，进一步增强地方特别是中西部地区安排使用税收收入的自主性、编制预算的完整性和加强资金管理的积极性。

(2) 在统一税政的前提下，赋予省级政府适当税政管理权限，培育地方支柱税源。中央集中管理中央税、共享税的立法权、税种开征停征权、税目税率调整权、减免税权等，以维护国家的整体利益。对于一般地方税税种，在中央统一立法的基础上，赋予省级人民政府税目税率调整权、减免税权，并允许省级人民政府制定实施细则或具体实施办法。

第八章　信用与通货膨胀

现代市场经济是一种货币经济和金融经济，基本特征之一是高度信用化和金融深化。经济机制的运行一刻也离不开货币的“润滑”，因此，分析和研究货币、信用、银行、货币供求的均衡与非均衡以及通货膨胀等问题，成为宏观经济学的重要组成部分。同时，由于货币金融已成为市场经济条件下调控经济的重要手段，研究货币金融运行规律具有十分重要的实践意义。本章通过对信用与金融体系，货币的供给、需求及货币的均衡，现代市场经济条件下的通货膨胀问题的研究，初步掌握金融方面的基本理论，把握现代金融经济的运行规律。

★ 第一节　信用与金融体系 ★

一、信用与信用工具

(一) 信用的定义与功能

信用是商品经济发展的产物，它是现代经济运行的基础，即经济学所称的“信用经济”。

信用是指以还本付息为条件的单方面的价值让渡，表现为商品买卖中的延期支付与货币的借贷行为。信用与债务是借贷活动的两个方面，提供信用的一方为授信，其为债权人，接受信用的一方为受信，其构成为债务人。债权人具有要求债务人到期偿还商品或货币的权利，而债务人则具有到期偿还商品或货币的义务。

1. 信用的三个构成要素

信用活动的发生具有三个基本的构成要素：

(1) 债权人与债务人。信用活动的发生形成债权债务关系，即形成借者和贷者。信用的发生要以债权人对债务人的偿还承诺信任为前提。

(2) 时间间隔。信用活动的发生必然具有资金转移的时间间隔，这种时间间隔是构成货币单方面让渡与还本付息的基本条件，当然，间隔的时间是可长可短的。

(3) 信用工具。这是一种用书面形式来记载债权和债务关系，并可以流通转让的凭证。如债券、票据都可以在市场上流通转让。

2. 信用的主要功能

在现代商品货币经济中，信用的形式不断发展，尤其是银行资本的出现，形成了现代的借贷资本，其主要功能有以下几个方面：

(1) 信用对生产与投资的促进作用。

现代经济的增长、生产的发展，主要依靠资本存量的增长与技术进步。投资的增长对生产的发展具有直接的促进作用。在经济活动中，工商企业的收支可分为盈余型与赤字型，必然存在资金的呆滞和社会闲置与资金的短缺与社会需求，通过信用关系，可以使闲置资金流入需求方，使资金合理流动与分配，扩大生产与投资的规模，提高资金的使用效率。愈是工商业发达的社会，愈是需要以信用工具为发展动力。

(2) 信用对消费的促进作用。

在经济日益发达的现代社会，信用对消费的作用也具有重要影响，信用的发生可促进消费购买力，扩大生产与就业。由于家庭本身的收支可分为盈余型与赤字型，通过消费信用，使盈余方将货币储蓄转移给赤字方，推迟消费并获得收入；同时，赤字方也不至于降低当前消费水平或实现提前消费，这样对双方都可提高消费效用。现代社会生产的发展，就业的增加，都离不开消费信用。现代个人消费信用还有生产性和投资性，尤其是在个人分期付款或用信贷接受教育方面，因通过信用关系扩大教育投资，使人力资本增加，对于提高社会生产能力，提高经济效益都具有积极作用。

(3) 信用对国民收入水平的影响。

从国民收入循环流动的过程看，生产要素的总收入与购买商品与劳务的总支出相等，是维持国民收入水平的基本条件。但是，在现实经济中，大量的盈余单位将收入储存起来，购买力下降，将导致国民收入水平的下降。因此，通过信用关系将储蓄转化为投资与消费，能够促进经济规模的扩大，资源的充分利用，国民收入的稳定增长，维持国民收入的正常循环和国民经济的健康快速发展。

(二) 信用形式

信用形式是不同信用关系的具体体现，人们通常是以主体为标准对其加以划分。信用主要有以下不同的形式：

1. 商业信用

商业信用是指工商企业之间以商品赊销和预付货款形式提供的信用。它是一种直接性的信用，其作用范围主要是流通领域，优点是促进商品销售，商品信用工具简单、方式灵活。但是商业信用也有明显的局限性，如授信能力有限，具有方向性限制，受资金数量和时间限制。因此，商业信用不能成为现代信用的主要形式，进一步发展为银行信用。

2. 银行信用

银行信用是指银行及其他金融机构以货币形式提供的信用。银行信用形式灵活，不受方向性限制，是现代经济中占主导形式的信用形式。银行信用的活动主要有吸收存款筹集资金和通过贷款运用资金。银行信用突破了商业信用的局限性，如资金数量限制和具体使用方向限制。同时，银行作为专门经营货币的企业，具有规模大、成本低、风险小的优势，银行还能创造信用，能以较低的成本提供信用。因此，现代银行信用是信用的主要形式，银行是信用的中心。任何其他信用形式都无法与之相竞争。

3. 国家信用

国家信用是指国家的负债，是由国家(政府)为债务人筹措资金的一种信用形式，国家从国内筹资构成内债，从国外筹资构成外债。国家信用的主要形式是发行国债，包括国库券(一年以内)和公债(一年以上)两种形式。国债不仅是政府筹集资金的工具，而且是国家主要的经济调节杠杆，国债的公开市场业务构成现代货币政策的重要工具。

4. 个人消费信用

个人消费信用是指工商企业、银行或其他金融机构以生活资料为对象向消费者个人提供的信用。主要有商品的赊销、分期付款销售与消费信贷等三种形态。个人消费信用对于扩大消费，活跃市场，拉动生产扩张和促进经济增长，增加就业具有重要意义。

(三) 信用工具

信用工具是指一种凭证，这一凭证用以记载债务人身份、债务金额、利率、归还日期等事项。根据这一凭证，可免除对债务存在、金额、期限与利率的争论。信用工具依法完成了各项必要的记载后，可在市场上自由转让流通，即成为有价证券。

信用工具的基本特征是：① 偿还期，即债务人必须全部归还本金之前所经历的时间；② 流动性，即信用工具迅速变为货币不致遭受损失的能力；③ 风险性，即购买信用工具的本金有否遭受损失的风险；④ 收益性，即信用工具能为持有人带来增值效益。一般用收益率，即收益与本金的比率表示，其又有名义收益率、持有期收益率和实际收益率之分。一般来说，期限长、风险大、流动性弱、收益高；反之则是期限短、风险小、流动性强、收益低。因此，如何合理选择使用信用工具，应从各方面加以综合权衡。

信用工具的种类很多，随着金融创新的推进，更多的信用工具涌入经济生活中，从不同的划分标准，可以有多种多样的信用工具。若以期限为分类标准，可以将信用工具分为货币市场的信用工具和资本市场的信用工具。货币市场的信用工具是指一年以内的短期信用工具，主要有商业票据、短期公债、银行承兑汇票、可转让大额定期存单、回购协议、记账信用、支票、本票、汇票及信用卡等。这类信用工具期限短、风险小、流动性强，一般看做准货币。短期信用工具的流通转让，构成了短期信用市场或货币市场。资本市场的信用工具是指一年以上的中长期信用工具，主要包括股票、公司债券及中长期公债。股票是一种资本所有权的证明，是一种永久性证券；债券属于债权债务的证明，是非永久性证券。在现代市场经济条件下，长期信用工具均具有良好的自由转让性，极易为公众接受，其流通交易的市场构成现代资本市场。

二、利息与利息率

(一) 利息

利息是货币所有者因为贷出货币资金而从借贷者手中获得的报酬，或者说是借款者使用货币资金所必须付出的代价。从实质上看，利息是利润的一部分，是剩余价值的特殊转化形式。

在社会经济活动中，利息转化成了收益的一般形态：无论贷出资金与否，利息都被看做资金所有者理所当然的收入——可能取得的或将会取得的收入；与此相对应，无论借入资金与否，生产经营者也总是把自己的利润分为利息和企业主收入两部分，似乎只有扣除利息所余下的利润才是经营的所得。于是利息率就成为一个尺度：如果投资所得与利润之比不大于利息率则根本不需要投资；如果扣除利息所余利润与投资的比甚低，则说明经营的效益不高。由于利息成为收益的一般形态，于是，任何有收益的事物，不论这是否是一笔贷放出去的货币资金，甚至也不论它是否是一笔资本，都可以通过收益与利率的对比而倒过来算出它相当于多大的资本金额，这习惯上称为“资本化”。

在一般的贷放中，贷放的货币金额通常称之为本金 P，与利息收益 B 和利息率 r 的关系如下式：

$$B = P \times r$$

$$P = \frac{B}{r}$$

正是按照这样的带有规律性的关系，有些本身并不存在一种内在规律可以决定其相当于多大资本的事物，也可以取得一定的资本价格，甚至有些本来不是资本的东西也因之可以视为资本。资本化发挥作用最突出的领域是有价证券的价格形成。资本化是商品经济中的规律，只要利息成为收益的一般形态，这个规律就起作用。在西方国家，通常把利息称之为货币资本的“价格”。

(二) 利息率及其种类

利息率简称利率，是指在一定时期内的利息额与借贷资本额的比率。

1. 利息的计算

(1) 单利计算。单利计算是指在计算利息额时，不论借贷期限长短，仅按本金计算利息，所生利息不再加入本金重复计算利息。其计算公式为：

$$I = P \times r \times n$$

$$S = P(1 + r \times n)$$

其中，I 表示利息额；P 表示本金；r 表示利息率；n 表示借贷期限；S 表示本金和利息之和，简称本利和。

(2) 复利计算。复利计算是指计算利息时，不仅计算本金的利息，而且还按借贷期限把本金所获得的利息加入本金再计算利息，逐期滚算。其计算公式为：

$$S = P \times (1 + r)^n$$

$$I = S - P$$

(3) 现值计算。所谓现值是指未来某一金额的现在价值。把未来金额折算成现值的过程称为贴现。贴现中所使用的利率称为贴现率或折现率。现值的概念与计算方法与复利值正好相反，利率越高，期限越长，现值越小。其计算公式为：

$$P = S \times \frac{1}{(1+r)^n}$$

式中：P 为本金(将来金额的现在值)，S 为将来金额数，r 为利率，n 为期数，$\frac{1}{(1+r)^n}$ 是现值系数，显而易见，现值系数是复利系数的倒数。

现值的计算方法不仅可用于银行贴现票据等类似业务方面，还可以用来计算投资收益。进行项目评估。

2. 利息的种类

按照不同的标准可以把利率分成多种多样的类别。

(1) 名义利率与实际利率。前者指包括对通货膨胀风险补偿的利率；后者指物价不变，从而货币购买力不变条件下的利率。

(2) 市场利率与基准利率。前者指由借贷双方在资金市场上通过相互竞争而形成的利率；后者指带动和影响其他利率的中心利率，一般是中央银行的再贴现率和再贷款利率。

(3) 固定利率与浮动利率。前者指在整个借贷期内利率不随借贷资金供求状况变化而变化的利率；后者指在借贷期内利率随借贷资金市场供求状况的变化而定期调整的利率。

(4) 长期利率和短期利率。前者指融资时间在一年以上的利率；后者指融资时间在一年以内的利率。

(5) 一般利率和优惠利率。后者指银行等金融机构发放贷款时对某些客户所收取的比一般利率低的利率。

(6) 年率、月率、日率。年利率以年为单位计算利息，按本金表示为百分之几；月利率以月为单位计算利息，按本金表示为千分之几；日利率是以日为单位计算利息，按本金表示为万分之几。

3. 利率的决定和影响因素

从现实的角度考虑，决定利率的因素有如下几个：

(1) 借贷成本。银行的借贷成本主要有：一是借入资金成本，即吸收存款支付的利息；二是业务费用，即银行经营过程中的各种投入支出。银行要获取利润，必须使收益高于成本，因此，确定利率水平时(特别是贷款利率水平)，必然要求贷款利率高于存款利率。

(2) 平均利润率。利息是利润的一部分，故利息率依存于利润率并受平均利润率的制约。利率上限不能超过平均利润率，否则企业借入资金无利可图；利率下限也不能等于零，否则就无人愿意贷出资金。

(3) 贷款期限。通常期限越长，利率越高，反之则愈低。因为期限的长短影响银行资金来源及稳定性、盈利性和风险性。

(4) 借贷风险。借贷资金的贷出是以偿还为条件的暂时让渡。资金从投放到收回过程中，可能存在多种风险，如购买力的风险、利率风险、违约风险和机会成本损失风险，为了弥补这些风险现实发生后所造成的损失，贷款人在确定贷款利率时必须考虑风险因素。

当银行充分考虑上述四个因素后，就可以确定一个现实的利率水平。然而实际上，借贷资金市场上的利率水平并非固定不变的，而是经常波动的。因为有下列因素影响利润水平的波动：① 资金的供求状况；② 物价的变动；③ 国际利率水平；④ 汇率；⑤ 国家经济政策。此外，还有利率管制、经济周期及国际政治关系等因素对利率都有不同程度的影响。

(三) 利率的作用

在发达的市场经济中，利率是一个重要的经济杠杆，对宏观经济和微观经济运行都有着极为重要的调节作用。主要表现在：

(1) 影响资金积累的作用。利率越高，诱使资金闲置者把资金让渡给资金短缺者，增多社会积累资金。能够在中央银行不扩大货币供应的条件下，使全社会资金总量增加，从而促进国民经济发展。

(2) 调节宏观经济的作用。一方面利用利率高低形成的资金使用成本位资金流到效益更高的行业、企业和产品上来，实现全社会生产要素的优化配置；另一方面，通过利率差别，调节国民经济结构，实现经济结构合理化。

(3) 平衡国际收支的作用。当发生国际收支逆差和经济衰退时，可通过利率高低调节国内外资本流动，调节投资和经济波动，实现平衡国际收支的作用。

(4) 约束和激励作用。利率提高会使企业的成本增大，迫使企业节约和有效使用资金，提高效益和劳动生产率。

利率充分发挥杠杆作用的基本条件是：经济的商品化、货币化、信用化已达到相当的程度；资金借贷双方都是自主经营、自负盈亏的法人实体；中央银行运用间接手段调控经济，利率已成为宏观调控的重要手段之一；众多的商业银行和非银行金融机构的发展并拥有相应的利率自主权；金融市场、金融资产有较高程度的发展。在我国，上述条件都远不具备完善，因此，必须加快改革，推进利率市场化，为利率充分发挥作用创造条件。

三、现代经济中的金融体系

金融体系是指金融机构的构成。凡从事金融活动的经济组织，均可称之为金融机构。现代金融机构的形成并不是一个外部植入的过程，它是在商品生产与市场交易逐步发展的过程中形成的，因而是经济发展的内生产物。

(一) 银行金融机构

1. 中央银行

中央银行是一国金融体系的核心，具有特殊地位和功能。它是在商业银行发展的基础上，出现的专门从事货币发行和专门办理对商业银行的业务及执行国家经济政策的银行。由于国家通过中央银行进行干预经济的活动，中央银行则具有一定的国家机关性质，并且这一性质随着国家干预经济的加强而不断强化。中央银行活动的主要特征是：第一，不以盈利为目的；第二，不经营普通商业银行的业务；第三，为实现国家的政策服务。

与商业银行不同，中央银行的职能是：第一，货币发行的银行。代表国家发行统一的法定货币。第二，政府的银行。表现在作为政府的财政金融顾问，代理国库，直接对政府贷款，处理政府借款，代理政府进行黄金与外汇的交易和储备管理。第三，银行的银行。表现为是银行存款保证金的保管者，最终的贷款人，组织一国的清算，对银行进行监督管理。

中央银行的业务主要是：第一，存款准备金业务；第二，再贴现业务；第三，公开市场业务；第四，确定基准利率业务和贷款业务。

通过中央银行的业务开展，中央银行发挥以下作用：稳定货币和金融；实施货币政策，调节宏观经济；集中清算；加速资金周转；推动国际金融合作。

2. 商业银行

商业银行，也称为存款货币银行。即它的经营活动主要以吸收社会公众存款与发放贷款为主要内容，这是商业银行区别于其他金融机构的主要标志。商业银行在现代各国金融体系中具有主导地位，是一国金融体系的骨干。商业银行的性质是一种特殊的企业，表现在：第一，是企业的一种形式；第二，以获取利润为经营目的；第三，它经营的不是一般的普通商品，而是一种特殊商品——货币。

(1) 商业银行的职能。商业银行作为一国金融体系的主导，其重要职能包括：第一，充当使用中介。充当贷款人和借款人的“角色”；第二，变货币收入为货币资金。通过开展储蓄业务，以储蓄形式集中社会的个人货币收入，贷放给企业使用，变为生产的货币资金，调节货币流通，扩大生产投资，促进经济发展；第三，充当支付中介。通过为顾客开立账户，充当顾客之间货币结算与货币支付的中间人。加速资金周转，促进再生产顺利进行；第四，创造派生存款，提供信用工具。通过吸收原始存款，在银行机制下，形成派生存款。同时，通过开展各种存款业务，发行多种信用工具，发挥货币媒介作用，为经济运行服务。

(2) 商业银行的业务。商业银行的业务有三个方面：一是负债业务。通过多种自有资本业务、多种存款业务和多种借款业务，形成其资金来源；二是资产业务。主要有放款业务、贴现业务和投资业务等，运用资金获取利润；三是各种中间业务。如结算业务、代理业务、信用卡业务、咨询业务等代理客户承办支付和其他委托事项，并据以收取手续费的业务。商业银行在经营业务中遵循如下三条原则：一是流动性原则。即银行能随时应付客户提取存款的支付能力，即银行的清偿力；二是效益性原则。不断改进经营管理，获取最大利润；三是安全性原则。要使银行资产避免风险损失。这三个原则之间既有联系，又有矛盾。应尽量将三原则统一协调，促成最佳组合。

3. 各专业银行

专业银行是指集中经营指定范围内的业务和提供专门性金融服务的银行机构。主要包括：① 投资银行。专门经营长期投资业务的银行，有实业银行、长期信用银行、投资信托银行、金融公司等不同的称谓。② 开发银行。专门为经济开发提供投资性贷款的银行。③ 储蓄银行。专门经办居民储蓄，以储蓄为主要资金来源的专业银行。④ 不动产银行。专门以不动产作为抵押办理长期放款业务的银行。

4. 政策性银行

一般属于官方或半官方办的专门支持重点产业、新兴产业开发、农业发展和外贸进出口信贷的机构。主要特点是：一是由政府出资组建，业务上由政府的相应部门领导；二是一般不接受存款，也不从民间借款；三是专业性很强，与政府的产业政策密切配合。

(二) 非银行金融机构

指商业银行和中央银行之外的具体经办某一类金融业务的金融机构。与商业银行的区别主要有以下特征：

(1) 资金来源主要以发行债券和股票为主，而商业银行以吸收存款为主；

(2) 主要从事专门业务，如信托、保险和投资等；

(3) 没有“信用创造”功能和机制。其主要形式有：保险公司、信托投资公司、证券公司、财务公司、信用合作社、养老或退休基金会等。

非银行金融机构的产生，推动了金融创新，使融资机构，融资渠道与形式日益多样化，为客户提供的服务也愈加周到与多样化，尤其为中小企业的发展提供了方便。与此同时，非银行金融机构的存在和发展，使金融界增加了竞争对手，给金融业的发展注入了新的活力。

★ 第二节　货币的供给与需求 ★

一、货币的供给

(一) 通货的范围

货币供应量，又称之为货币存量，它是指某一时点(例如年终)，一国流通中的货币数量，包括现金、存款等在内。确定一个国家的货币供应量，首先需搞清流通中货币即通货的范围，也就是说，在种类繁多的信用工具和金融资产中，哪些应列入货币供应量的考察范围。

所谓通货的范围实际上是货币概念的外延问题。通货不是一成不变的，在不兑现纸币流通条件下，按照货币外延的窄宽，货币概念有狭义和广义之分。狭义的货币，指的是现金，即只包括流通中的纸币和金属货币；广义的货币，除现金外，还包括各种非现金货币。凡是执行一般等价物职能的任何形式货币及货币替代物，都可以列入广义货币的范围中，包括银行存款特别是活期存款、各种信用流通工具和金融资产如大面额可转让定期存单、商业票据、政府短期债券等。因为它们都不同程度地具有“货币性”和变现性，能够作为货币发挥作用，或经常地转化为流通手段和支付手段，从而扩大了货币流通量。因此，对通货范围的理解，应当在狭义货币即现钞货币的基础上进一步加以扩展。

在市场经济发达国家，目前列入广义货币的主要有：(1) 现金；(2) 存款货币——存在商业银行可以随时使用支票提取的活期存款；(3) 准货币——那些易于兑换为货币，但又不能直接流通的金融资产，如定期存款和易于脱手的政府债券等；(4) 替代货币——如信用卡等。

(二) 货币层次的划分

在现代发达的商品经济中，许多新的金融工具都不同程度的具有“货币性”，使货币的流通范围不断扩大，流通中货币的形式也多种多样。究竟哪些种类金融资产应当视作货币列入货币供应量之中，不同形式的货币在流通中影响货币购买力的形成程度如何，都是研究货币及货币供应量中应弄清的。为了区别对待不同形式、不同性质的货币对商品流通的影响，必须将流通中的货币划分为几个不同的层次，以便能进行宏观经济运行监测，据以制定国家的货币政策，控制货币供应量，实现货币流通管理的科学化和宏观经济平衡。

一般认为，划分货币层次的主要依据是金融资产的“流动性”。所谓“流动性”是指一种金融资产具有能够及时变为现实购买力，而使持有人又不蒙受任何损失的特性。具有“流动性”的资产，可以在市场上出售或转让，并且价格稳定。“流动性”程度不同的货币形成的购买力也不一样，从而对社会商品流通的影响程度也就不同。

目前，世界各国关于货币层次的划分问题在具体分析上不尽相同。按照国际货币基金组织的要求，一般情况下，可以划分为如下三个层次。

第一层次 M_0，为准备货币，指流通于银行体系以外的现钞和铸币。

第二层次 M_1，为狭义货币，由 M_0 加商业银行的活期存款，以及邮政汇划系统或国库接受的私人活期存款等部分构成。

第三层次 M_2，为广义货币，由 M_1 加准货币构成。所谓准货币，是指定期存款和政府债券等。

参照国际通行的原则，根据我国的实情，我国货币供应量划分为如下四个层次：

M_0 = 流通中的现金

M_1 = M_0 + 企业活期存款 + 机关团体部队存款+农村存款+个人持有的信用卡类存款

M_2 = M_1 + 城乡居民储蓄存款 + 企业存款中具有定期性质的存款 + 外币存款 + 信托类存款

M_3 = M_2 + 金融债券+商业票据+大额可转让存单

(三) 货币供给形成机制

现代经济中的货币都是信用货币，而信用货币基本上都是通过银行体系创造和提供的。可以这样说：货币供应量，在程序上由银行资产业务(放款)渠道所实现；在数量上由银行资产业务(放款)规模所决定。银行是现代经济中供应货币的主体。

1. 商业银行的作用

商业银行创造信用货币是在它的资产负债业务中，通过创造派生存款形成的。商业银行吸收企业一笔存款，可以向另一个企业发放贷款，而这个企业也可将存款存入另一个银行，另一个银行仍可用这笔存款的一定金额发放一笔新的贷款，如此类推，一笔原始存款可以产生数倍的派生存款，从而向社会提供了把原始存款放大了许多倍的存款货币。

当然，商业银行的创造作用不是无限度的，这种创造力受到如下因素的制约：一是原始存款量；二是中央银行的法定存款准备率，即国家规定的各商业银行必须将其吸收存款的一部分缴存中央银行的比率，如果存款准备率高，往下派生数额相对减少；反之，派生数额相对增加，两者成反比，以公式表示如下：

$$\begin{aligned}\text{存款总额} &= \text{原始存款} \times \frac{1}{\text{存款准备率}} \\ &= \text{原始存款} \times \text{存款准备率} \\ &= \text{原始存款} \times \text{货币乘数}\end{aligned}$$

$$\text{派生存款} = \text{存款总额} - \text{原始存款}$$

如果考虑如下两个因素，上述公式还会发生变化。一是在银行存款中，客户会提取部分现金，即客户提现率；二是商业银行在上交存款准备金外，为了随时应付支付的需要，往往还需保留部分存款备付金，即所谓超额准备率。上述公式改变为：

$$\text{存款总额} = \frac{\text{原始存款}}{\text{存款准备率} + \text{提现率} + \text{超额准备率}}$$

$$\text{存款派生倍数} = \frac{\text{存款总额}}{\text{原始存款}} = \frac{1}{\text{存款准备率} + \text{提现率} + \text{超额准备率}}$$

2. 中央银行的作用

中央银行作为货币供给的主体，主要通过调整、控制商业银行创造存款货币能力及行为，发挥其在货币供给形成过程中的作用。一是作为银行的银行，向商业银行提供贷款(包括再贴现)或收回贷款，影响商业银行的原始存款量及存款货币的创造能力，进而调节社会货币供应量；二是通过改变法定存款率的手段，来控制商业银行创造存款货币的能力及行为。可见，中央银行实际上是为商业银行提供派生的“原动力”，商业银行则通过贷款等资金运用派生出存款，增加货币供应。在货币供应中，中央银行和商业银行相互联系，共同操作，以调节货币供应量。

除了银行对货币供给的主宰作用外，社会其他部门对货币供给也有不可忽视的影响和作用。如：公众的消费行为对现款的增加或减少，会影响银行存款的变化；企业、部门、政府的贷款需求变化，会引起商业银行贷款规模的变化。因此从现实经济过程看，货币供应量是财税、金融、投资、消费、国际收入的综合反映。控制货币供应量，除发挥银行体系作用外，还需要其他部门的配合。

二、货币的需求

(一) 货币需求与货币需要量

货币需求是指一定时期里商品生产与交换过程中所需要的货币量。它是由一定条件下社会公众的持币愿望所决定的，人们持有货币的愿望与人们追求收入和追求财富的愿望是有区别的。社会公众(包括公司企业与家庭)对货币的需求主要出于如下三个动机：即出于商品交易的动机，预防性动机和投资于各种资产的投机性动机，而对于收入和财富的追求是人们从事经济活动的一般动机。货币只是这种收入与财富的表现形态。从现代经济活动看，对货币的需求根本上是出于交易与资产选择的需要，而投机或资产选择的需求事实上也是从交易需求中派生出来的。

一定时期的货币需求量是货币政策的基础。从传统的货币理论看，其提出货币流通是为商品流通服务的，因此，符合商品流通客观需要的货币量就是货币必要量，即客观的货币需要量。马克思的货币需要量公式对此给予了说明和表述(参见第一章货币的职能部分)。这个货币流通量，事实上是在金属货币流通下的货币必要量，在货币流动量能够自动实现均衡的前提下存在的。但在纸币流通条件下，因为纸币本身无价值而不能发生自动调节功能，使得实际的货币流通量与货币必要量之间可能发生偏离，如果实际的货币流通量大于货币的必要量，就会发生过多货币滞留流通而导致物价上涨，而实际情况如相反，货币流通量的不足又会造成通货的紧缩与物价下跌。

在纸币流通条件下，由于纸币没有自动调节功能，不管实际货币流通量是多少，等式两边总是平衡的，只不过物价水平或商品流量会发生变化。在这种条件下，要确定货币的必要量，必须有一定的约束条件。而这些约束条件体现了一定条件下货币政策目标的倾向与选择，如要求物价水平稳定，适度的经济增长率等等。这样，货币必要量实际上已渗进了强烈的政策倾向色彩，已不是一个绝对的值，而是具有弹性区间的值域，根据不同的政策目标，货币必要量会发生变化。

(二) 货币需要量的测算

对货币需要量的准确测算还存在许多困难，目前也不能提出一套较准确、成熟的计算方法。

1. 现金需要量的测算

根据货币需要量的基本公式，流通中现金的需要量决定于两个因素：一是用现金支付的商品价格总额；二是现金流通速度。用公式可表示为：

$$\text{现金需要量}=\frac{\text{用现金支付的商品价格总额}}{\text{现金流通速度(次数)}}$$

公式的分子项，可用社会商品零售总额和劳务收入总额来表示，这种交易一般是用现金进行。公式的分母项，很难直接取得数据，只能以历史数据为参考，再参照现金流通的有关因素的新变化加以调整。

2. 总体货币需要量的测算

近年来常用的公式是：

货币需要量变动率 = 经济增长率 + 物价上涨率 ± 货币流通速度变动率

公式中，当货币流通速度减慢时，应为“+”货币流通速度变动率；反之，货币流通速度变化率前为“-”号。

这个公式在具体使用时还存在许多制约因素，目前有待进一步研究。

(三) 货币容纳量弹性

在现实生活中，货币供应量与货币需求量，完全相等的情况是罕见的。测算的绝对值与现实生活中的有限波动之间有差距。货币供应量可以超过或少于流通中的货币需要量，但并不一定会影响物价稳定和经济发展。两者在一定幅度内的偏离能够为经济运行所容纳，这种现象被称为市场货币容纳量弹性。形成这种情况的基本原因是由于：

(1) 在收入一定的情况下，收入和消费的比例允许有一个波动区间；

(2) 消费支出结构本身也是具有弹性的，会影响货币流动速度的快慢；

(3) 在收入与消费一定的情况下，收入结余部分以何种形式持有也是有一定弹性的，也使货币需求产生一种弹性。

这种弹性是一定合理容许限度的，如过大或过小都会对经济产生不利影响。货币容纳量有弹性的特点，也为货币流通的调节提供了回旋的余地，有利于宏观经济调节目标的实现。

三、货币的均衡

(一) 货币均衡的涵义

货币均衡是指货币供应量与经济正常发展所需要的货币必要量的基本平衡。用公式表示为：

$$M_s = M_d$$

货币非均衡则是：$M_s \neq M_d$。这里可能是存在过大的货币需求，但货币供给短缺；也可能是相对于货币需求来说，货币供给过多。前者为 $M_s < M_d$，表现为经济停滞或负增长，商品严重积压，失业率上升；后者为 $M_s > M_d$，表现为商品不足，物价迅速上涨，经济增长速度减缓。货币均衡的实质是商品市场上商品供给和用货币购买力表示的商品需求之间的均衡。在这种状态下，市场流通稳定、协调。商品市场上的物价稳定和金融市场上的利率稳定，经济持续、快速、健康地增长。

在市场经济体系中，货币的均衡与非均衡是交替出现的，价格、利率不仅是货币供求均衡与否的信号，而且在货币供求由失衡向均衡的调整过程中，还有调节功能。通过市场利率的波动实现对货币供给与需求双方的调节作用，以实现货币均衡。因此，货币均衡的实现是通过利率机制完成的。

(二) 货币均衡实现的条件

市场经济条件下的货币均衡需要具有两个条件，一是要有健全的利率机制，能够灵敏地反映货币供求状况；二是要有发达的金融市场，尤其是活跃的货币市场，使各种金融工具和货币之间可以方便而有效地迅速互相转化，实现对货币供求的调节。

货币均衡的实现除具备上述两个基本条件外，还有以下条件和手段。

(1) 中央银行或货币当局有效地调整货币供给，以适应货币需求的变动。调控的主要手段有法定存款准备金率、再贴现率和公开市场业务等。控制货币供应量是实现货币均衡的关键。

(2) 财政收支保持基本平衡。巨额财政赤字的出现，往往迫使政府向中央银行透支或借款，进而迫使中央银行大量发行货币。货币的财政发行必然会导致货币供求失衡，严重时会引发通货膨胀。

(3) 产业结构和产品结构比较合理。产业结构的严重失衡使得发展的部门对某些产品产生过剩的需求，造成对这些产品的价格上涨的压力；相反，发展过慢的部门，由于需求过低，会造成产品的积压，影响生产的正常进行。产业结构和产品结构不合理会引起商品供求结构失衡，也会导致货币供求失衡。

(4) 国际收支保持基本平衡。因为国际收支不平衡，出现大量顺差或逆差均会引起本币对外币升值或贬值，直接影响到国内市场价格的稳定。在开放条件下，国际收支平衡是保证国内市场供求平衡和货币均衡的重要条件之一。

四、货币政策

(一) 货币政策概念与类型

货币政策是中央银行为了实现其最终的政策目标，对货币供给量和信用情势所采取的管制措施。最终的政策目标包括：控制物价稳定、协助经济成长、达到充分就业，及平衡国际收支。货币政策是通过政府对国家的货币、信贷及银行体制的管理来实施的。货币政策由中央银行执行，它影响货币供给。通过中央银行调节货币供应量，影响利息率及经济中的信贷供应程度来间接影响总需求，以达到总需求与总供给趋于理想的均衡的一系列措施。货币政策可以划分为狭义的货币政策和广义的货币政策。狭义货币政策：指中央银行为实现既定的经济目标(稳定物价，促进经济增长，实现充分就业和平衡国际收支)，运用各种工具调节货币供给和利率，进而影响宏观经济的方针和措施的总和。广义货币政策：指政府、中央银行和其他有关部门所有有关货币方面的规定和采取的影响金融变量的一切措施(包括金融体制改革，也就是规则的改变等)。

货币政策分为扩张性的和紧缩性的两种。扩张性的货币政策是通过提高货币供应增长速度来刺激总需求，在这种政策下，取得信贷更为容易，利息率会降低。因此，当总需求与经济的生产能力相比很低时，使用扩张性的货币政策最合适。紧缩性的货币政策是通过削减货币供应的增长率来降低总需求水平，在这种政策下，取得信贷较为困难，利息率也随之提高。因此，在通货膨胀较严重时，采用紧缩性的货币政策较合适。货币政策调节的对象是货币供应量，即全社会总的购买力，具体表现形式为：流通中的现金和个人、企事业单位在银行的存款。流通中的现金与消费物价水平变动密切相关，是最活跃的货币，一直是中央银行关注和调节的重要目标。

(二) 货币政策工具

一般性货币政策工具，又称经常性、常规性货币政策工具，即传统的三大货币政策工具，俗称三大法宝：存款准备金政策、再贴现政策和公开市场业务。

1. 存款准备金政策

存款准备金政策是指中央银行对商业银行等存款货币机构的存款规定存款准备金率，强制性地要求商业银行等货币存款机构按规定比例上缴存款准备金；中央银行通过调整法定存款准备金以增加或减少商业银行的超额准备，从而影响货币供应量的一种政策措施。

2. 再贴现政策

再贴现政策就是中央银行通过提高或降低再贴现率来影响商业银行的信贷规模和市场利率，以实现货币政策目标的一种手段。

3. 公开市场业务

所谓“公开市场业务”(Open Market Operation，也称“公开市场操作”)，是指中央银行在金融市场上公开买卖有价证券，以改变商业银行等存款货币机构的准备金，进而影响货币供应量和利率，实现货币政策目标的一种货币政策手段。

五、深化我国金融改革开放发展

党的十八大报告提出，要深化金融体制改革，健全促进宏观经济稳定、支持实体经济发展的现代金融体系。这对进一步深化我国金融改革开放发展，不断提升金融业整体实力和服务水平，促进经济持续健康发展，实现全面建成小康社会奋斗目标具有重要指导意义。我们要坚定不移地推进金融改革开放发展，加快健全促进宏观经济稳定、支持实体经济发展的现代金融体系。

(一) 加强和改善金融宏观调控

我国仍处于经济转轨的特殊阶段，经济运行中的总量和结构矛盾十分突出，这无疑加大了金融宏观调控的复杂性和艰巨性。加强和改善金融宏观调控必须把立足国情创新与借鉴国际经验结合起来，发挥好传统货币政策工具的作用，并根据我国经济金融发展水平和现实需要，因时因势、因地制宜地创新工具，不断提高调控的科学性和预见性，增强针对性和灵活性，促进经济平稳较快发展。

(1) 完善金融宏观调控体系。优化货币政策目标体系，更加突出价格稳定目标，关注更广泛意义的整体价格水平稳定，处理好促进经济增长、保持物价稳定和防范金融风险的关系。完善市场化的间接调控机制，创新和丰富货币政策工具和手段，更多运用市场化的工具和手段，保持合理的社会融资规模，避免经济增长出现大的波动。继续深化金融体制改革，完善金融市场体系，提高货币政策传导效率。

(2) 健全金融宏观审慎政策框架。借鉴国际经验并结合我国国情，进一步完善逆周期的金融宏观审慎管理制度框架，引导并激励金融机构稳健经营，主动调整信贷投放，提升风险防范能力。建立和完善宏观审慎管理和微观审慎监管协调配合、互为补充的机制。

(3) 加大对经济社会发展薄弱领域的支持力度。不断改进信贷政策实施方式，进一步优化信贷结构，有效促进经济发展方式加快转变和结构调整。大力发展消费信贷，支持扩大内需，促进国际收支基本平衡。加大对“三农”、小微企业、战略性新兴产业、现代服务业、科技自主创新等领域的金融支持，强化对就业和再就业、助学、扶贫开发等环节的金融服务，促进区域经济协调发展。严格控制高耗能、高污染和产能过剩行业的贷款，支持低碳经济发展。

(4) 加强各项政策的协调配合，增强调控的有效性。继续发挥国家发展规划和产业政策在宏观调控中的导向作用和协调作用，建立和实行重大政策和事项的协商处理机制，加强政策协调和行动配合，充分发挥好货币、财政和产业政策的合力，共同促进经济社会又好又快发展。

(二) 进一步深化金融机构改革

要坚持金融服务实体经济的本质要求，深化各类金融机构改革，强化内部治理和风险管理，提高创新发展能力和国际竞争力。

(1) 完善现代金融企业制度，促进经济结构战略性调整。积极推动银行业金融机构合理布局，大力发展证券、保险等非银行金融机构，扩大金融对实体经济的服务覆盖面和融资渠道。进一步推动大型金融机构完善公司治理，形成有效的决策、执行、制衡机制。继续推动政策性金融机构改革，促进金融资产管理公司商业化转型。完善保险机构公司治理。

(2) 构建多层次、广覆盖、可持续的农村金融服务体系。以服务“三农”为根本方向，充分发挥政策性金融、商业性金融和合作性金融的作用。进一步深化农村信用社改革，发挥其支农主力军作用；培育发展新型农村金融机构；鼓励各类金融机构积极探索服务“三农”的有效方式，引导、带动更多信贷资金和社会资金投向农村。支持符合条件的现代农业企业通过资本市场发展壮大，积极拓展期货市场服务“三农”的渠道和模式。继续完善农业保险制度，扩大农业保险保障范围和覆盖区域。

(3) 健全解决小型微型企业融资问题的体制机制。改进小型微型企业金融服务，推动不同类型、不同规模的金融机构改革创新和规范发展。鼓励各类金融机构在遵循市场原则的前提下，积极开展适合小型微型企业需求的金融产品和信贷模式创新。

(4) 加快发展民营金融机构。鼓励社会资金参与中小金融机构的重组改造、稳步发展各种所有制金融企业。要鼓励和引导民间资本发展社区类金融服务企业，扩大新型信息科技在金融服务领域的运用。加强统筹协调，增强基层金融机构的监管力量，并通过加快建立存款保险制度等途径，为民营中小金融机构健康发展创造良好的外部环境。

(三) 加快发展多层次资本市场

以显著提高直接融资比重为目标，大力发展债券市场，继续完善主板、中小企业板和创业板市场，积极探索发展股权交易市场。

(1) 大力发展债券市场。坚持市场化改革方向，着力培育商业信用，强化市场约束和风险分担机制，提高市场运行透明度。稳步扩大债券市场规模，推进金融产品创新和多元化，加大资产证券化试点力度，发展中小企业集合债券等融资工具。发展私募债等融资工具，拓宽融资渠道。加强债券发行管理部门的协调配合，提高信息披露标准，落实监管责任。加强债券市场基础设施建设，进一步促进银行间市场和交易所市场协调发展。

(2) 继续完善主板、中小企业板和创业板市场。稳步提高上市公司治理水平和透明度，完善现代企业制度。深化新股发行制度市场化改革，进一步弱化行政审批，强化资本约束、市场约束和诚信约束。完善上市公司投资者回报机制，引导和鼓励增加现金分红。健全退市制度，不断提高上市公司质量。严惩内幕交易、操纵市场、欺诈上市、虚假披露等违法违规行为。

(3) 积极探索发展股权交易市场。坚持服务中小企业的市场定位，探索构建全国性和区域性市场协调发展的多层次股权交易市场体系。扩大代办股份转让系统试点，稳步推进全国中小企业股份转让系统建设。规范发展区域性股权市场，在统一规则的前提下，允许区域性市场根据当地实际进行差异化的制度安排。统筹考虑不同层次市场间的转板机制，形成各层次市场间的有机联系，满足中小企业多样化的融资和股权转让需求。

(四) 稳步推进利率和汇率市场化改革

利率和汇率是市场经济条件下重要的价格机制和杠杆。稳步推进利率和汇率市场化改革，有利于进一步增强市场配置资源的基础性作用，不断优化资源配置效率，加快推进经济发展方式转变和结构调整。

利率市场化改革的目标是建立健全由市场供求决定的利率形成机制，中央银行运用货币政策工具引导市场利率，金融机构在竞争性市场中进行自主定价，从而实现资源的合理配置。选择具有硬约束的金融机构，通过逐步放开替代性金融产品的价格等途径推进利率市场化改革。加强金融市场基准利率体系建设，引导金融机构完善利率定价机制，增强风险定价能力。

按照主动性、渐进性、可控性原则，根据国际形势变化、国内经济发展需要和经济金融改革整体进展等，不断完善以市场供求为基础、参考一篮子货币进行调节、有管理的浮动汇率制度，逐步增强汇率弹性，保持人民币汇率在合理均衡水平上的基本稳定。

(五) 逐步实现人民币资本项目可兑换

随着我国经济金融对外开放程度的日益加深，资本管制的有效性下降，要抓住人民币资本项目可兑换的有利时间窗口，在统筹国内需求与国际形势的基础上，继续积极稳妥地推进人民币资本项目开放。注重提高资本市场交易的可兑换程度，有序提升个人资本项目交易可兑换程度，进一步提高直接投资、直接投资清盘和信贷等的可兑换便利化程度，在有管理的前提下推进衍生金融工具交易可兑换。推进资本项目可兑换涉及多方面的利益调整和利益诉求，需注意处理好各种利害关系。也要根据国内外经济情况发展变化，保持政策的灵活性和针对性，包括采取临时性特别措施。

(六) 完善金融监管

国际经济金融形势复杂多变，国内经济发展困难，金融业运行中的各种潜在风险因素不容忽视。加强和改进金融监管，采取综合措施维护金融稳定，牢牢守住不发生系统性、区域性金融风险的底线。

(1) 健全系统性金融风险的防范预警和评估体系。借鉴国际经验，建立健全适合我国国情的系统性金融风险监测评估方法和操作框架，完善压力测试和金融机构稳健性现场评估等政策工具和手段，加强对重大风险的早期识别和预警，强化跨行业、跨市场金融风险的监测评估。加强对具有融资功能的非金融机构及民间借贷的统计监测，密切关注其对金融体系的影响。健全跨境金融风险的监测评估，完善跨境资金流动监测预警体系。

(2) 提升金融业稳健性标准。积极稳妥推进银行业实施第三版巴塞尔协议，提高资本质量和最低充足水平要求，扩大资本风险覆盖范围。研究提出我国系统重要性金融机构认定标准和评估框架，提升系统重要性金融机构的监管要求。强化流动性风险监管框架，提高金融机构流动性管理审慎性水平。健全证券市场制度，加强证券期货公司净资本监管和行为监管，完善以净资本为核心的风险控制指标体系。健全保险业偿付能力监管体系，完善保险公司分类监管制度和标准。

(3) 改进和加强金融监管。切实加强金融监管能力建设，完善监管规则，不断提升监管有效性。明确对金融控股公司和交叉性金融业务的监管职责和规则，统一监管政策，减少监管套利，弥补监管真空。改进和完善金融监管协调机制，实现信息共享，推进监管协调工作规范化和常态化。

(4) 完善系统性金融风险处置机制。强化系统性金融风险处置能力建设，建立层次清晰的系统性金融风险处置机制和清算安排，健全金融安全网。完善中央银行最后贷款人的功能定位和工具手段。加快存款保险立法进程，择机出台并组织实施存款保险制度方案。完善证券投资者保护基金、保险保障基金和期货投资者保障基金管理制度。建立健全金融机构市场退出机制，防范道德风险。

(5) 完善地方政府金融管理体制。坚持发挥中央金融管理部门对地方金融工作的指导、协调和督促作用，同时注重引导、调动和发挥好地方政府的作用。强化地方政府的金融监管意识和责任，进一步明确地方政府对小额贷款公司、融资性担保公司、典当行等具有融资功能的非金融机构的管理职责。强化地方政府的风险处置责任，有效打击高利贷、非法集资、地下钱庄、非法证券等违法金融活动。大力改善地方金融生态环境，减少行政干预，促进经济和金融健康发展。

(七) 推进创新，扩大开放

随着我国经济社会的发展，新兴行业需要全新的金融服务，原有薄弱环节融资难问题仍然凸显，只有推进金融创新，才能满足这些领域的金融服务需求。同时，经济金融运行中的风险也在不断发生变化，需要通过金融创新来管理风险。经济全球化将在更大范围、更高层次上实现资源优化配置，我国要把握住全球化中的战略机遇，必须推进金融创新，提高银行、证券、保险等行业竞争力。要主动适应经济金融全球化深入发展趋势，加强国际和区域金融合作，充分利用两个市场、两种资源，努力把金融对外开放提高到一个新水平。

(1) 在规范的基础上扩大人民币在跨境贸易投资中的使用。切实落实好已经出台的跨境人民币业务政策，促进贸易投资便利化。探索开展个人跨境人民币业务试点，稳妥有序推进合格境内个人投资者试点。完善人民币跨境循环路径，建立人民币跨境清算系统。进一步拓展双边货币合作的领域和范围。继续积极支持香港离岸人民币业务中心发展。

(2) 积极参与全球经济金融治理。深化双边、多边经济金融政策对话与合作，加强与主要经济体宏观经济金融政策协调。积极推动国际金融体系改革，促进国际货币体系合理化。主动参与国际金融监管改革和标准制定，继续提升我国的国际影响力和话语权。

(3) 探索和拓展外汇储备多层次使用渠道和方式，完善外汇储备经营管理体制机制，稳步推进多元化投资，更好实现外汇储备安全、流动和保值增值的目标。继续运用外汇储备支持国家战略物资储备、大型金融机构改革和有条件的各类企业“走出去”。

★ 第三节　通 货 膨 胀 ★

一、通货膨胀的含义、类型与度量

(一) 通货膨胀的含义

通货膨胀，是指在纸币流通条件下，流通中的货币供应量超过了经济发展对货币的需求量，导致货币贬值，从而引起物价水平普遍、持续上涨的经济现象。

通货膨胀是货币流通失常的表现，一般具有以下三个特征：

(1) 货币的过量发行。货币的供应量超过了商品流通对货币的需要量；

(2) 货币贬值。单位纸币实际代表的金属货币量的减少，亦即单位纸币的购买力下降；

(3) 物价上涨。纸币的贬值一般通过物价水平的普遍、持续上涨表现出来。这种由通货膨胀引起的物价上涨不同于局部性或个别的商品和劳务的价格上涨或结构性的物价调整，也不同于季节性、暂时性或偶然性的物价上涨，它总是伴随着长期的、持续的、涉及绝大部分商品和劳务的物价上涨。

(二) 通货膨胀的类型

通货膨胀按照不同的分类方法，可以分为各种不同的类型。

1. 按照通货膨胀严重程度分类

(1) 爬行式通货膨胀，又称温和的通货膨胀或不知不觉的通货膨胀。这种通货膨胀发展缓慢，不易觉察，但持续的时间很长。一般认为，年物价上升率低于 3%的通货膨胀称为爬行式的通货膨胀。

(2) 步行式的通货膨胀。这种通货膨胀的物价上涨幅度要比爬行式通货膨胀大得多，一般以 4%～5%的年物价上升率持续上涨。步行式通货膨胀的物价上升率，尽管开始时可以保持在一位数以内，但经验证明，若不引起重视并进行治理，在以后时期，通货膨胀将以更快的速度出现，即出现两位数水平的通货膨胀率。

(3) 小跑式通货膨胀。这是指年物价上升率在 10%以上，即达到两位数水平的通货膨胀。小跑式通货膨胀一旦出现，物价上涨率往往呈加速直线上升的态势，几年之内物价上涨幅度即可超过 100%，紧接着甚至可能出现三位数的通货膨胀率。小跑式通货膨胀虽属于严重的或比较严重的通货膨胀，会对整个社会经济生活带来许多不良后果，但还不足以导致一国货币制度和经济生活的崩溃。

(4) 奔腾式的通货膨胀，又称恶性通货膨胀或极度通货膨胀。这种通货膨胀会产生灾难性的影响：物价飞涨；货币大幅度贬值；正常的经济活动趋于紊乱；货币制度乃至整个国民经济趋于崩溃。

2. 按照通货膨胀产生的原因分类

(1) 需求拉动型通货膨胀。指由于社会总需求(包括投资、消费、政府支出)的过度增长，超过了按现行价格总供给的增长，致使太多的货币去追求太少的商品和劳务而引起的一般物价水平上涨的现象。这种通货膨胀往往是在社会消费支出和投资支出激增的情况下，商品和劳务的有效供给的增加由于各种原因受到了限制，或没有能随着有效需求的增长相应地增长，从而引起物价普遍上涨。

(2) 成本推进型的通货膨胀。这种通货膨胀指的是生产成本上升而引起物价上涨的现象。其中主要有原材料价格推进、劳动成本推进等。在西方经济学中，成本推进型通货膨胀往往专指由于工资增长速度超过劳动生产率增长速度，从而使成本提高引起的通货膨胀。

(3) 结构型通货膨胀。这种通货膨胀与上述两种通货膨胀不同，它不是由于总需求增加或成本上升引起的，而是由于国民经济结构不能适应变化了的需求结构而引起的。这类通货膨胀主要发生在发展中国家。发展中国家在经济发展过程中，由于人们收入增加和先进国家消费模式“示范效应”的作用，使得这些国家的需求结构发生了巨大的变化。一方面对低档消费品的需求相对减少，另一方面对高档消费品的需求则急剧增加。所以，即使整个社会总需求并不过多，有些部门甚至还存在失业和闲置未用的生产能力，但由于一些经济部门的供给缺乏弹性，通货膨胀还是有可能发生的。

3. 按照政府的政策和控制通货膨胀的措施分类

(1) 开放型通货膨胀。这种通货膨胀指的是政府对物价的上涨并不施加任何干预和控制，物价可随货币供应量的变化而自由浮动，或者虽加以控制，但由于通货膨胀压力太大而未能奏效。

(2) 压抑型通货膨胀，又称为隐蔽型的通货膨胀。这是指政府通过价格管制、定量配给，以及其他一些行政手段来抑制物价的上涨。这些措施虽可暂时阻止物价的上涨，但物价潜在的上涨趋势依然存在，如果一旦放松价格管制和取消凭证凭票供应，累积起来的矛盾就会突然激化，结果是压抑型通货膨胀可能转变成开放型的通货膨胀。这类通货膨胀通常是较落后的市场经济或实行计划经济的国家所表现出来的通货膨胀形式。

(三) 通货膨胀的度量

通货膨胀最终要通过物价水平的上涨表现出来，因而物价总水平的上涨幅度就成为度量通货膨胀程度的主要指标。目前，世界各国均采用物价指数度量通货膨胀度。具体的指标有以下四种：

1. 零售物价指数

这是根据商品的零售价格编制的指数，反映商品零售价格水平变动的情况。这一指标的优点是资料容易搜集，公布次数频繁，能及时反映商品零售价格的升降，缺点是该指标所包括的范围较窄，既不包括商品批发价格(主要是生产资料价格)变动情况，也不反映与人民群众生活关系密切的劳务收费价格的升降。

2. 消费物价指数

这是根据家庭消费的有代表性的商品和劳务的价格变动状况而编制的物价指数。用该指标度量通货膨胀，其优点在于消费品的价格变动能及时反映消费品市场的供求状况，直接与公众的日常生活相联系，而其局限性在于消费品只是社会最终产品的一部分，从而不足以全面说明市场物价的变动情况。

3. 批发物价指数

它是以大宗批发交易为对象，按商品的批发价格编制的指数。这一指标的优点是能反映生产资料(工业投入品)和非零售消费品的价格变动情况，从而能较灵敏地反映厂商生产成本的升降状况，缺点是不能反映劳务费用变化情况。

4. 国民生产总值平减指数

该指标是按现行价格计算的国民生产总值与按不变价格计算的国民生产总值的比率，即：

$$\text{国民生产总值平减指数}=\frac{\text{按现行价格计算的国民生产总值}}{\text{按不变价格计算的国民生产总值}}$$

国民生产总值平减指数的优点该指标的优点是其包括的范围广，除消费品、劳务外，还包括生产资料和进出口商品等，因而它能较全面地反映一般物价水平的变动情况。问题是编制国民生产总值平减指数所需的资料搜集比较困难，并且该指标一般一年只统计一次，因而不能迅速地反映一国通货膨胀的程度和走向。

二、通货膨胀的成因及效应

(一) 通货膨胀产生的一般原因

通货膨胀的发生是一个极其复杂的过程。尽管如此，但它产生和发展的原因也不是不可以追溯的。

通货膨胀是纸币流通规律发挥作用的反映。在纸币流通的条件下，通货膨胀有发生的可能性，但没有必然性。通货膨胀的实际发生则要依赖于一系列的社会经济条件，不同国家发生通货膨胀的原因会有所不同，但总存在一些共同性的原因。这可以概括如下：

1. 财政性的过量发行

所谓财政性发行，是指国家为弥补财政赤字或向银行透支而增加的纸币发行。为弥补财政赤字发行的货币，本身没有物资保证，结果使每一货币单位代表的实际价值相应降低，引起货币贬值、物价上涨。而物价上涨又会增加财政支出，进而增加财政赤字，如此循环不已，使通货膨胀日趋严重。一般来说，财政性的过量发行是各国通货膨胀发生的最基本原因。

2. 信用的过度扩张

它既包括以刺激经济发展为目的而过度地扩张信用，也包括因金融当局决策失误而引起的信用扩张。这两者都会增加货币投放，使银行信用提供的货币量超过国民经济的实际需要，从而导致货币贬值、通货膨胀。

3. 需求生产过旺

这种情况在发展中国家时有发生。其主要表现为经济增长的速度赶不上投资和工资增长的速度，使社会总需求超过总供给，从而引起财政赤字和信用膨胀，并进而导致货币的过量发行和形成通货膨胀。特别是固定资产投资膨胀，必然会引起资本市场和商品市场的紧张。因为随着货币资本的不断投入和基本建设项目的上马，大量物资商品会从流通中被抽出，但在相当长的一段时间内这些建设项目不能为社会提供任何商品或劳务，这就容易导致物价上涨和通货贬值的发生。

4. 国际收支长期大量顺差

外贸的大量逆差固然不好，但长期的巨额的外贸顺差也未必是好事。因为当长期、大量的外贸顺差形成巨额外汇储备时，一方面，大量商品从国内市场消失而输出到国外去；另一方面，国家却要为收购出口产品、买进企业出口产品所得的外汇而要增加巨额的货币投放，这必然会造成流通中货币量过多，引起信用膨胀和通货膨胀。

5. 外资的大量流入和进口货物价格上升

这就是所谓“输入性通货膨胀”。国外大量投机资本的输入，使得流入国为收购外汇而发行本国货币，从而引起流通中货币量的增加。此外，进口货物价格上升，费用增加，也会引起国内物价上涨和货币发行量增加。

(二) 通货膨胀的经济效应

通货膨胀对经济生活的影响，按通货膨胀的严重程度及与通货膨胀本身关系的密切程度可概括为以下几方面：

(1) 通货膨胀会引起货币自身的信用危机。

根据货币流通规律可知，纸币本身是没有价值的。它的发行与流通是依赖于人们对纸币的相信程度，依赖于纸币与它所代表的价值是否相适应，也就是纸币本身的信用程度。如果出现通货膨胀，纸币贬值，就是失去人们对纸币的信赖，也就不接受它的流通，转而去寻找其他能充当货币的东西。纸币发行不出去，不能流通，这就是纸币的信用危机。由于货币的发行与流通都是由国家管理和控制的，如果货币出现信用危机，就意味着国家政治经济的不稳定，这是不可忽视的。

(2) 通货膨胀会造成社会财富的不合理分配。

通货膨胀就是货币贬值，物价上涨。对于社会成员和组织单位来说，不论是以货币形式，还是以实物形式取得他们应得到的财富份额，在没有通货膨胀的条件下，不会因为他们所拥有社会财富的形式不同而改变他们财富的多少。在通货膨胀的条件下，以货币形式拥有财富的，其财富肯定要减少；以实物形式保持财富的，其财富就会增加或者减少很慢。对于不同收入阶层来说，通货膨胀会使社会贫富差别拉大。这样，社会财富的不合理分配会给社会造成许多不安定的因素。

(3) 通货膨胀会造成生产萎缩，商品流通不易，消费膨胀，国家调控能力减弱。

在通货膨胀条件下，产品销售收入不能补偿日益增长的成本费用支出。如果要使生产继续维持下去，就得缩小规模，减少产量。在商品流通过程中，越是通货膨胀，人们越是惜售和抢购，大搞囤积居奇，使商品流通不畅，使本来不平衡的市场状况更加不平衡。对消费者来说，宁愿提前消费，而不愿意把钱存起来，这就给从事信贷活动的银行带来了困难，使本已尖锐的存贷矛盾更加激烈。由于货币贬值，物价上涨，国家财政支出增加，会使本已安排平衡的财政收支被破坏，造成国家通过财政对国民经济的调控能力减弱。总之，通货膨胀对生产流通、消费、国民收入分配都会带来严重影响。

通货膨胀对社会经济生活的影响，除以上几个方面外，还会使企业无法正确核算成本费用，无法正确评价企业的经济效益。对于从事外贸活动的企业来说，由于通货膨胀，使出口收购产品成本提高，在竞争激烈的国际市场上，出口企业就会出现收益递减，经营困难。实践证明，通货膨胀会影响到社会经济生活的各个方面。

三、通货膨胀的治理

通货膨胀对经济发展不利，影响社会再生产过程的顺利运行。因此，在发生通货膨胀时，各国政府都要加以治理。治理通货膨胀的一般措施有：

(一) 财政金融紧缩政策

通货膨胀通常总是与货币供应增长过快、总需求膨胀有关，因此，一般都要实行紧缩需求政策措施。紧缩需求的途径主要有二个：财政和银行部门；然后通过这些以影响企业投资支出和居民消费支出。

财政方面采取的紧缩措施不外有以下几种：

(1) 削减财政支出，包括减少军费开支和政府在市场的采购等；

(2) 限制公共事业投资；

(3) 增加赋税，以抑制企业投资和个人消费支出。

总之，紧缩财政支出，提高赋税，一方面是压缩政府支出所形成的需求；另一方面在于抑制企业和个人的需求。

金融方面紧缩措施主要是通过中央银行运用法定存款准备率、再贴现率和公开市场业务三项传统的货币政策手段，收缩贷款规模和货币供应量，以影响投资，压缩总需求。

(二) 管制工资和物价

这通常是为抑制物价上涨较猛的势头而采取的权宜之计。管制工资和物价的措施有两种类型：

(1) 冻结工资和物价，即把工资和物价冻结在某一特定时间的水平上，在一定时期内不允许作任何变动；

(2) 管制工资和物价，即将工资和物价上涨的幅度限制在一定范围内，在一定时期内不允许突破。

在管制的做法上也有两种情况：一是强制性的，政府通过立法程序，规定工资和物价上涨的限度；一是自愿性的，政府通过劝告使劳资双方自愿约束价格和工资的变动。

这种管制措施过去主要用于战争时期和非常局势下，但在平常时期紧急情况下也有采用的。

(三) 实行币制改革

这通常是在经历了严重的通货膨胀后而采取的措施。其做法是废除旧币，发行新币，并制定一些保证新币稳定的措施。其目的是消除原来货币流通混乱的局面，在新的基础上实行稳定；也有的是通过新旧币兑换，附带调节个人之间的收入分配。必须指出，币制改革本身不能保证消除通货膨胀，关键在于能否实施币制改革中规定的各项稳定措施。

此外，针对70年代出现的滞胀现象，西方国家某些学者提出相应的处方，其目的是在紧缩需求的同时，又采用刺激生产的方法增加商品供应。具体措施包括：① 削减政府支出，以压低总需求；② 降低所得税，提高折旧率，以促进投资和生产，增加商品供应；③ 控制货币供应增长率，压缩总需求。

第九章 经济比例、产业结构与协调发展

社会再生产过程和流通过程的统一，反映了国民经济的总体运行和发展状况。了解社会再生产运行和发展规律，对于搞好社会再生产和宏观经济发展具有直接指导意义。本章对社会再生产的比例、结构、增长、发展等问题进行研究，揭示社会再生产运行和发展的规律性，从总体上把握国民经济活动的规律，进而促使国民经济比例合理、结构优化、加快增长、健康发展、提高效益。

★ 第一节 社会再生产及其比例关系 ★

一、社会再生产的类型

社会生产总是连续不断、周而复始进行的，这种不断重复、不断更新的生产过程就是再生产过程。社会再生产有不同类型之分：

（一）简单再生产和扩大再生产

按再生产的规模划分，社会再生产包括简单再生产和扩大再生产两大类。简单再生产是指在原有规模不变的基础上的再生产，扩大再生产是指比原有规模扩大的再生产。判断生产规模是不变还是扩大的标志，可以用生产要素如：资金、生产资料、劳动力是否增大，即投入是否增大来判断；也可以用生产成果，如总产量、总产值是否增大，即产出是否增大来判断。由于投入与产出的变化往往不一致，投入的增加并不一定会带来产出的相应增加，或者相反，投入不变而产出可能增加，所以，我们在判断再生产规模时，不能主要以是否增大投入为标志。社会主义再生产的根本目的是为了获得一定的经济利益，为社会创造出越来越多的物质产品和社会财富，不断满足人民日益增长的物质产品需要，而不是为了从社会拿走更多的资金和财富。纯粹从再生产投入要素的增加来判断再生产规模和变化是没有现实意义的。我们主要应当以生产成果作为判断生产规模是否扩大以及扩大到什么程度的标志。

社会再生产总是在不断扩大的规模上进行的，扩大再生产是社会主义再生产的本质和最基本的形式。但是，扩大再生产同简单再生产存在着密切的联系，在不断推进扩大再生产过程中不可忽视简单再生产。这是因为：第一，在扩大再生产总体中，简单再生产是扩大再生产的一部分，而且是它最重要的部分。因为现有生产规模维持的状况如何，直接影响扩大再生产的规模。第二，简单再生产是扩大再生产的现实出发点和基础。只有在维持原有生产规模和生产能力的前提下，才可能从这个基础出发，使生产规模进一步扩大。这

是因为，用于扩大再生产的剩余产品只能由简单再生产提供。第三，在简单再生产中含有扩大再生产的因素。原有生产能力的维持、更新和利用，往往同生产技术的进步和生产组织的改善联系在一起，这里边蕴含着扩大再生产的潜力，它与积累结合在一起，共同促进再生产规模的扩大。

以上三点对研究社会主义社会再生产问题具有重要意义。特别是在实践上，我们进行扩大再生产必须从原有再生产基础出发，不能脱离原有经济条件，包括总量和结构。因此在组织和实现扩大再生产过程中，必须首先保证原有简单再生产的实现，不能不顾原来简单再生产的正常进行而去片面追求生产规模扩大。这种片面化的结果最终使整个社会再生产结构和比例遭到破坏。在经济建设中必须按照客观经济规律要求，正确处理好简单再生产和扩大再生产的关系。

在现实生活中，一般地说，基本建设、新建、扩建都属于扩大再生产，而维持当前生产、更新改造、维修、辅机配件等则属于简单再生产。当然，这种划分不是绝对的，实际经济活动中往往是简单再生产和扩大再生产相互渗透，兼而有之。

根据马克思关于简单再生产与扩大再生产的相互关系的原理，在实际经济活动中处理二者关系时，必须坚持先简单再生产后扩大再生产的原则。要先安排当前生产，后安排基本建设，当物质资源不充裕时，生产经营需要与基本建设需要之间发生矛盾时，应当首先保证现行生产的正常需要，然后再供应基本建设，基本建设不能排挤现行生产所需的物资，不能损害现行生产；先安排更新改造和设备维修，后安排新建和设备制造；如果生产资料资源紧张，不能同时充分满足多方面的需要时，在零配件和主机的生产中，应先保证零配件生产的需要，然后再供应主机。只有这样，扩大再生产才能获得坚实的基础和切实的保证。

(二) 外延扩大再生产与内含扩大再生产

扩大再生产按其实现的方式，可分为外延的扩大再生产和内含的扩大再生产。外延的扩大再生产是指在生产技术、劳动效率和生产要素的数量，以及扩大生产场所或生产空间而引起的生产规模的扩大。内含的扩大再生产是依靠生产技术的进步、生产要素质量的改善，以及劳动效率和生产效率的提高而引起的生产规模的扩大。外延的扩大再生产是以向生产的广度发展为特征的，通常称之为“粗放”的扩大再生产。内含的扩大再生产是以向生产的深度、集约化方向发展为特征的，故而称之为“集约化”的扩大再生产。

在社会再生产的整个过程中，外延的扩大再生产和内含的扩大再生产往往是交织在一起的。在进行外延的扩大再生产时，一般伴随着生产技术的改进、使用更先进的机器设备、社会总劳动分配的进一步深化、生产的专业和联合化的进一步加深。而在进行内含的扩大再生产时，一般也同时扩建或新建企业，伴随着资金、劳动力和生产资料的增加引起的生产场所的扩大。在任何国家，在其发展的各个不同阶段，扩大再生产都不可能单纯采取某一种类型来实现，都是两种类型同时并存、互为补充，不过在不同的发展阶段要以某一种类型为主要形式，一般说来，一个国家在其工业化初期，生产技术水平较低，产业结构简单的条件下，以外延扩大再生产为主要形式；而在工业化有了相当水平，科学技术迅速发展，产业结构达到一定高度的条件下，则内含扩大再生产所占比重会随之不断提高。近代各国经济发展的历史表明，扩大再生产从外延扩大再生产为主转向以内含扩大再生产为主是一种客观趋势。

我国社会主义建设初期，经济落后，产业结构残缺不全，经济布局严重畸形，为了建成独立自主的完整的国民经济体系，需要进行大批的重大建设项目，并借此合理安排全国的生产力布局，以迅速增强综合国力。在此背景下，我们在相当长的时间内走的是一条以外延为主的扩大再生产道路。经过六十多年的建设，国民经济已经有了相当的基础，建成了门类比较齐全的独立的现代工业体系。但是，我国现有企业的技术装备许多已显得陈旧，劳动者素质较低，资源浪费严重，生产效率低、效益差。因此，今后我国经济发展主要应以内含扩大再生产为主，把重点转移到现代新技术对已有企业的装备进行更新改造，提高它们的现代化水平，取得更高的生产效率和效益。在我国资源约束日益加剧的条件下，如果仍以外延扩大再生产为主，必然难以实现高质量的经济增长，更难以提高人民的实际收入水平。当然，这种以内含为主的扩大再生产，并不排斥为了建立新兴部门，或者为了克服国民经济的“瓶颈”环节，或者为了合理调整生产力布局，而必须安排的外延扩大再生产的重点建设。

二、社会再生产中的主要比例关系

社会再生产各个部门之间、各地区之间、各环节之间是互相联系的，这种联系的数量表现就是社会再生产的比例关系。在现实生活中，为了使扩大再生产能够顺利进行，就必须正确处理再生产过程的一系列比例关系。社会再生产过程中存在许多错综复杂的比例关系，其中重要的比例关系有以下几个方面：

（一）农业、轻工业、重工业之间的比例关系

根据马克思的再生产原理，社会生产分为生产资料生产(即第I部类)和消费资料生产(即第II部类)，只有保持两大部类比例关系的协调，社会再生产才能顺利地进行。社会再生产两大部类的具体化，就是国民经济中物质生产的各个具体部门。在我国现阶段，农业和轻工业的产品，主要用于生活消费，二者基本上属于第II部类。重工业的产品，主要用于生产消费，基本上属于第I部类，因此，农业、轻工业、重工业之间的比例关系处理好了，就可以基本上保持两大部类之间的平衡。因此，要顺利实现社会再生产，就必须主要安排好农业、轻工业和重工业之间的比例关系。

合理的农业、轻工业和重工业比例关系的标准，应当是能够保证农、轻、重互相协调、共同发展，保证国民收入稳定增长和人民消费水平的不断提高。合理安排农业、轻工业、重工业之间的比例关系，要做到：第一，工业发展的速度和规模同农业发展水平相适应；第二，重工业的生产结构同农业、轻工业的发展需要相适应；第三，以农、轻、重为序分配物力、财力和人力；第四，安排好农业内部和工业内部的比例关系。

（二）积累和消费之间的比例关系

积累和消费之间的比例关系是国民经济发展中的一个最重要的综合性的比例关系。这是因为：这一比例体现了劳动者的长远利益和当前利益、整体利益和个人利益的关系；决定着一定时期内人民生活改善程度和国家建设的规模；直接涉及社会再生产的各个环节，

同国民经济的其他重要比例关系有着密切的关系。这一比例关系安排恰当与否，对于社会生产的扩大和人民生活水平的提高，对于社会生产和社会需要之间的平衡，关系极大。实践证明，积累和消费的比例是国民经济的根本比例之一。

确定积累和消费之间的比例关系，必须从我国的基本国情和国力出发，遵循社会主义经济发展的客观规律，保证社会经济发展战略目标的实现。在具体确定这一比例时：应当在生产发展和劳动生产率提高的基础上首先安排好消费，保证人民生活逐步有所改善，然后根据国家建设的需要和国力的可能，安排好积累；在国民收入总供给同积累和消费的总需求之间进行综合平衡，使积累基金同国家建设的需要相适应，使消费基金同人民生活的改善相适应。

(三) 当前生产和基本建设的比例关系

这个比例关系实际上是简单再生产和扩大再生产的关系。当前生产主要是在原有设备基础上所进行的生产，是扩大再生产的基础和出发点；基本建设是指固定资产的建筑、添置和安装，是为扩大再生产建立物质基础的。

当前生产和基本建设之间互为条件、互相制约。基建的发展有利于再生产的扩大，生产的发展为基建的发展提供物质基础；一定时间内一个国家的人力、物力、财力是有限的，当前生产如果消耗过多，存在浪费，就会影响基建的发展；反之，基建战线过长，也会不利于当前生产进行。基建的项目、规模和速度都应根据生产的需要和可能来确定。因此，在安排这些比例时，要从人力、物力、财力的实际可能出发，首先应满足当前生产的需要，然后再根据实际需要的可能，适当地安排基本建设的发展规模，使它同当前生产的发展相适应。

(四) 生产力的合理布局

任何生产都是在一定的区域内进行的，生产力地域空间上的合理布局，是提高宏观经济效益的基本要求和基本条件。只有合理布局生产力，才有利于发挥各个地区的经济优势，实现区域生产力的合理分工，形成有效率的交换体系，获得良好的比较利益，实现全国经济的共同繁荣。我国地域广阔，各地条件差异很大，经济发展不平衡。应当在国家统一规划指导下，按照因地制宜、合理分工、各展所长、优势互补、共同发展的原则，促进地区经济合理布局和健康发展。

(五) 生产增长与人口增长的比例关系

人口再生产是社会再生产的重要内容。人口生产对社会经济发展的影响作用，既表现为可能促进社会经济的发展，也表现为可能延缓社会经济的发展。当人口增长不适当时，将会对社会经济发展起延缓的作用。像我国这样的国家，经济底子薄，正处于人口增长较快时期，人口过多。人口增长过快就会给人民生活、劳动就业、教育、医疗卫生、交通、公用事业以及生产建设和资源供应等带来很大困难，对社会经济发展产生十分不利的影响。在处理物质资料生产与人口生产的比例关系时，一方面要大力发展物质资料的再生产，不断增大社会财富规模；另一方面坚持贯彻执行控制人口增长的基本国策，对人口再生产进行计划指导、调节、控制，必须确保既定的人口控制目标，坚持优生优育，提高人口质量，使人口和劳动力的再生产数量和质量同物质资料再生产的数量和质量相互适应。

社会主义再生产中的重要比例关系，除了上面列举的之外，还有工农业生产与交通运输业、流通业的比例关系，基础工业和加工工业的比例关系，经济建设与科学、文化教育建设之间的比例关系，经济建设与国防建设的比例关系，商品可供量与社会购买之间的比例关系等等，这些都是在社会再生产中必须注意处理好的。

★ 第二节　社会总产品和国民收入 ★

一、社会总产品、国民收入和国民生产总值

社会总产品、国民收入和国民生产总值，都是衡量社会再生产总体规模和总体水平的总量指标。

(一) 社会总产品

社会总产品是社会各个物质生产部门、分部门和行业的所有企业的劳动者在一定时间内(一般为一年)所生产的全部物质资料的总和。

在商品经济条件下，社会总产品表现为两种形式：实物形式和价值形式。从实物形式看，是指当年所生产出来的生产资料和消费资料的总和。从价值形式看，表现为社会总产值(TPS)，即指当年生产过程中已经消耗并转移到新产品中的生产资料的价值和新创造的价值的总和。社会总产品和社会总产值指标具有独特的作用，能够最全面地反映社会生产总体规模和总水平，反映各物质生产部门之间的经济联系和比例关系。所以它是进行投入产出分析，研究社会再生产比例关系的出发点，也是计算和分析其他总量指标的基础。

社会总产品的两种表现形成是统一的。在其他条件不变的情况下，社会总产品的增加引起社会总产值的相应增加。在劳动生产率不断提高的条件下，随着社会总产品实物形态的增加，按不变价格计算的社会总产量也会表现为更大的货币量，当然，由于重复计算等因素，社会总产值与社会总产品在数量上并非完全相等。

(二) 国民收入

国民收入是社会总产品的一部分，是物质生产部门的劳动者本期(通常为一年)生产的全部净产品。

国民收入有两种表现形式：从实物形式看，它是社会总产品中扣除用于补偿已消耗掉的生产资料以后，所剩下的生产资料和当年新生产出来的全部消费资料；从价值形态看，它是物质生产部门的劳动者当年新创造的价值。

国民收入综合反映国民经济各物质生产部门在新创造价值中的比例关系；国民收入代表一定时期社会新创造的物质财富，所以能综合反映经济发展水平和扩大再生产的规模；人均国民收入的高低，基本上反映了这个国家经济的发展水平，并在一定程度上反映人民生活的富裕程度。对于社会主义国家来说，国民收入的增长是增加积累和提高人民消费的决定性因素。国民收入问题指标的重要作用，决定了它是衡量国民经济发展状况的主要指标。

(三) 国民生产总值

国民生产总值是指一国在一定时间(通常是一年)内所生产的最终产品和劳务的市场价值的总和。通常是由国民经济各物质生产部门的净产值、固定资产的折旧额、非物质生产部门的纯收入的三部分组成。这是西方国民经济核算体系中的主体总量指标，相当于我国的国民收入加上全国固定资产折旧费和各个不创造国民收入的服务部门的收入总和。一些资本主义国家和发展中国家通常以这个指标来综合全国经济活动的总成果。国民生产总值能够比较真实、全面、准确地反映一国在一定时期里的经济发展水平，所以，近年来我国采用这个总量指标，同时也便于同西方国家经济进行综合的比较。

用国民生产总值作为考核经济发展速度和水平的意义在于：第一，能把三大产业的水平和劳动成果全面反映出来，有利于加快第三产业的发展；第二，有利于促进我国经济结构的合理化，实现我国经济的协调发展；第三，便于同西方国家进行国际经济对比。所以，我国目前除采用国民收入指标外，也开始采用国民生产总值指标。但是应当注意，在国内计算和进行国际比较时，二者的计算口径有所不同。

二、国民收入的生产和增长

(一) 国民收入的生产

国民收入是由物质生产部门的劳动者创造的。我国物质生产部门包括：工业、农业、建筑业、货物运输业、直接为生产服务的科学研究事业和邮电业、作为生产过程在流通领域中继续的那部分商业(如产品的包装、保管、加工和运输部门)以及公共饮食业等。

国民收入来源于各物质生产部门。社会主义国民收入的生产结构是逐步变动的，其变动具有一定的规律性。在正常情况下，国民收入部门结构的变动具有以下趋势：

(1) 随着社会主义工业化的发展，工业逐步成为最大的物质生产部门，在一个较长的时期内，工业净产值的增长速度高于其他各部门的增长速度，工业净产值在国民收入的比重是逐步提高的。整个国民收入的增长速度越来越接近并主要取决于工业净产值的增长速度。当工业比较发达、国民经济实现现代化之后，工业净产值在国民收入中所占比重可能呈现稳定状态，工业净产值年均增长速度可能有一定的下降，这在一定时期内对国民收入年平均增长速度会有一定的影响。

(2) 农业在国民收入中所占比重在一定时期内呈下降趋势，这反映了农业劳动生产率的不断提高。农业的比重下降到一定程度时，将会趋于稳定。

(3) 随着经济现代化的发展，建筑业和运输业所创造的净产值大大超过农业，也超过工业，因而在国民收入中所占比重略呈上升趋势。

(4) 随着产业结构和商品经济的发展，生产社会化程度的提高，商业和服务业占国民收入的比重在起伏过程中呈上升的趋势。

(二) 影响国民收入增长的因素

国民收入生产的主要指标是国民收入生产总额、国民收入增长额、国民收入增长速度和按人口平均的国民收入额等。国民收入的增长(包括价值量和使用价值量的增长)取决于许多因素，是由政治的、经济的和技术的各方面的因素综合起作用所决定的，可归结为以下三方面：

1. 劳动生产率的提高

在生产过程中，通过采用先进的科学技术、提高劳动者的素质、改善经营管理、改进劳动组织等方法，提高劳动生产率，使同量的劳动投入比过去生产出更多的产品，或者生产同量产品比过去消耗较少的劳动，从而使实物形式或以不变价格计算的国民收入总量增长。不断提高劳动生产率，是增加国民收入的主要途径。

2. 物质资料生产部门劳动量的增加

国民收入是由物质生产部门劳动者创造的，因而在生产技术和劳动生产率既定的条件下，随着投入生产领域的劳动量的增加，创造的新价值就越多，从而国民收入就相应增长。但是也应看到，通过增加劳动量(即劳动者人数)来增加的国民收入不可能使人均国民收入相应增长。

3. 生产资料消耗的节约

在社会总产品中，生产资料的补偿数量同国民收入数量成反比。在保证产品质量的前提下，节约生产资料消耗，意味着用同量的生产资料可以生产出更多的产品；或用同量的生产资料吸收更多的劳动，从而增加国民收入。所以，厉行节约是增长国民收入的重要途径。节约生产资料的基本方法是：降低产品中原材料和燃料能源的消耗，提高固定资产的利用率，开展各种资源的综合利用等。

以上各个因素是相互联系、互相制约的，一个因素的作用必须有其他因素的配合，才能对国民收入的增长起到有效的作用。因此，促进国民收入的增长必须注重各种因素的系统作用。

(三) 国民收入增长速度的测算

国民收入的增长速度决定着社会扩大再生产的速度和居民生活水平的提高幅度，反映劳动的消耗量、劳动生产率和物质消耗量的变动，也反映成本、利润率和生产性积累的变化。合理的国民收入增长速度，应当是产量的增加、产品质量的提高和物质消耗的节约等方面的完满结合。

国民收入的增长速度是反映国民经济发展状况的重要指标，测算国民收入的增长速度可用以下方法：

1. 指数法

根据影响国民收入的因素的指数来测算国民收入增长指数，测算公式如下：

国民收入指数 = 活劳动消耗指数 × 劳动生产率指数 × 单位产值中净产值比重指数

2. 系数法

这是从积累和积累效果两个方面测算国民收入增长速度的方法，公式如下：

$$国民收入增长速度=\frac{积累额}{国民收入总额}\times\frac{国民收入增长额}{积累额}=积累率\times积累效果$$

积累效果即单位积累提供的国民收入增长额，积累效果越高，表明积累所提供的国民收入增长额越多。

三、国民收入的分配和使用

（一）国民收入分配的性质

国民收入分配是指物质生产部门的劳动者一定时期内新创造的价值总和在社会成员或社会集团之间分配的过程。分配关系是生产关系的一个方面，在不同的社会制度下，国民收入分配体现了不同的生产关系，具有不同的社会性质。资本主义国民收入分配关系反映了资产阶级对无产阶级的剥削关系，社会主义条件下的国民收入分配关系反映了劳动者之间根本利益一致的社会主义生产关系。国民收入的分配根本上取决于生产方式的状况和生产力水平的高低，依赖于生产资料所有制形式及相应的经济管理体制，还受到上层建筑和社会意识形态的制约和影响。同时，国民收入的分配对社会生产力、生产资料所有制形式、经济管理体制以及上层建筑等方面具有强大的反作用，可以促进或延缓它们的发展。

（二）国民收入的初次分配

国民收入的初次分配是在创造国民收入的物质生产领域内进行的，所分配的是企业的净产值，通过初次分配得到的收入是原始收入。

在我国，由于多种所有制并存，不同所有制的生产性企业以不同的形式进行国民收入的初次分配：

(1) 全民所有制企业的净产值在初次分配中分解为三个部分：以税金和利润的形式上缴国家，形成国家集中的纯收入；以企业留利的形式形成企业的收入；以工资等劳动报酬的形式形成职工的个人收入。

(2) 城镇集体所有制企业的净产值的初次分配分解为四个部分：向国家交纳税金；企业留利；职工个人收入；以合作基金形式上交主管部门。

(3) 农村集体所有制经济在实行家庭承包的情况下，农户的净产值在初次分配中分解为三个部分：向国家交纳税金；以集体提留形式形成公积金和公益金；农民个人收入。

(4) 个体户的净产值在初次分配中主要分解为两个部分：向国家交税费；个体户自身收入。

(5) 私营企业的净产值在初次分配中分解为三个部分：向国家纳税；雇工工资；企业主收入。有的私营企业还留一部分净产值作为企业的公积金。

国民收入经过初次分配形成三种原始收入，即国有集中的纯收入、企业基金和生产者个人收入，从而使物质生产部门的经济活动和劳动者的生活得到保障。

在国民收入的初次分配中，关键是正确处理两个关系：一是要正确处理必要产品和剩余产品的关系；二是国家、企业与个人的关系。应当根据社会再生产顺利发展和微观搞活、宏观有效调控的需要处理好上述两个关系。

(三) 国民收入的再分配

国民收入的再分配是在初次分配的基础上，在整个社会范围内进行的分配。通过国民收入的再分配，不直接参加物质生产的社会成员或社会集团，从初次分配的社会成员或社会集团的原始收入获得自己的收入。通过再分配得到的收入，称为派生收入。

在社会主义制度下，国民收入再分配的必要性主要是：

(1) 各个物质生产部门要按照社会需要调整其规模和速度，还要建立和发展新的生产部门和生产基地。为使各个物质生产部门按照社会需要协调发展，需对各个物质生产部门创造的国民收入再分配，促进产业结构、地区结构、企业结构的合理化。

(2) 为了保证非物质生产部门所必需的物质资料，以及这些部门和行业的劳动者及其家属所需的物质资料。

(3) 为了充分利用社会闲散资金和居民货币储蓄，促进社会经济更快发展。

(4) 为了调节各居民集团的收入水平和消费水平，实现公平和效率的兼顾。在社会主义制度下，年老丧失劳动能力的公民、残废者、孤儿等的赡养和教育方面的需要，必须由社会加以保障。

(5) 随着经济体制的改革和劳动力的形成，必然出现劳动者的大量流动，出现一部分失业或待业者，在这种情况下，为了保证社会的安定，必须以社会救济的形式来满足失业者的最基本生活需要。

(6) 为了应付意外事故和自然灾害，必须建立必要的后备基金。

(7) 随着对外开放的发展，我国经济的开放度将更加提高，在对外的经济交流中，借入的资金，借出的资金以及本息的偿付，都要经过国民收入再分配，至少影响国民收入再分配。尤其借款高峰或还债高峰时期，国际因素将显著地影响国民收入再分配。

社会主义国民收入再分配的主要渠道是：

(1) 国家预算。国家预算是国家把一部分收入集中起来，用于各种需要，从财政方面保证实现国家职能的一个工具。国家预算分为预算收入和预算支出。国家通过预算收入，把各部门以税金和利润形式上缴的纯收入集中起来，然后通过预算支出分配到各个部门，作为经济建设费、文教卫生科研费、国防建设费、行政管理费、国家储备费和对外援助基金等。通过预算支出，促进经济建设和社会文化、教育、科学、卫生、国防等事业的发展和人民生活的改善。

(2) 劳务活动收费。服务行业的劳动者通过劳务活动，为人民生活需要服务，而享受劳务的个人以自己收入中的一部分支付费用。这些费用形成服务行业的收入。这些收入，一部分以工资形式成为服务性行业劳动者个人收入，一部分留企业基金，一部分以税金形式上交国家。

(3) 各种经济杠杆。价格、利息、信贷、保险费等都是国民收入再分配的工具。通过价格变动，调节各方面的收入，使国民收入在国家、集体和个人之间进行转移。存贷款及利息，则主要是国民收入在银行、企业和个人之间的再分配，其中存贷款只是暂时进行再分配。保险公司通过保险费这种国民收入再分配的工具，将弥补个别单位和个别人的损失转归社会负担。

国民收入经过初次分配和再分配，最后形成生产单位、非生产单位和居民的最终收入。

生产单位的最终收入 = 初次收入 + 再分配收入 – 再分配支出

非生产单位的最终收入 = 再分配收入 – 再分配支出

居民的最终收入 = 初次收入+再分配收入 – 再分配支出

(四) 国民收入的使用

国民收入经过初次分配和再分配形成最终收入，按其最终用途，可以分为积累基金和消费基金两大部分，其构成和具体用途如下表所示：

- 国民收入
  - 积累基金
    - 扩大生产基金：用于国家和企业的生产性基本建设和增加企业的流动
    - 非生产性基本建设基金：用于文教卫生部门、国家行政和国防部门的基本建设及物质生产部门的非生产性基本建设
    - 社会后备基金：国家、企业、事业单位用于应付意外事变、自然灾害的物资储备
  - 消费基金
    - 国家管理基金：用于国家行政管理和国防方面的支出
    - 文教卫生基金：国家和企业用于文化、教育卫生事业方面的支出
    - 社会保证基金：国家和企业用于社会救济和社会福利方面的支出
    - (以上支出中均包括各该部门工作者的劳动报酬基金)
    - 生产工作者劳动报酬基金

1. 社会主义积累与消费关系的性质

积累基金主要用来扩大社会生产，增加非生产性固定资产和消费品储备。消费基金主要用来满足居民个人需要和社会集体需要。在国民收入使用额中，积累基金和消费基金所占比重大小，就是积累和消费的比例关系。积累和消费的比例关系是国民经济中一个十分重要的比例。这是因为：① 这一比例体现了劳动者的长远利益和目前利益，整体利益和个人利益的关系。从根本上说，二者是统一的，都是为人民谋利益的。积累基金主要用于扩大再生产，是为了不断提高人民生活创造物质条件，利于人民生活在将来的改善，消费基金用于个人消费和社会消费，则保证劳动力再生产和人民生活的需要，利于发挥劳动群众的积极性和生产的发展，从而为积累基金在今后的增加提供了可能。但是，积累与消费之间又存在矛盾。在一定时期国民收入的量是一定的，积累与消费的相互促进作用的体现都需要一个过程，都不可能立即见效，积累中的部分基建投资，特别是重工业投资又不可能

直接为消费者提供消费资料。因此，在国民收入总额中，积累多了，消费就少；消费多了，积累就少；两者相互消长。从根本上讲，这种矛盾是可以通过合理的调节得到解决的，不存在对抗性。但是在一定时期内二者的矛盾总是现实存在的，所以正确安排积累和消费的比例就极为重要。② 积累和消费的比例同国民经济的其他重要比例的关系。一方面，它依存于国民经济的其他重要比例关系，如生产资料生产和生活资料生产的比例关系，工业和农业的比例关系，必要产品和剩余产品的比例关系等等；另一方面，它又极大地影响着其他重要比例关系的形成和变化。因此，如何安排好积累和消费的比例关系，对于社会主义生产的扩大和人民生活水平的提高，对于社会生产和社会需要之间的平衡，对于国民经济持续地、较高速度地、协调地发展具有重要意义。

2. 正确处理积累和消费关系的原则

根据马克思主义再生产原理和我国经济建设的实践，正确处理积累和消费关系，必须坚持以下基本原则：

(1) 必须坚持“统筹兼顾”的原则，在生产发展和国民收入增加的基础上，使积累基金和消费基金都有所增长。在进行国民收入分配时，首先要安排好人民生活，尽量使按人口平均计算的消费水平逐年有所提高。同时，使积累基金也能得到适当地增长，保证社会再生产规模的扩大。对于我们这样的发展中国家，为了尽快摆脱贫困，实现工业化、现代化，尽量多积累一些，保持比较高的积累率是必要的。当然，积累基金和消费基金的总额不能超过国民收入的使用额，否则会造成财政赤字，影响市场物价和整个国民经济的稳定、协调发展。

(2) 必须坚持积累基金和消费基金的比例与国民收入的实物构成基本相适应。积累基金主要用于扩大再生产和非生产基本建设，必须和社会提供的可追加的生产资料的数量相适应，如果安排过多，生产资料不充足，就会造成原材料供应紧张和停工待料现象；如果过少，又会发生生产资料供过于求，造成生产资料的部分积压和浪费。消费基金主要用于劳动者个人消费和集体消费，必须和社会所生产的消费资料的数量相适应。如果安排过多，消费资料供应不足，就会造成消费品短缺，供给小于需求，引起物价上涨和人民生活不安定，人民生活得不到应有改善，造成社会劳动浪费。总之，积累基金和消费基金的安排与其实物相扭曲，必然造成经济结构失衡，产业结构不合理，进而造成社会总供给和总需求的结构性失衡。

(3) 要安排好积累基金和消费基金内部各种比例关系。在积累基金内部：一要处理好生产性积累和非生产性积累之间的比例关系，在保证生产性积累为主的同时，相应增加非生产性积累之问的比例关系，特别是其中的文化、教育、卫生、商业和城市住宅等投资；二要处理好生产性积累和非生产性积累内部各产业部门之间的分配使用比例，要根据我国社会经济发展现状及今后发展趋势进行统筹安排。在消费基金内部：一要处理好个人消费和社会消费的比例关系，社会消费中用于文化、教育、卫生、体育等方面的比重应逐步增加，国防和行政管理基金应逐步呈下降趋势。保证基金也应有所增加，在人均国民收入水平较低的情况下，社会消费不能占过大比例，必须保证个人消费水平逐年提高；二是要处理好个人积累基金与个人消费基金的比例。随着个人收入的增长，个人积累将会增长，要鼓励个人积累，并形成各种途径，吸引个人积累转化为社会积累，以此增大社会投资，促进社会经济的更快发展。

我国经济建设和国民收入分配使用的经验教训说明，只有使积累和消费比例适当，才能实现国民经济的均衡发展，实现产业结构的合理化，实现良好的国民经济效益，加快国民收入的增长；积累和消费的比例不是固定不变的，但不应当急剧的、大幅度的变动。特别应保持适当的积累率，否则必然导致宏观经济失调，周期性地剧烈波动，进而降低国民收入的实际增长速度；消费基金应随生产发展和国民收入的增长不断增加，以调动劳动者的生产积极性，增加国民收入，但是应防止个人消费脱离劳动生产率增长限度的过度膨胀，对于我们这样的发展中国家更为重要；在生产力水平较低、人口不断增长的同时，积累基金的增长受到了限制，必须注重提高积累效果。

★ 第三节　产业结构 ★

一、产业结构及其发展的一般趋势

(一) 产业结构及其分类

社会生产门类的划分形成产业结构，产业结构是指各个产业部门之间和每个产业部门内部的构成，以及它们之间存在的相互联系、相互制约和互为条件的关系。简言之，就是指各个产业部门之间的质的组合和量的比例。

国民经济组成部门的科学分类有以下几种：

(1) 以马克思主义关于物质生产劳动和社会再生产理论为基础的两大部类分类；

(2) 农业、轻工业、重工业分类；

(3) 三次产业分类。其中三次产业分类法较之前两种分类法更具有全面性、权威性、实际性和国际可比性。

但是，这种分类法的不足之处也不可忽视，主要表现为：理论上未能划清生产性和非生产性劳动的界限；在实际分类中，第三产业的范围也较庞杂。因此，我们在接受这种分类方法时，应不断地加以完善。

参照西方三次产业的分类法，结合我国的具体情况，根据国务院和国家统计局的规定，我国产业结构的三次产业如下：第一次产业：农、林、渔；第二次产业：工业。其中包括：采掘业、制造业、自来水、电力、蒸气、建筑业；第三次产业分为两大部分：一是流通部门，二是服务部门。具体又可分为四个层次：第一层次是流通部门，包括交通运输业、邮电通讯业、商业、饮食业、物资供销和仓储业；第二层次是为生产和生活服务的部门，包括金融、保险业、地质普查业、房地产、公用事业、居民服务业、旅游业、咨询信息服务业、各类技术服务业；第三层次是为提高科学文化水平和居民素质服务的部门，包括教育、文化、广播电视事业、科学研究事业、卫生及社会福利事业；第四层次是为社会公共需要服务的部门，包括国家机关、党政机关、社会团体以及军队和警察。由于三次产业分类法具有广泛的实用性，本节以三次产业划分研究产业结构。

(二) 产业结构发展变化的一般趋势

任何一个国家的产业结构，都是在国民经济长期发展过程中形成的，是由该国的社会经济条件、科学技术和自然条件决定的。但是，上述国情和具体条件的差异并不能改变各国产业结构发展变化的共同规律和一般趋势。从西方发达国家和我国产业结构发展的进程看，产业结构的变动趋势表现为：随着科学技术的进步，社会生产力的发展和经济社会化程度的不断提高，农业、工业、流通和服务业(相当于第一、第二、第三次产业)在国民经济中所占比重，有一个以农业占最大比重，转向以工业占最大比重，再转向以流通和服务业占最大比重的转变过程。这是产业结构不断进步的一个重要标志。这种转变过程可从三次产业在国民生产总值和劳动力就业量中所占比重的变化得以说明。如 1960 年美国、日本、韩国等国的三大产业产值在国民生产总值中的比重分别为：4∶37∶59、13∶42∶45、37∶20∶43；到 1986 年分别改变为：2∶20∶68、3∶37∶60、12∶42∶46；上述国家三大产业的就业人数占就业总人数的比重变化为：1960 年：8.3∶31.0∶60.7、32.5∶27.8∶39.7、72.0∶2.6∶24.4；到 1966 年改变为：3.1∶26.6∶70.3、8.5∶33.9∶57.6、23.6∶21.6∶44.8。

二、影响产业结构变化的主要因素

产业结构的发展变化，是许多经济和非经济的因素综合作用的结果。几乎可以说，一切影响经济发展的因素，都直接或间接地作用于产业结构，推进或制约产业结构的发展变化。按照诸因素对产业结构的作用和相互关系，可以把它们划分为两个类别，即内在因素和外在因素。

(一) 影响产业结构变化的内在因素

内在因素包括国民经济发展水平、技术变动、资源条件等因素。

1. 国民经济发展水平

国民经济发展水平与产业结构是相互影响、相互制约的。产业结构对国民经济发展水平的影响主要表现在：不同的产业结构会使国民经济出现不同程度的增长。反过来，一定时期的国民经济发展目标，对于产业结构也有相应的要求，并通过投资等其他更为直接的手段影响产业结构的变化。一定的国民经济水平下可供支配的劳务和财富总量是一定的，分配给各个产业部门的投资是有限的。而不同的产业结构对投资及生产资料需求的量和质是不同的，所以，产业结构的调整或变化不可能超越相应的国民经济发展水平所能提供的物质条件，必然要受到一定时期的国民财富和劳务总水平的限制。

2. 资源条件

资源条件包括资源的分布、资源的质量、数量和结构。产业结构的立足点之一是以产品成本允许的价格所能获得的资源。由于资源条件不同，对一国有利的产业结构，对另一国未必同样有利，通过技术进步等影响产业结构的因素，可以降低资源条件对产业结构的制约和影响。随着科学技术的发展，资源结构等条件对技术先进国的制约和影响会越来越小。但是，这种影响永远不会被彻底消除。

3. 技术变动

技术变动主要指技术结构变化和技术进步。技术变动，特别是技术进步在影响产业结构变化的因素中居主导地位。技术结构的变化是由于新技术的产生、技术水平的提高以及技术向专门化和综合化发展的技术现代化过程。技术进步本身就会引起技术结构的变化。技术进步为产业部门提供新的有效地生产经营手段，使技术进步快的产业部门形成扩张机制。一方面，部分产业扩张或各个产业以不同的速度扩张，将导致产业结构的变化；另一方面，新的技术体系的出现会导致产业结构的变化，新的技术体系的出现会导致新兴产业的诞生，或同时伴随落后产业的淘汰。这种由于技术进步导致的不同产业的扩张或收缩，必然带来产业结构的改组。

(二) 影响产业结构变化的外在因素

外在因素包括市场需求、经济政策、投资结构、劳动力流向、国际经济关系等因素。

1. 市场需求

市场需求是产业存在的前提，同时由于市场需求结构改组的变化，直接推动或抑制不同产业部门的发展速度，进而引起产业结构的改组和变化。中间需求和最终需求的比例决定了生产中间产品和生产最终产品的产业比例关系；个人消费结构的变化，必然引起消费资料产业构成的变化，而且还影响整个国家的产业结构。

2. 经济政策

经济政策体现的国家和政府关于经济活动的意志，它通过经济杠杆和行政手段来鼓励和限制某些产业的发展。有些经济政策具有诱导性，它给某些产业提供了难得的政策条件，会诱导它们的发展和成长；有些政策具有强制性，它强制一些产业扩张或收缩；也有些政策同时具有诱导性和强制性。经济政策不仅具有强烈的波及效果，不仅可以直接扶持或限制某些产业的发展，而且能够左右绝大多数影响产业结构的因素，间接地影响产业结构。在产业结构转换和高级化过程中的某些时间，政府的经济政策影响能够最充分地表现出来。

3. 投资结构

投资是产业生成和扩张的基本前提。投资在各产业部门的分布是改变已有结构的直接原因，对某些产业的连续的大规模的投资，必然引起这些产业的迅速崛起，而那些获得投资较少的产业势必发展缓慢。各个产业得到不同的发展条件，各个产业结构就会有不同发展速度，必然会使既有的产业结构发生变动，一般地说，投资结构的变化，是和整个需求结构的变化一致的，同时，还受到生产工艺、生产技术以及资本有机构成的变化的影响。

4. 劳动力流动

一般来说，劳动力是产业发展的基本要素。在劳动力流动条件下，劳动力流向哪个产业，哪个产业就得到发展，而且不同质量的劳动结构，会引起原有产业发生结构变化，引起某些新兴产业的成长和扩张。所以，在一般情况下，发展快的产业会吸收更多的符合质量要求的劳动力，进而引起整个产业结构变化。

5. 国际经济关系

随着我国经济国际化的加深，外贸的提高，进出口贸易的规模结构和速度的变化，必然会引起或压抑国内某些产业部门的扩张或收缩。特别是资本、技术、人才和劳动力在国际间的移动，无论对出口国还是进口国的产业结构都会发生影响。

除上述因素之外，一个国家的历史、政治、文化、社会的各种情况和传统也会影响产业结构。

所有因素都不是在孤立存在中产生作用的，这些因素可能互相促进、互相制约以至相互抵触，综合地影响和决定着现有产业结构以及其他的变化和发展。

三、产业结构的合理化与产业政策

（一）产业结构的合理化

建立合理的产业结构是实现国民经济持续、稳定、协调、健康、高速、高效发展的需要，是不断满足市场需求的要求，也是社会主义国家独立自主地从事建设的重要保证。产业结构的合理化一般是指在国民经济整体效益最优的目标下，根据本国资源、经济发展阶段、科学技术水平、人口素质以及国际经济关系等因素，实现生产要素的合理配置、各产业间的协调发展。产业结构的合理化是一个相对的概念，在不同国家的不同经济阶段，其合理化的标准有所不同。

虽然相对不同国家和不同国家的不同经济发展阶段，合理化标准不可能相同，但是产业结构的合理化毕竟有它共同的基本标志，即：① 能够满足有效需求，并与需求结构相适应，以实现国民经济的均衡发展；② 有显著的结构效益，能够实现投入转换效率的优化和产出效益的最大化；③ 要适合本国国情和获得国际经济比较利益的要求，合理配置资源并得到有效利用；④ 各产业间能相互衔接，紧密配合、协调配合、协调发展；⑤ 能吸收先进技术，有利于技术进步，并不失时机地实现结构转换和逐步高级化。

（二）产业政策

产业政策，是指国家依据国民经济的现状和发展规划而制订的指导、协调、促进或限制各产业发展的一系列政策。产业政策是国民经济发展战略、策略的具体化，对各产业内部的行业发展战略、策略的确定和实施具有指导作用。产业政策的基本特征如下：

(1) 指导性，即产业政策对产业的发展特别是其内部各行业的发展能发挥政策导向作用；

(2) 系列性，即产业政策是由一系列具体的方针政策组成，各种具体的政策直接规定或影响某一侧面的经济技术活动；

(3) 协调性，即产业政策具有协调行业发展的功能和能动地调整各产业、各行业的比例的功能；

(4) 动态性，即不同国家或不同地区在不同时期有不同的产业政策。

产业政策主要包括产业结构政策、产业组织政策和产业技术政策。产业结构政策是根据在一定时期内一国经济结构的变化趋势而制定的，为促使实现这种结构变化，解决产业间的资源配置问题，应采取的重要相应措施。产业结构政策的重点是确定产业的构成、产业的分类、产业的相互关系、产业的发展系列及其具体的结构合理化的措施。产业组织是指同一产业内部生产要素在企业内和企业间的动态组合结构。产业组织政策是以促进或限制一产业内的竞争为主要范畴，主要是为了解决产业内的资源配置问题，解决企业在市场上的行为规范问题，充分发挥市场机制的作用。产业组织政策的基本原则：一是充分发挥规模经济效益；二是注意避免由于企业规模增大而导致垄断，使产业内的市场保持有效竞争；三是促进生产要素流动，实现资源合理配置。产业技术政策是为产业的技术及产品赶上世界先进水平制定的引进新技术、开发新技术的方向和方法。主要内容：一是实现产业结构和产业组织合理化高质化而采取的技术政策；二是促进技术进步而采取的技术政策。

制定和实施科学合理的产业政策，对于促进经济发展，推进社会主义市场经济体制和运行机制的建立并发挥有效功能，具有重大意义。集中表现为：产业政策是经济发展的宏观控制的重要手段之一；是协调产业结构和需求结构及进出口贸易结构，实现供需平衡的手段；是政府对企业实现间接管理的手段；是企业制定发展战略适应宏观控制的依据；产业政策是制定技术政策的直接依据，而技术政策规定了技术进步的方向，是经济增长的动力；产业政策是增强国际竞争能力和采取正确外贸政策的有力工具。正确的产业政策的制定和有效实施，直接关系到我国经济发展的一系列政策和经济体制改革措施能否成功实施。

四、优化我国产业结构

（一）优化产业结构的主要任务

党的十八大报告提出，着力构建现代产业发展新体系。这是党中央根据国际市场需求结构新调整、产业格局新变化和科技进步新趋势，科学分析我国经济发展新阶段新特征，提出的重大战略任务，对优化产业结构、加快转变经济发展方式具有重要导向作用。贯彻落实这一要求，必须把构建现代产业发展新体系作为优化产业结构的主要任务，促进第一、第二、第三产业协调发展，逐步形成以农业为基础、工业为主导、战略性新兴产业为先导、基础产业为支撑、服务业全面发展的产业格局。

1．加快传统产业转型升级

无论过去还是将来，传统产业都是我国经济发展的主体力量。党的十八大报告要求加快传统产业转型升级，是考虑我国新时期工业、农业、服务业都面临转型升级的迫切要求，也是转变经济发展方式的主要任务。必须增强推进传统产业转型升级的自觉性，特别是加快推进工业转型升级，强化需求导向，努力使产业发展更好适应市场变化。坚持利用信息技术和先进适用技术改造传统产业，深化信息技术在各行各业的集成应用，提高研发设计、生产过程、生产装备、经营管理信息化水平，提高传统产业创新发展能力。把企业技术改造作为推动产业转型升级的一项战略任务，建立长效工作机制。加大淘汰落后产能、节能减排、企业兼并重组、质量品牌建设等工作力度，促进全产业链整体升级。

2．推动战略性新兴产业、先进制造业健康发展

战略性新兴产业是以重大技术突破和重大发展需求为基础，对经济社会全局和长远发展具有重大引领带动作用的产业。先进制造业是产业核心竞争力的集中体现，我国规划布局的节能环保、新一代信息技术、生物、高端装备制造、新能源、新材料、新能源汽车等重点领域与先进制造业发展紧密相关。大力发展战略性新兴产业和先进制造业，既是增强

我国经济社会可持续发展能力、优化产业结构的战略举措，也是构建产业竞争新优势、培育新的经济增长点、掌握未来发展主动权的必然选择。加强统筹规划，调动发挥各方面的积极性，推动重大技术突破，加快形成先导性、支柱性产业，切实提高产业核心竞争力和经济效益。实施国家科技重大专项，集中力量突破高端装备、系统软件、关键材料等重点领域的关键核心技术，着力提升关键基础零部件、基础工艺、基础材料、基础制造装备研发和系统集成水平。面向未来发展和全球竞争，制定产业发展要素指南和技术路线图，建立一批具有全球影响力的制造基地，促进制造业由大变强，充分发挥战略性新兴产业和先进制造业在优化产业结构中的带动作用。

3. 推动服务业特别是现代服务业发展壮大

服务业是国民经济的重要组成部分，具有涉及领域广、带动就业多、消耗资源少、拉动增长作用强等特点。优化产业结构，必须把发展服务业作为战略重点，不断提高服务业比重和水平。大力发展面向民生的服务业，在巩固传统业态基础上，积极拓展新型服务领域，不断培育形成服务业新的增长点。着力发展生产性服务业，培育研发设计、现代物流、金融服务、信息服务和商务服务，促进制造业与服务业、现代农业与服务业融合发展。从促进消费升级出发，不断创造新的消费需求，特别是要把基于宽带和无线的信息消费作为新一轮扩大消费需求的重点领域，积极培育发展电子商务、网络文化、数字家庭等新兴消费热点。深化服务领域改革开放，营造服务业大发展的政策和体制环境，构建充满活力、特色明显、优势互补的服务业发展格局。

4. 合理布局建设基础设施和基础产业

能源、交通等基础设施和基础产业是国民经济现代化的重要依托，是优化产业结构的重要支撑。立足国内保障能源供应，加快能源生产和利用方式变革，强化节能优先战略，全面提高能源开发转化和利用效率，合理控制能源消费总量，构建安全、稳定、经济、清洁的现代能源产业体系。按照适度超前的原则，统筹铁路、公路、水运、民航、管道等运输方式发展，统筹区际、城际、城市、农村交通发展，加强各种运输方式的衔接协调，加快现代物流体系建设，为工农业生产和人民生活提供便捷、安全、高效的运输服务。

5. 发展现代信息技术产业体系

抓住信息产业持续引导经济社会创新发展的历史性机遇，紧跟现代信息技术发展步伐，把发展新一代信息技术产业作为优化产业结构的重要战略基点，推动形成继汽车、房地产后的重大投资消费领域。加快电子信息制造业与软件业升级换代和创新发展，集中突破高性能集成电路、新型显示、关键电子元器件、材料以及基础软件、信息安全软件、行业应用软件等核心关键技术，全面提升产业核心竞争力。推动通信业转型发展，统筹信息网络整体布局，加快“宽带中国”建设，构建下一代国家信息基础设施，推进三网融合，重点推动新一代移动通信、下一代互联网、移动互联网、云计算、物联网、智能终端等领域发展。积极迎接新的工业革命趋势，推动信息产业和制造业、服务业融合发展，加快信息网络技术在经济社会全方位应用，充分发挥新一代信息技术产业对国家经济社会发展的支撑能力。做好网络空间战略布局，加强互联网基础管理，完善网络与信息安全保障机制，提高安全保障能力，健全安全保障体系，提升应急通信保障能力，确保国家经济与信息安全。

6．推动大中小微企业协调发展

坚持和完善基本经济制度，不断释放企业发展活力，逐步形成大中小微企业合理分工、各种所有制企业协调发展的产业组织结构。引导企业兼并重组和管理创新，提高大中型企业核心竞争力，培育更多具有国际竞争力的大企业大集团。继续实施中小企业成长工程，增强创新活力和吸纳就业能力，提升企业管理水平，提高“专精特新”和集群发展水平。不断改善中小企业发展环境，切实解决面临的主要困难，完善服务体系，增强中小企业生存能力、竞争能力和可持续发展能力。切实落实支持小微企业发展的政策措施，营造环境，完善机制，支持小微企业特别是科技型小微企业发展。

(二) 优化产业结构的重大举措

优化产业结构既是现实迫切要求，更是长期战略任务。必须深入贯彻落实科学发展观，坚持走中国特色新型工业化、信息化、城镇化、农业现代化道路，按照加快形成新的经济发展方式的要求，采取有力措施推动优化产业结构取得突破性进展。

1．促进工业化、信息化、城镇化、农业现代化同步发展

工业化、信息化、城镇化和农业现代化相互影响、相互支撑、相互促进，推进“四化同步”发展是新时期推进现代化建设必须牢牢把握的客观规律，也是在新的历史起点上加快产业结构调整优化的新思路新举措。必须坚持走中国特色新型工业化、信息化、城镇化、农业现代化道路。大力推进工业化和信息化深度融合，推动信息网络技术广泛应用和全面覆盖，加快制造模式向数字化、网络化、智能化、服务化转变，充分发挥以信息化带动工业化、以工业化促进信息化的融合优势，带动产业升级，增强竞争力。大力推进工业化和城镇化良性互动，充分发挥城镇化为工业化创造需求、工业化为城镇化提供供给的作用，加快推进城镇化，促进产业集聚、城市布局、人口分布等相互衔接，以工业化引领提升城镇化水平、以城镇化支撑工业转型升级。大力推进城镇化和农业现代化相互协调，落实以工哺农的方针，充分发挥工业化和城镇化对农业现代化的带动作用，加强发展规划、产业布局、基础设施建设、劳动就业等方面的城乡统筹，促进城乡协调发展。

2．实行更加有利于实体经济发展的政策措施

牢牢把握发展实体经济这一坚实基础，发挥工业在实体经济中的主体作用，促进实业兴国、工业强国。加强战略谋划和顶层设计，加强事关实体经济发展全局的重大问题研究，积极完善促进实体经济发展的政策法规体系。加强产业政策与财税、金融、投资、贸易、土地、环保等政策的协调配合，狠抓各项政策措施落实，不断改善实体经济发展的政策环境，创造实体经济与虚拟经济收益率大致相当的条件，引导更多的社会资本、技术、人才等要素投向实体经济。全面贯彻落实扩大内需的战略方针和政策措施，改善实体经济产品和服务消费环境，加快产品和产业升级，重点推动利用技术改造优化投资结构，切实发挥实体经济产品和服务在扩大内需中的积极作用。大力弘扬尊重劳动、尊重创造、尊重致富的思想，努力营造各方面关心、支持实体经济发展的良好氛围。

3．实施创新驱动发展战略

科技创新是提升产业层次和素质的战略支撑。必须把科技创新摆在优化产业结构的核心位置，抓住新一轮世界科技革命带来的战略机遇，加快创新型国家建设。完善以企业为

主体、市场为导向、产学研相结合的技术创新体系，发挥创新在优化产业结构中的关键作用。加强关键核心技术和共性技术攻关，力争在高端装备、信息网络、系统软件、关键材料、基础零部件等重点领域取得突破。大力推进科技与产业紧密结合，加强技术创新和商业模式创新，加快组织实施一批重大产业创新发展和应用示范工程，加快重大技术成果产业化。加强知识产权保护和标准化建设，提高产业自主发展能力和国际影响力。切实落实支持企业创新的各项政策措施。

4. 促进绿色低碳发展

坚持把生态文明建设放到中国特色社会主义事业总体布局之中，作为优化产业结构的基本要求。以破解能源资源约束和缓解生态环境压力为出发点，树立设计开发生态化、生产过程清洁化、资源利用高效化、环境影响最小化的理念，加快发展资源节约型、环境友好型产业。加大节能降耗力度，严格能耗物耗准入门槛，推广重点节能技术、设备和产品，提高能源资源利用效率。推行清洁生产和污染治理，加强低碳技术研发和推广，逐步削减重点行业污染物排放量，加强重金属污染防治，促进污染末端治理向源头预防、过程控制并重转变。大力发展循环经济和再制造产业，建立完善生产者责任延伸制度。健全激励和约束机制，探索合同能源管理、节能自愿协议、碳交易、排污权交易等新机制新模式，增强产业可持续发展能力。

5. 坚定深化改革和扩大开放

我国又进入到新一轮改革开放的关键时期，需要进一步加大改革力度，为转变经济发展方式、调整优化产业结构提供强有力的体制机制保障。必须坚持社会主义市场经济的改革方向，加快财税、金融、价格等重点领域和关键环节改革，支持民营经济发展，突破制约产业发展的体制机制障碍。加强和改善宏观调控机制，实现经济平稳发展与产业结构优化相统一。以深化行政体制改革为重点，推进政府从经济主导型向服务型转变，稳步推进大部门制改革，为产业发展提供体制保障。充分利用国际国内两个市场、两种资源，统筹“引进来”和“走出去”，更加注重扩大战略性技术、资源进口和高附加值产品出口，更加注重支持产业资本走出去，深度参与全球产业分工，着力培育开放型经济发展新优势。

★ 第四节　区域经济协调发展 ★

一、区域经济及其协调发展的意义

区域经济是指在经济上(生产、交换、消费)存在某种相对稳定的、经常联系的地区。一个国家的经济就是由这些大大小小，互相交织在一起的经济区域组成的。一定范围的经济区域是在生产和交换的长期发展中自然形成的。区域经济协调发展是指生产要素在各个地区之间的合理配置，它使各个地区在国民经济的整体活动中，能够充分发挥各自的优势，同时相互配合，相互补充，协调一致地发展，这是实现国民经济发展目标的重要条件。区域经济是否协调发展将直接关系到各个地区经济发展的程度，从而影响整个国民经济发展目标实现的程度。

地区经济发展不平衡是我国的一个基本国情，也是大国经济发展进程的普遍现象。由于各种条件影响，我国经济发展中存在三个不同层次的地带，即东部经济比较发达的地区，西部经济不发达地区以及介于二者之间的中部经济一般发达地区。从促进国民经济长期、稳定、健康、协调发展考虑，逐步消除我国区域间经济发展的严重不平衡状态是一个十分重要的问题。

党的十八大报告明确提出，继续实施区域发展总体战略，充分发挥各地区比较优势，优先推进西部大开发，全面振兴东北地区等老工业基地，大力促进中部地区崛起，积极支持东部地区率先发展。这是中央立足发展中国特色社会主义全局作出的重大战略部署，也是我们党对区域协调发展理论与实践的总结和深化。促进区域协调发展是全面建成小康社会、加快推进社会主义现代化建设的重大战略任务，不仅关系到全国各族人民共享改革发展成果、逐步实现共同富裕，而且关系到国家长治久安和中华民族伟大复兴，具有重大的现实意义和深远的历史意义。

二、区域发展的协调性和总体战略

(一) 区域经济发展的协调性

我国地域辽阔、人口众多，各地区自然条件、社会人文、资源禀赋、经济基础差异很大，区域经济社会发展不平衡是基本国情。经过长期的不懈努力，我国区域发展的协调性有了明显增强。一是区域发展的协调性明显增强。全国经济增长重心区从南到北、由东向西不断拓展，东部沿海地区继续发挥带动经济增长的引擎作用，中西部一些重点地区对区域发展的支撑作用日益增强，中西部地区经济增长速度落后于东部地区的格局逐步得到扭转。2007 年西部地区经济增速首次超过东部地区；2008 年以来，中部、西部和东北地区经济增速连续 4 年高于全国平均水平，我国经济版图正在发生深刻变化，空间布局更趋协调、更加科学。二是对特殊地区发展的扶持力度显著加大。中央把加快革命老区、民族地区、边疆地区和贫困地区发展摆在更加重要的位置，研究出台促进欠发达地区发展的指导意见，建立健全对特殊地区的帮扶机制，制定一系列强有力的政策措施，加强对口支援，形成了经济、科技、干部、人才等全方位支援体系，促进欠发达地区城乡面貌发生了历史性变化。三是区域合作广度深度持续拓展。国内区域合作深入开展，在发展战略的相互对接、产业结构的整体布局、跨区域基础设施的规划建设、地区经济社会政策的相互协调等诸多方面的合作进一步加强，各类跨行政区的区域发展一体化步伐加快。四是区域可持续发展能力不断提升。根据不同区域的资源环境承载能力、现有开发密度和发展潜力，中央从战略层面明确了各地区的总体功能定位和政策导向，进一步优化开发格局，规范开发秩序，促进了经济社会与人口、资源环境的协调发展。

但是由于自然、社会、历史等原因，区域发展不平衡、不协调、不可持续的现象仍然存在，促进区域协调发展任重而道远。党的十八大报告提出，到 2020 年，要在发展平衡性、协调性、可持续性明显增强的基础上，实现国内生产总值和城乡居民人均收入比 2010 年翻一番。要实现这一目标，最繁重、最艰巨的任务在西部地区。西部地区经济社会发展相对滞后，没有西部地区的小康就没有全国的小康，没有西部地区的和谐稳定就没有全国的和谐稳定。必须继续实施区域发展总体战略，在保持东部地区率先发展势头、促进中部地区崛起、全面振兴东北地区等老工业基地的同时，切实把西部大开发放在优先位置，确保如期实现全面建成小康社会目标。在新的历史条件下，要进一步解决好发展中不平衡、不协调、不可持续问题，解决好区域发展不够协调问题，必须更加坚定自觉地把科学发展观的要求贯彻落实到区域发展的实践中，始终坚持把发展作为第一要务，坚持以人为本，坚持全面协调可持续，坚持统筹兼顾，有针对性地解决区域发展中存在的突出矛盾和问题，逐步缩小区域发展差距，进一步形成东中西互动、优势互补、相互促进、共同发展的格局，不断增强区域发展的协调性。

(二) 区域发展的总体战略

我国区域发展的总体战略是：充分发挥各地区比较优势，优先推进西部大开发，全面振兴东北地区等老工业基地，大力促进中部地区崛起，积极支持东部地区率先发展，加大对革命老区、民族地区、边疆地区和贫困地区的扶持力度。

1. 优先推进西部大开发

坚持把深入实施西部大开发战略放在区域发展总体战略优先位置，给予特殊政策支持。加强基础设施建设，扩大铁路、公路、民航、水运网络，建设一批骨干水利工程和重点水利枢纽，加快推进油气管道和主要输电通道及联网工程。加强生态环境保护，强化地质灾害防治，推进重点生态功能区建设，继续实施重点生态工程，构筑国家生态安全屏障。发挥资源优势，实施以市场为导向的优势资源转化战略，在资源富集地区布局一批资源开发及深加工项目，建设国家重要能源、战略资源接续地和产业集聚区，发展特色农业、旅游等优势产业。大力发展科技教育，增强自我发展能力。坚持以线串点、以点带面，推进重庆、成都、西安区域战略合作，推动呼包鄂榆、广西北部湾、成渝、黔中、滇中、藏中南、关中－天水、兰州－西宁、宁夏沿黄、天山北坡等经济区加快发展，培育新的经济增长极。

2. 全面振兴东北地区等老工业基地

发挥产业和科技基础较强的优势，完善现代产业体系，推动装备制造、原材料、汽车、农产品深加工等优势产业升级，大力发展金融、物流、旅游以及软件和服务外包等服务业。深化国有企业改革，加快厂办大集体改革和“债转股”资产处置，大力发展非公有制经济和中小企业。加快转变农业发展方式，建设稳固的国家粮食战略基地。着力保护好黑土地、湿地、森林和草原，推进大小兴安岭和长白山林区生态保护和经济转型。促进资源枯竭地区转型发展，增强资源型城市可持续发展能力。统筹推进全国老工业基地调整改造。重点推进辽宁沿海经济带和沈阳经济区、长吉图经济区、哈大齐和牡绥地区等区域发展。

3. 大力促进中部地区崛起

发挥承东启西的区位优势，壮大优势产业，发展现代产业体系，巩固提升全国重要粮食生产基地、能源原材料基地、现代装备制造及高技术产业基地和综合交通运输枢纽地位。改善投资环境，有序承接东部地区和国际产业转移。提高资源利用效率和循环经济发展水平。加强大江大河大湖综合治理。进一步细化和落实中部地区比照实施振兴东北地区等老工业基地和西部大开发的有关政策。加快构建沿陇海、沿京广、沿京九和沿长江中游经济带，促进人口和产业的集聚，加强与周边城市群的对接和联系。重点推进太原城市群、皖江城市带、鄱阳湖生态经济区、中原经济区、武汉城市圈、环长株潭城市群等区域发展。

4. 积极支持东部地区率先发展

发挥东部地区对全国经济发展的重要引领和支撑作用，在更高层次参与国际合作和竞争，在改革开放中先行先试，在转变经济发展方式、调整经济结构和自主创新中走在全国前列。着力提高科技创新能力，加快国家创新型城市和区域创新平台建设。着力培育产业竞争新优势，加快发展战略性新兴产业、现代服务业和先进制造业。着力推进体制机制创新，率先完善社会主义市场经济体制。着力增强可持续发展能力，进一步提高能源、土地、海域等资源利用效率，加大环境污染治理力度，化解资源环境瓶颈制约。推进京津冀、长江三角洲、珠江三角洲地区区域经济一体化发展，打造首都经济圈，重点推进河北沿海地区、江苏沿海地区、浙江舟山群岛新区、海峡西岸经济区、山东半岛蓝色经济区等区域发展，建设海南国际旅游岛。

5. 加大对革命老区、民族地区、边疆地区和贫困地区扶持力度

进一步加大扶持力度，加强基础设施建设，强化生态保护和修复，提高公共服务水平，切实改善老少边穷地区生产生活条件。继续实施扶持革命老区发展的政策措施。贯彻落实扶持民族地区发展的政策，大力支持西藏、新疆和其他民族地区发展，扶持人口较少民族发展。深入推进兴边富民行动，陆地边境地区享有西部开发政策，支持边境贸易和民族特需品发展。在南疆地区、青藏高原东缘地区、武陵山区、乌蒙山区、滇西边境山区、秦巴山一六盘山区以及中西部其他集中连片特殊困难地区，实施扶贫开发攻坚工程，加大以工代赈和易地扶贫搬迁力度。支持新疆生产建设兵团建设和发展。推进三峡等库区后续发展。对老少边穷地区中央安排的公益性建设项目，取消县级并逐步减少市级配套资金。实行地区互助政策，开展多种形式对口支援。

（三）继续实施区域发展总体战略的重点任务

党的十八大报告从我国发展的新形势新任务出发，根据不同区域实际情况，对继续实施区域发展总体战略进行了全面部署。

(1) 继续实施区域发展总体战略，要牢牢把握科学发展这个主题和加快转变经济发展方式这条主线，充分发挥各地区比较优势，以促进不同区域基本公共服务均等化为目标，以改革开放和建立区域协调发展长效机制为保障，着力培育新的区域经济增长极，着力扶持革命老区、民族地区、边疆地区、贫困地区加快发展，着力促进经济布局、人口分布和资源环境相协调，努力构筑区域经济优势互补、主体功能定位清晰、国土空间高效利用、人与自然和谐相处的区域发展格局。

(2) 继续实施区域发展总体战略，一要按照“两个翻一番”的要求，缩小地区间经济发展和城乡居民收入差距，不断朝着推动区域经济社会协调发展、逐步实现共同富裕的目标迈进。二要缩小地区间基本公共服务差距，使各地区人民都能享受大体均等化的基本公共服务，确保改革发展成果由全体人民共享。三要坚持发挥区域优势和促进区域互动相结合，既大力支持中西部地区加快发展，全面振兴东北地区等老工业基地，积极支持东部地区率先发展，又更加有效地推进区域之间优势互补、良性互动、共同发展。

(3) 继续实施区域发展总体战略，要与全面落实主体功能区战略紧密结合起来，按照全国经济合理布局的要求，充分考虑各地区的资源环境承载能力，规范开发秩序，控制开发强度，调整空间结构，推动各地区严格按照主体功能定位发展，做到开发有度、开发有序、开发可持续，构建科学合理的城市化格局、农业发展格局、生态安全格局，促进经济社会发展与人口资源环境相协调。

（四）落实主体功能区规划

1. 落实主体功能区规划的战略意义

全国主体功能区规划，根据不同区域的资源环境承载能力、现有开发密度和发展潜力，统筹谋划未来人口分布、经济布局、国土利用和城镇化格局，将国土空间划分为优化开发、重点开发、限制开发和禁止开发四类，确定主体功能定位，明确开发方向，控制开发强度，规范开发秩序，完善开发政策，逐步形成人口、经济、资源环境相协调的空间开发格局。

全国主体功能区规划是战略性、基础性、约束性的规划，是国民经济和社会发展总体规划、人口规划、区域规划、城市规划、土地利用规划、环境保护规划、生态建设规划、流域综合规划、水资源综合规划、海洋功能区划、海域使用规划、粮食生产规划、交通规划、防灾减灾规划等在空间开发和布局的基本依据。

推进形成主体功能区，是全面落实科学发展观、构建社会主义和谐社会的重大举措，有利于坚持以人为本，缩小地区间公共服务的差距，促进区域协调发展；有利于引导经济布局、人口分布与资源环境承载能力相适应，促进人口、经济、资源环境的空间均衡；有利于从源头上扭转生态环境恶化趋势，适应和减缓气候变化，实现资源节约和环境保护；有利于打破行政区划，制定实施有针对性的政策措施和绩效考评体系，加强和改善区域调控。

2. 全国主体功能区的划分

规划将我国国土空间分为以下主体功能区：按开发方式，分为优化开发区域、重点开发区域、限制开发区域和禁止开发区域，这是基于不同区域的资源环境承载能力、现有开发强度和未来发展潜力，以是否适宜或如何进行大规模高强度工业化城镇化开发为基准划分的。

优化开发区域是经济比较发达、人口比较密集、开发强度较高、资源环境问题更加突出，从而应该优化进行工业化城镇化开发的城市化地区。

重点开发区域是有一定经济基础、资源环境承载能力较强、发展潜力较大、集聚人口和经济的条件较好，从而应该重点进行工业化城镇化开发的城市化地区。

优化开发区域和重点开发区域都属于城市化地区，开发内容总体上相同，开发强度和开发方式不同。

限制开发区域分为两类：一类是农产品主产区，即耕地较多、农业发展条件较好，尽管也适宜工业化城镇化开发，但从保障国家农产品安全以及中华民族永续发展的需要出发，必须把增强农业综合生产能力作为发展的首要任务，从而应该限制进行大规模高强度工业化城镇化开发的地区；一类是重点生态功能区，即生态系统脆弱或生态功能重要，资源环境承载能力较低，不具备大规模高强度工业化城镇化开发的条件，必须把增强生态产品生产能力作为首要任务，从而应该限制进行大规模高强度工业化城镇化开发的地区。

禁止开发区域是依法设立的各级各类自然文化资源保护区域，以及其他禁止进行工业化城镇化开发、需要特殊保护的重点生态功能区。国家层面禁止开发区域，包括国家级自然保护区、世界文化自然遗产、国家级风景名胜区、国家森林公园和国家地质公园。省级层面的禁止开发区域，包括省级及以下各级各类自然文化资源保护区域、重要水源地以及其他省级人民政府根据需要确定的禁止开发区域。

各类主体功能区，在全国经济社会发展中具有同等重要的地位，只是主体功能不同，开发方式不同，保护内容不同，发展首要任务不同，国家支持重点不同。对城市化地区主要支持其集聚人口和经济，对农产品主产区主要支持其增强农业综合生产能力，对重点生态功能区主要支持其保护和修复生态环境。

3．主体功能区 2020 年的主要目标

——空间开发格局清晰。“两横三纵”为主体的城市化战略格局基本形成，全国主要城市化地区集中全国大部分人口和经济总量；“七区二十三带”为主体的农业战略格局基本形成，农产品供给安全得到切实保障；“两屏三带”为主体的生态安全战略格局基本形成，生态安全得到有效保障；海洋主体功能区战略格局基本形成，海洋资源开发、海洋经济发展和海洋环境保护取得明显成效。

——空间结构得到优化。全国陆地国土空间的开发强度控制在 3.91%(26)，城市空间控制在 10.65 万平方公里以内，农村居民点占地面积减少到 16 万平方公里以下，各类建设占用耕地新增面积控制在 3 万平方公里以内，工矿建设空间适度减少。耕地保有量不低于 120.33 万平方公里(18.05 亿亩)，其中基本农田不低于 104 万平方公里(15.6 亿亩)。绿色生态空间扩大，林地保有量增加到 312 万平方公里，草原面积占陆地国土空间面积的比例保持在 40%以上，河流、湖泊、湿地面积有所增加。

——空间利用效率提高。单位面积城市空间创造的生产总值大幅度提高，城市建成区人口密度明显提高。粮食和棉油糖单产水平稳步提高。单位面积绿色生态空间蓄积的林木数量、产草量和涵养的水量明显增加。

——区域发展协调性增强。不同区域之间城镇居民人均可支配收入、农村居民人均纯收入和生活条件的差距缩小，扣除成本因素后的人均财政支出大体相当，基本公共服务均等化取得重大进展。

——可持续发展能力提升。生态系统稳定性明显增强，生态退化面积减少，主要污染物排放总量减少，环境质量明显改善。生物多样性得到切实保护，森林覆盖率提高到 23%，森林蓄积量达到 150 亿立方米以上。草原植被覆盖度明显提高。主要江河湖库水功能区水质达标率提高到 80%左右。自然灾害防御水平提升。应对气候变化能力明显增强。

4. 落实主体功能区规划的区域政策

实施全国主体功能区规划，实现主体功能区定位，关键要调整完善相关政策，主要有：

——财政政策。以实现基本公共服务均等化为目标，完善中央和省以下财政转移支付制度，重点增加对限制开发和禁止开发区域用于公共服务和生态环境补偿的财政转移支付。

——投资政策。逐步实行按主体功能区与领域相结合的投资政策，政府投资重点支持限制开发、禁止开发区域公共服务设施建设、生态建设和环境保护，支持重点开发区域基础设施建设。

——产业政策。按照推进形成主体功能区的要求，研究提出不同主体功能区的产业指导目录及措施，引导优化开发区域增强自主创新能力，提升产业结构层次和竞争力；引导重点开发区域加强产业配套能力建设，增强吸纳产业转移和自主创新能力；引导限制开发区域发展特色产业，限制不符合主体功能定位的产业扩张。

——土地政策。按照主体功能区的有关要求，依据土地利用总体规划，实行差别化的土地利用政策，确保 18 亿亩耕地数量不减少、质量不下降。对优化开发区域实行更严格的建设用地增量控制，适当扩大重点开发区域建设用地供给，严格对限制开发区域和禁止开发区域的土地用途管制，严禁改变生态用地用途。

——人口管理政策。按照主体功能定位调控人口总量，引导人口有序流动，逐步形成人口与资金等生产要素同向流动的机制。鼓励优化开发区域、重点开发区域吸纳外来人口定居落户；引导限制开发和禁止开发区域的人口逐步自愿平稳有序转移，缓解人与自然关系紧张的状况。

——环境保护政策。根据不同主体功能区的环境承载能力，提出分类管理的环境保护政策。优化开发区域要实行更严格的污染物排放和环保标准，大幅度减少污染排放；重点开发区域要保持环境承载能力，做到增产减污；限制开发区域要坚持保护优先，确保生态功能的恢复和保育；禁止开发区域要依法严格保护。

——绩效评价和政绩考核。针对主体功能区不同定位，实行不同的绩效评价指标和政绩考核办法。优化开发区域要强化经济结构、资源消耗、自主创新等的评价，弱化经济增长的评价；重点开发区域要对经济增长、质量效益、工业化和城镇化水平以及相关领域的自主创新等实行综合评价；限制开发区域要突出生态建设和环境保护等的评价，弱化经济增长、工业化和城镇化水平的评价；禁止开发区域主要评价生态建设和环境保护。

★ 第五节　经济可持续发展 ★

一、传统发展模式的反思和“可持续发展”的提出

(一) 传统发展模式所带来的问题

从工业化以来，随着科技进步和经济的迅猛发展，人类干预大自然的能力和规模空间增长，在给自己创造了辉煌的物质文明的同时，也使自己陷入了始料不及的严重困境。发达国家走过的发展道路，就是常说的“高生产、高消耗、高污染”的传统发展模式，其主要特征是：以实现工业化、谋取国民生产总值的迅速增长为目标，经济增长就等同于经济发展。20 世纪 60 年代众多的发展中国家照搬传统的发展模式，片面追求国内生产总值的高增长，重点是发展工业，以牺牲农业为代价。其后果是没有发展的增长，甚至成为没有增长的负发展。这是因为传统的发展模式偏重工业，偏废农业，极度消耗资源和能源；片面强调“高积累、高投资”的外延增长，而忽视以提高经济效益为主的内涵增长。其结果是许多国家产生了日益严重的农业问题、人口和失业问题、城市问题、环境污染和生态环境破坏问题等。直到 20 世纪 90 年代，在一系列严峻的挑战面前，人们经过对传统的价值

观和发展观进行了深刻的反思之后，才开始觉醒到，必须以经济、社会、环境、科技、文化等更广泛的系统学的高度去审视人类的前途，并就社会、经济发展应与生态环境相协调的可持续发展观达成了共识。

(二)"可持续发展"的理论基础和内涵

"可持续发展"一词最早出现在20世纪80年代中期一些发达国家的文章和文件中，从那时起，随着全球环境和发展问题讨论的深度加深、广度扩大，可持续发展越来越受到社会各界的关注，其基本思想已被国际社会广泛接受，并逐步向社会各个领域渗透。

可持续发展从最初提出至今，一直未形成一致的定义。哲学家、经济学家、生物学家、社会学家等分别从不同角度阐述了可持续发展的内涵。这是因为，可持续发展突破了人们对以往发展范畴的理解，发展不仅是经济增长和经济结构的合理化，也不仅是经济系统内部的运动，是环境系统、经济系统、社会系统相互作用和相互依赖的有机整体。发展问题不能仅在经济系统内部找出路，环境问题也不能仅仅依靠治理和保护去解决。可持续发展正是基于这一认识提出来的，也因此出现了不同的认识，提出了不同的定义。

被广泛认可的"可持续发展"的最概括的定义是："既满足当代人的需求又不损害子孙后代需求的发展。"作为一种新的发展理论，必须有其建立的理论基础，对理论的揭示将有助于对可持续发展内涵的深刻理解。为此，有的专家提出了"环境稀缺论"和"环境价值论"，试图在此基础上建立可持续发展的理论体系。

1. 环境稀缺论，又称为环境承载力论

人类活动要依赖环境为其提供空间及物质能量、同时又需要环境容纳并消化其废弃物。由于环境系统的组成物质在数量上有一定的比例关系，在空间上又有一定的分布规律，因此它对人类活动的支持能力就有一个限度，这一限度就是环境承载力。从另一角度理解，将环境可提供支持的能力也看作是一种资源，在过去很长的时期内，这种特殊的"资源"相对人们的活动是无限量供给的，因而不被看做是资源(传统观念中的概念)。但是，随着人类活动范围的扩大，活动能力的增强，环境资源已日渐显得稀缺，于是就出现了环境资源有效配置的问题。但环境又是一种特殊的资源，因而当某一特定区域需求大于供给且不加控制时，也就是人类活动对环境的作用超过了环境所能支持的极限，超出了环境系统维持其动态平衡的抗干扰能力时，就产生了种种环境问题。

2. 环境价值论

按照传统理论中的价值判断标准，环境(特别是天然环境)既没有劳动的参与，又不能用于交换，尽管环境为人类社会的生存、发展提供了所需的全部物质资料，它也是没有价值的。正是由于不承认环境价值的存在，人们在追求利用最大化的原则驱使下，对自然资源进行掠夺性开发，造成了环境污染和生态破坏。随着人们对事物认识的不断加深，传统的价值论已得到修正，完善的价值包括市场价值、存在价值，偶然性价值。从这一层次上看，自然环境能够满足人类的需要，并且是稀缺的，因而是有价值的，需要进一步深化探讨的是其经济价值量的量化问题。

由于环境的价值和稀缺性为人们所认识，环境与经济、社会便紧密地联系在一起了。可持续发展说明的提出就是这一转变的体现，是具有丰富的内涵，既包括经济发展，也包

括社会的发展和保持建设良好的生态环境，经济发展和社会进步的持续性与维持良好的生态环境密切联系。

经济学家着重于经济属性定义可持续发展。这类定义虽有不同的表达方式，但都认为可持续发展的核心是经济发展。《经济、自然资料：不足和发展》的作者巴贝克把可持续发展定义为："在保持自然资源的质量和提供服务的前提下，使经济的净利益增强到最大限度"；皮尔斯的定义为："自然资本不变前提下的经济发展，或今天的资源使用不应减少未来的实际收入"；定义中的经济发展已不是传统的以牺牲资源和环境为代价的经济发展，而是"不降低环境质量和不破坏世界自然资源基础的经济发展"。

可持续发展是一种新的发展思想和发展战略，从本质上说，它是人类发展模式的一次历史性转变，也是人类生产方式、消费方式乃至思维方式的革命性变化。可持续发展以环境保护为发端，直至成为社会经济发展的总体战略其内涵已扩展至人口、环境、资源、社会经济等各个方面，必将对人类未来发展产生深远影响。

二、我国实施可持续发展战略面临的主要问题

改革开放 30 多年来，我国年均经济增长率达到 9.8%，几乎是同期世界发达国家的 3 倍，但由于我们实行的是粗放式的增长方式，靠的是高消耗、高投入，是以付出巨大环境资源代价换取的高增长。因此，发达国家上百年工业化过程中分阶段出现的环境问题，在我国 30 多年里集中出现，呈现结构型、复合型、压缩型的"时空压缩"的特点。

在这个阶段，我国面临日益严峻的资源瓶颈和环境污染。一是从资源瓶颈的情况来看，我国资源总量小，人均耕地、林地、草地面积和淡水资源分别仅相当于世界平均水平的 43%、14%、33%和 25%，主要矿产资源人均占有量占世界平均水平的比例分别是煤 67%、石油 6%、铁矿石 50%、铜 25%。2010 年，我国石油、铁矿石、铜等资源的对外依存度均超过 50%，潜在风险日益加大。整体资源利用率不高，资源浪费现象突出。由于我国仍处于高速发展过程中，对耕地、石油、天然气、淡水、铁矿石、有色金属等的需求量日益增加，加上经济增长方式尚未实现根本性的转变，投入产出的效率不高，我国经济社会发展与资源紧缺之间的矛盾也越来越严重。二是从环境污染状况来看，2011 年，我国废水排放中化学需氧量(COD)排放总量为 2499.9 万吨，氨氮排放总量为 260.4 万吨，均位居世界前列。全国大江大河有近四分之一的监测断面超过劣 V 类水体水质，90%的城市河段受到不同程度的污染。七大水系总体为轻度污染，湖泊(水库)富营养化问题仍然突出。2011 年，我国城市大气环境质量有 11%的城市超标，城市大气环境以可入肺颗粒物(PM 2.5)污染为主的混合型污染问题日益突出。截至 2011 年年底，现有水土流失面积 356.92 万平方千米，占国土总面积的 37.2%。全国工业固体废物产生量为 325140.6 万吨，综合利用量仅 199757.4 万吨，其中很大一部分还是利用往年的贮存量。三是生态系统退化，全国水土流失面积占国土面积 37%，沙化土地面积占 18%，90%以上的草原不同程度退化，地面沉陷面积扩大，生态系统破坏带来的自然灾害频发。

这些问题的产生，一方面是因为我国人口众多、资源短缺、环境容量有限、生态脆弱，加之我国发展很快，发达国家几百年逐步显露的问题，在我国被压缩到几十年集中显现。另一方面是我们的经济发展方式没有根本转变，生态文明的理念没有牢固树立，生态不文

明的做法还很普遍。从源头和根本上跨过资源环境这道槛，不仅要加快转变经济发展方式，还必须把生态文明建设放在突出位置大力推进。

三、大力推进生态文明建设和可持续发展战略

（一）大力推进生态文明建设

党的十八大报告明确提出，面对资源约束趋紧、环境污染严重、生态系统退化的严峻形势，必须树立尊重自然、顺应自然、保护自然的生态文明理念，把生态文明建设放在突出地位，融入经济建设、政治建设、文化建设、社会建设各方面和全过程。

一是树立尊重自然、顺应自然、保护自然的生态文明理念。这是推进生态文明建设的重要思想基础，体现了新的价值取向。

二是把生态文明建设放在突出地位，融入经济建设、政治建设、文化建设、社会建设各方面和全过程。我们既要做好资源环境等方面相对独立的工作，更要在物质文明、政治文明、精神文明各层面，在经济建设、政治建设、文化建设、社会建设各领域进行全面转变、深刻变革，把生态文明的理念、原则、目标等深刻融入和全面贯穿到中国特色社会主义事业的各方面和现代化建设的全过程，推动形成人与自然和谐发展现代化建设新格局。

三是坚持节约资源和保护环境的基本国策，坚持节约优先、保护优先、自然恢复为主的方针。这是推进生态文明建设的基本政策和根本方针。

四是着力推进绿色发展、循环发展、低碳发展。这是推进生态文明建设的基本途径和方式，也是转变经济发展方式的重点任务和重要内涵。在经济发展中，要尽可能减少单位产品的资源消耗强度和能源消耗强度，减少污染物排放，减少废弃物产生。积极发展节能产业，推广高效节能产品。加快发展资源循环利用产业，推动矿产资源和固体废弃物综合利用。大力发展环保产业，壮大可再生能源规模。积极发展循环经济，促进生产、流通、消费过程中的减量化、再利用、资源化。

五是形成节约资源和保护环境的空间格局、产业结构、生产方式、生活方式。这是推进生态文明建设的重要目标。要努力形成同传统工业文明那种大量生产、大量消费、大量废弃、大量占用自然空间不同的经济结构、社会结构和发展方式。在现代化建设中，要尽可能集中集约利用国土空间，减少对自然生态空间的占用；提高能源资源消耗少、污染排放少的产业以及循环经济在国民经济中的比重；充分利用节能减排技术和生产工艺进行生产制造；倡导和推行绿色消费、低碳消费、适度消费。

六是从源头上扭转生态环境恶化趋势，为人民创造良好生产生活环境，努力建设美丽中国，实现中华民族永续发展，为全球生态安全作出贡献。这是推进生态文明建设的目的。生态产品是人民群众重要的消费品、生活必需品，良好的生态环境是提高人民生活质量的重要内容。推进生态文明建设，说到底就是为了提高人民的生活质量，满足人民日益增长的对生态产品的需求。不能因为我们这一代中国人要过上好日子，就不顾及我们后代的生存和发展。既要满足当代人的需求，也不能影响后代人满足需求的能力，这样才能实现中华民族的永续发展。全球生态系统是一个整体，需要全世界共同努力，搞好生态文明建设，也是我国对地球生态安全的贡献。

(二) 大力推进可持续发展战略

我国从工业化、城镇化加快发展的国情出发，不断丰富可持续发展内涵，积极应对国内外环境的复杂变化和一系列重大挑战，实现了经济平稳较快发展、人民生活显著改善，在控制人口总量、提高人口素质、节约资源和保护环境等方面取得了积极进展。中国城市低碳经济的同时，作为一个发展中国家，中国人口众多、生态脆弱、人均资源占有不足，人均国内生产总值尚排在全球百位左右，仍有1.22亿贫困人口，资源环境对经济发展的约束增强，区域发展不平衡问题突出，科技创新能力不强，改善民生的任务十分艰巨。我国将进一步转变发展思路，创新发展模式，在发展中加快解决不平衡、不协调、不可持续问题，不断提升可持续发展能力和生态文明水平，努力开创生产发展、生活富裕和生态良好的发展道路，努力建设美丽中国，实现中华民族的永续发展，为全球可持续发展作出更大贡献。

在推进生态文明建设，全面建成小康社会的过程中，我国推进可持续发展战略的指导思想是：以科学发展为主题，以加快转变经济发展方式为主线，以发展经济为第一要务，以提高人民群众生活质量和发展能力为根本出发点和落脚点，以改革开放、科技创新为动力，全面推进经济绿色发展，社会和谐进步。我国推进可持续发展战略的总体目标是：人口总量得到有效控制、素质明显提高，科技教育水平明显提升，人民生活持续改善，资源能源开发利用更趋合理，生态环境质量显著改善，可持续发展能力持续提升，经济社会与人口资源环境协调发展的局面基本形成。

我国实施可持续发展战略的总体思路是：

(1) 把经济结构调整作为推进可持续发展战略的重大举措。着力优化需求结构，促进经济增长向依靠消费、投资、出口协调拉动转变；巩固和加强农业基础地位，着力提升制造业核心竞争力，积极发展战略性新兴产业，加快发展服务业，促进经济增长向依靠三次产业协同带动转变；深入实施区域发展总体战略和主体功能区战略，积极稳妥推进城镇化，加快推进新农村建设，促进区域和城乡协调发展。

(2) 把保障和改善民生作为推进可持续发展战略的主要目的。控制人口总量，提高国民素质，促进人口的长期均衡发展；努力促进就业，加快发展各项社会事业，完善保障和改善民生的各项制度，推进基本公共服务均等化，使发展成果惠及全体人民。

(3) 把加快消除贫困进程作为推进可持续发展战略的急迫任务。以提高贫困人口收入水平和生活质量为主要目标，通过专项扶贫、行业扶贫、社会扶贫，加大扶贫开发投入和工作力度，采取财税支持、投资倾斜、金融服务、产业扶持、土地使用等领域的特殊政策，实施生态建设、人才保障等重大举措，培育生态友好的特色主导产业和增强发展能力，提高贫困人口的基本素质和能力，全面推进扶贫开发进程。

(4) 把建设资源节约型和环境友好型社会作为推进可持续发展战略的重要着力点。实行最严格的土地和水资源管理制度，大力发展循环经济，推行清洁生产，全面推进节能、节水、节地和节约各类资源，进一步提高资源能源利用效率，加快推进能源资源生产方式和消费模式转变；以解决饮用水不安全和空气、土壤污染等损害群众健康的突出环境问题为重点，加强环境保护；积极建设以森林植被为主体、林草结合的国土生态安全体系，加强重点生态功能区保护和管理，增强涵养水源、保持水土、防风固沙能力，保护生物多样性；全面开展低碳试点示范，完善体制机制和政策体系，综合运用优化产业结构和能源结构、节约能源和提高能效、增加碳汇等多种手段，降低温室气体排放强度，积极应对气候变化。

(5) 把全面提升可持续发展能力作为推进可持续发展战略的基础保障。建立长效的科技投入机制，注重科技创新人才的培养与引进，建立健全创新创业的政策支撑体系，推进有利于可持续发展的科技成果转化与推广，提升国家绿色科技创新水平；以环境保护、资源管理、人口管理等领域为重点，完善可持续发展法规体系；建立健全可持续发展公共信息平台，发挥民间组织和非政府组织的作用，推进可持续发展试点示范，促进公众和社会各界参与可持续发展的行动；加强防灾减灾能力建设，提高抵御自然灾害的能力；积极参与双边、多边的全球环境、资源、人口等领域的国际合作与交流，努力促进国际社会采取新的可持续发展行动。

第十章　经济增长与经济发展方式的转变

★ 第一节　经济增长和经济发展 ★

经济增长和经济发展问题是市场经济中的重要问题。它关系到国家的生存、发展和经济社会的全面进步，因此成为经济研究中的重要内容。本章我们将了解经济增长与经济发展的内容、相互关系及测算经济增长速度的基本方法，深入全面地了解我国转变经济发展方式的战略性和基本要求，了解我国全面建成小康社会战略目标的基本内容以及为实现这一战略目标必须完成的主要任务，采取的若干重大战略措施。通过学习，将使我们对未来更加充满信心。可以肯定，实现全面建成小康社会的目标，中国特色社会主义必将进一步显示出巨大的优越性。

一、经济增长与经济发展及其意义

(一) 经济增长与经济发展的概念

经济增长与经济发展是两个既有联系又在内涵上有所不同的概念。

经济增长，即指一个国家的经济规模在数量上扩大，一般是指国民生产总值或工农业总产值或国民收入总量的上升，也可以指上述指标人均占有量的增长，衡量经济规模变化的主要指标是经济增长率。

经济发展除了经济增长的内容以外，还包含经济增长伴随的经济结构(产业结构、消费结构)和社会结构(人口结构、环境)的变化及经济活动效率的提高。所以，经济发展是比经济增长含义更为宽广的概念，经济增长只限于数量的增长，而经济发展不仅包含数量的增长，而且还包括国民经济素质的提高、经济结构的协调与优化。一般说来，经济增长是经济发展的物质基础，要使经济发展必须使经济增长，我们关心经济发展首先应当重视经济增长。另一方面，经济发展也可以说是经济增长的结果，但它又可能成为经济进一步增长的条件，没有经济结构和社会结构的相应变化，经济的进一步增长也会受到妨碍。所以，我们要正确认识和处理经济增长与经济发展的关系，防止片面追求经济增长而忽视经济发展。

(二) 经济增长方式的类型

经济增长方式通常指决定经济增长的各种要素的组合方式以及各种要素组合起来推动经济增长的方式。现代经济学从不同的角度将经济增长的方式分成两类，即粗放型经济和集约型经济。

粗放型经济增长方式是指主要依靠增加生产要素的投入，即增加投资、扩大厂房、增加劳动投入来增加产量，这种经济增长方式又称外延型增长方式。其基本特征是依靠增加生产要素量的投入来扩大生产规模，实现经济增长。以这种方式实现经济增长，消耗较高，成本较高，产品质量难以提高，经济效益较低。

集约型经济增长方式是指在生产规模不变的基础上，采用新技术、新工艺，改进机器设备、加大科技含量的方式来增加产量，这种经济增长方式又称内涵型增长方式。其基本特征是依靠提高生产要素的质量和利用效率来实现经济增长。以这种方式实现经济增长，消耗较低，成本较低，产品质量能不断提高，经济效益较高。

(三) 经济增长的意义

从一般意义上说，经济增长标志着经济规模在数量上的扩大，标志着一国经济实力的增长和综合国力的增强。所以，经济增长问题不仅是一个经济问题，而且是一个政治问题。

从经济上说，只有取得有效的经济增长才能迅速发展社会生产力，提高综合国力；才能有更多的积累扩大投资，增大社会生产的物质基础；才能提供日益增大的消费基金，不断提高人民生活水平，实现居民实际生活质量的提高和福利的增加；才能实现结构的优化，更快地促进社会各项事业的发展，促进现代化建设。

从政治上说，速度是关系一个国家生存发展的问题。所以，世界各国都十分重视经济增长速度问题。我国是发展中的社会主义国家，只有保持一定的经济增长速度，才能为整个社会发展提供充足的物质条件，使经济的规模与国家的规模相适应，并提高我国的国际地位。如果不重视经济增长速度，就会使经济和社会发展缺乏物质基础，就会一直落后于资本主义国家，而不能体现社会主义制度的优越性。

二、影响经济增长的因素和经济增长速度的测算

(一) 影响经济增长的因素

影响经济增长的因素较多，从大的方向看，主要有以下五类：生产关系因素、上层建筑的因素、科学技术的因素、自然条件的因素、生产力的因素。这五类因素对经济增长的影响，最终都集中反映在生产力中人的因素和物质的因素上，具体表现为：

1. 劳动力的数量和质量

劳动力是生产力中最具能动作用的要素，它与经济增长速度成正比。在手工操作中，经济增长主要靠增加劳动力数量，现代化生产中，主要依靠劳动力质量的提高。

2. 生产资料的数量和质量

生产资料在实物形态上是劳动手段和劳动对象，在货币形态上是固定基金和流动资金。称为生产基金，它同生产增长速度成正比。在科学技术发达的今天，先进的技术设备、新型材料对经济增长的作用日益重要。

3. 劳动生产率

劳动生产率指单位时间内的劳动效率，生产量等于劳动者人数与劳动生产率的乘积，

所以，劳动生产率是决定经济增长速度的重要因素，随着现代化生产的发展，其日益成为决定经济增长的主要因素。

4. 生产资料利用率

在工业、建筑业和运输业上表现为提高设备利用率、降低原材料消耗定额等；在农业上表现为提高复种指数和单位面积产量等。从货币上看就是单位产品生产基金占用量的下降，它会加快经济增长速度。

(二) 经济增长速度的测算

经济增长率又称经济增长速度。它是综合反映经济发展水平的重要的相对指标。宏观经济增长率的指标主要有：工农业总产值增长率、国民收入增长率、国民生产总值增长率等等。

经济增长速度，是指计划期的经济增长量与报告期经济发展水平之比；而经济发展速度，是指计划期经济发展水平与报告期经济发展水平之比，发展速度与增长速度的关系是：发展速度减 1 就等于增长速度，即：发展速度−1 = 增长速度。

根据影响经济增长的因素及其相互关系，就可以设计出确定经济增长速度的种种公式，这些公式主要有：

(1) 按照生产过程中劳动力的生产率变化来确定增长速度，其计算公式如下：

$$\Delta t=\frac{Q_1}{Q_0}-1=\frac{N_1\times F_1}{N_0\times F_0}-1=\frac{N_1}{N_0}\times\frac{F_1}{F_0}-1$$

其中：Δt 为增长速度，Q 为产量，N 为劳动力数量，F 为劳动生产率，0 为基期，1 为报告期。

(2) 按照生产过程中生产基金数量和基金产值率来确定经济增长速度，其计算公式如下；

$$\Delta t=\frac{Q_1}{Q_0}-1=\frac{G_1/E_1}{G_0/E_0}-1=\frac{G_1}{G_0}\times\frac{E_1}{E_0}-1$$

其中：G 为生产基金总额，E 为基金产值率($E = Q/G$)。

(3) 按照生产基金、平均每一个劳动者的基金装备率和劳动生产率来确定经济增长速度，其计算公式如下：

$$\Delta t=\frac{Q_1}{Q_0}-1=\frac{C_1/H_1}{C_0/H_0}\times\frac{F_1}{F_0}-1$$

其中：H 为每一劳动者装备的生产基金数(即劳动者生产基金装备系数)，$H = C/N$。

★ 第二节 经济发展方式的转变 ★

在当代中国，坚持发展是硬道理的本质要求就是坚持科学发展。以科学发展为主题，以加快转变经济发展方式为主线是关系我国发展全局的战略抉择。

一、国内外经济环境新变化与经济发展方式的转变

经济发展方式与经济发展环境有密切联系，特定的发展环境必须用相应的发展方式与之相对应，发展环境发生变化，发展方式也必须与时俱进。国际金融危机发生以来，我国的发展环境发生重大变化，对发展方式转变形成了倒逼机制。党的十八大报告明确要求，要准确判断重要战略机遇期内涵和条件的变化，全面深化经济体制改革，加快形成新的经济发展方式。

（一）国际经济政治格局面临一系列深刻调整

2008年国际金融危机的发生，使我国所处的国际经济和政治环境发生深刻变化。危机前，中国抓住了全球化深入发展的历史机遇，充分利用劳动力成本等比较优势，实施沿海外向型发展战略，迅速成为世界重要的制造中心，经济快速增长，总量跃居世界第二，综合国力大幅提升，取得了举世瞩目的发展成就。但国际金融危机的发生，使世界经济政治格局受到巨大冲击，出现了以总需求增长放缓和全球经济结构深度调整为主要特征的新变化，战略机遇期的挑战因素明显增加。

一是全球经济进入低速增长期。国际金融危机爆发后，世界经济严重衰退，去杠杆化进程十分漫长，主要发达国家失业率居高不下，私人消费疲软不振，企业投资意愿下降，经济缺乏新的增长点。美国经济复苏缓慢，欧债危机持续发酵，大规模刺激政策使一些国家政府债台高筑，新的金融风险隐患不容小觑，世界经济复苏进程复杂多变，短期内难以重现强劲增长。

二是世界经济结构深刻调整。发达国家被迫改变负债和过度消费的模式，试图通过扩大投资和出口拉动经济增长；新兴市场国家开始更多转向通过扩大内需拉动经济，但短期内还难以成为拉动全球经济增长的主导力量；资源输出国试图调整单纯依赖资源出口的发展模式，谋求依托资源优势延伸产业链，但实现产业多元化任重道远。全球原有需求动力正在减弱，新的需求市场还未形成，贸易保护主义抬头，我国外部需求增长受到严重制约。

三是科技创新和产业升级孕育新突破。国际金融危机加速催生新的科技革命，围绕新能源、气候变化、生命科学、空间和海洋开发的技术创新更加密集。全球范围内绿色经济、低碳技术等新兴产业正在蓬勃兴起。主要发达国家纷纷加快发展新兴产业，加速数字技术和制造业的结合，推进“再工业化”，力图抢占未来科技和产业发展制高点。发展中国家也加大科技投入，加速发展具有比较优势的产业和技术，谋求实现跨越式发展。可以预见，未来国际产业和技术竞争将日趋激烈。

四是国际政治领域竞争博弈更加复杂。当前，国际社会围绕全球治理、能源资源、气候变化等斗争日益激烈。发展中国家的政治和经济利益走势分化，各国的经济利益与政治利益相互交织，政治交锋和经济合作的形势更加复杂。发达国家抑制我国和平发展的战略意图更加明显，一些发展中国家对我国发展壮大亦有复杂心态，我国周边环境日趋复杂。总之，我国发展面临的国际政治压力有所加大。

(二) 国内经济发展出现了一些阶段性新特征

国际金融危机的冲击，使我们对国内环境的变化有了更加深刻的认识。我国人口多、底子薄的基本国情没有变，目前仍处于并将长期处于社会主义初级阶段。但经过 30 多年的快速发展，我国国内经济发展环境和条件发生显著变化，发展的阶段性特征更加鲜明。

一是广大人民群众物质文化需求正在稳步升级。随着生活水平不断提升，我国城乡居民个体利益诉求明显分化，需求正向全面化、高级化、个性化和多样化方向发展。在物质需求继续提高的同时，对文化、环境的需求明显增加，特别是对洁净的水、清新的空气等生态产品需求更为迫切；在对一般商品需求增加的同时，对公共产品、社会服务的需求大幅上升；在满足消费数量的同时，对消费质量和服务提出了更高要求。

二是生产要素优势变化日趋明显。随着工业化迅速推进，支撑我国经济 30 多年快速发展的劳动力、土地、矿产资源等传统要素供求关系发生变化，要素价格持续上升，原有竞争优势开始减弱。近年来，土地、矿产等资源供给日趋紧张，部分重要资源人均占有量出现大幅下降。同时，我国人口老龄化发展趋势超出预期，劳动力成本上涨较快，部分地区出现“招工难”、“用工荒”、人口红利减弱，廉价劳动力优势正逐渐下降。

三是生态环境约束更加强化。目前，我国生态环境总体恶化趋势没有得到根本扭转，一些地方生态环境承载能力已近极限，水、大气、土壤等污染严重，固体废料、汽车尾气、重金属等污染持续增加。环境突发事件增多，水污染、食品安全问题严重危害人民群众身体健康。同时，我国温室气体排放总量大、增速快，化石能源排放的二氧化碳已位居世界第一，生态环境的硬性约束越来越大。

四是制造业产能过剩问题日益突出。我国制造业发展方式仍比较粗放，钢铁、水泥、平板玻璃等行业快速扩张，生产能力已大量过剩。风电设备、锂电池、太阳能光伏发电用多晶硅等部分新兴行业重复建设和恶性竞争也比较严重。制造业产能过剩和重复建设加剧了资源供应紧张，将对结构优化升级形成较强的制约。

国际金融危机对我国经济产生的影响表明，这场危机的冲击表面上是对经济增长速度的冲击，但实质上是对经济发展方式的冲击，我国原有的经济发展方式已不适应变化了的发展环境，必须加快经济结构调整步伐，加快创新经济发展方式。

二、新的经济发展方式的要求

党的十八大报告明确提出，要适应国内外经济形势新变化，加快形成新的经济发展方式，把推动发展的立足点转到提高质量和效益上来，着力激发各类市场主体发展新活力，着力增强创新驱动发展新动力，着力构建现代产业发展新体系，着力培育开放型经济发展新优势，使经济发展更多依靠内需特别是消费需求拉动，更多依靠现代服务业和战略性新兴产业带动，更多依靠科技进步、劳动者素质提高、管理创新驱动，更多依靠节约资源和循环经济推动，更多依靠城乡区域发展协调互动，不断增强长期发展后劲。党的十八大报告对加快形成新的经济发展方式的要求具体体现在“一个立足点”、“四个着力”和“五个更多”的要求上。

(一) 把推动发展的立足点转到提高质量和效益上来

改革开放30多年来，我国经济持续快速发展，但必须看到，发展不平衡、不协调、不可持续的问题相当突出。制造业领域产能过剩、重复建设问题严重、城市化质量不高、结构不合理矛盾凸显。这些问题的集中表现就是经济发展的质量和效益不高。如果不尽快改变过去那种“高投入、高排放、高污染、低质量、低效益”的粗放发展方式，即使将来有一天我们在国内生产总值上跃居世界前列，也很难成为真正的世界强国。我们必须痛下决心，坚决克服重规模轻质量、重速度轻效益的倾向，把推动发展的立足点真正转到提高质量和效益上来，在努力降低资源能源消耗和提高劳动生产率上下大工夫，提升我国经济发展的质量和水平。

(二) 把推动发展的重点放到“四个着力”上

(1) 着力激发各类市场主体的发展活力。市场主体是经济发展的动源，改革发展的过程，也是不断增强各类市场主体活力的过程。目前，我国国有大型企业治理结构还不完善，非公有制经济发展的体制环境有待进一步改善，政府对微观经济活动干预过多等问题，仍然严重制约着市场主体的活力。必须坚持“两个毫不动摇”方针，加快重点领域和关键环节改革步伐，为激发各类市场主体发展新活力创造体制政策环境。

(2) 着力增强创新驱动发展新动力。创新是推动发展的不竭动力。我国创新能力不强，拥有自主知识产权的科技成果不多，创新要素向企业集聚的机制不顺，科技与经济结合不紧。在发达国家和新兴经济体纷纷强化创新战略部署的新形势下，我国如不能快速提高创新能力，将在新一轮国际产业竞争和全球价值链分工中更加被动。必须坚持走中国特色自主创新道路，抓紧实施创新驱动发展战略，全力依靠创新驱动提高发展的质量和效益。

(3) 着力构建现代产业发展新体系。产业结构优化升级是形成新的发展方式的重要内容。我国高技术产业遇到发达国家的强大压力，低端制造业又面临新兴经济体的激烈竞争。随着美欧等推进“再工业化”，我国一些领域现有生产能力面临被淘汰的风险。我国目前这种高度依赖低端加工组装、缺乏技术创新和品牌的产业体系已极不适应发展需要。迫切要求适应市场需求变化，发挥我国产业在全球经济中的比较优势，着力构建与绿色发展、新能源、信息化相融合的现代产业体系。

(4) 着力培育开放型经济发展新优势。在对外开放的环境中谋发展是我国经济发展的重要特征。我国过去主要依靠劳动力、土地、能源资源、环境等生产要素的低成本比较优势，参与国际竞争，并逐步成为世界贸易大国。但随着劳动力成本不断上升，土地供应日趋紧张，能源资源和生态环境约束强化，传统优势正在逐步削弱。迫切需要加快形成以技术、品牌、质量、服务为核心竞争力的新优势，完善互利共赢、多元平衡、安全高效的开放型经济体系。

(三) 加快形成“五个更多”的新的经济发展方式

(1) 更多依靠内需特别是消费需求拉动。扩大内需是我国经济发展的基本立足点和长期战略方针。我国人口众多，地域辽阔，内需潜力特别是潜在消费需求大是经济发展的最大优势。国内外经验也表明，只有立足内需才能更好地抵御外部冲击。我们必须尽快改变高度依赖国际市场，投资率偏高、消费率偏低的增长格局，使发展更多依靠内需特别是消费需求拉动，把经济增长建立在内需持续扩大、民生不断改善的基础之上。从全球经济发展看，这不仅是中国经济可持续发展的需要，也是拉动世界经济增长的巨大动力。

(2) 更多依靠现代服务业和战略性新兴产业带动。现代服务业和战略性新兴产业是未来经济发展的重要方向。我国农业基础薄弱、服务业特别是现代服务业严重滞后，经济增长主要依靠第二产业带动的状况没有根本改变。这种不合理产业结构，加大了资源环境和就业压力，也制约着经济整体素质和效益的提高。要按照党的十八大的要求，大力发展现代服务业，培育和发展战略性新兴产业，努力提高现代服务业和战略性新兴产业在国民经济中的比重，增强其对经济增长的带动力。

(3) 更多依靠科技进步、劳动者素质提高、管理创新驱动。科技是第一生产力，人才是第一资源。我国经济发展由于过度依赖要素数量投入，各项要素的技术含量不高，科技进步和创新的贡献有限。这种状况已难以适应国际科技竞争加剧和我国劳动力供给变化的新趋势。必须改变靠拼资源、拼环境、拼劳动力赚取微薄利润的发展方式，促进发展更多依靠科技进步、劳动者素质提高、管理创新推动，逐步形成以科技进步和创新为核心的新的增长动力。

(4) 更多依靠节约资源和循环经济推动。节约资源和保护环境是我国的基本国策，也是世界各国发展的共同趋势。我国经济增长方式粗放，能源、资源环境代价过大，不仅单位产出资源、能源消耗居高不下，而且各种原因造成的浪费也相当严重。部分资源已高度依赖进口，能源资源供应安全面临严峻挑战。必须坚持实施可持续发展战略，大力强化资源节约，推进循环经济发展，力争以最小的资源环境代价支撑经济更可持续的发展。

(5) 更多依靠城乡区域发展协调互动。城乡区域协调发展是全面建设小康社会的内在要求。我国城乡区域发展不平衡，城乡之间、不同区域间居民享有的基本公共服务、基础设施等生活条件以及居民收入水平还有较大差距。广大农村地区、中西部地区，以及革命老区、民族地区、边疆地区和贫困地区，特别是集中连片特殊困难地区，发展仍然滞后。要加快消除城乡区域协调发展的体制性障碍，促进生产要素合理流动、公共资源公平配置，积极稳妥推进城镇化，加快社会主义新农村建设，大力实施区域发展总体战略和主体功能区战略，实现城乡区域协调互动发展。

党的十八大报告还提出，要坚持走中国特色新型工业化、信息化、城镇化、农业现代化道路，推动信息化和工业化深度融合、工业化和城镇化良性互动、城镇化和农业现代化相互协调，促进工业化、信息化、城镇化、农业现代化同步发展。“四化”同步发展，与中国国情乃至世情相符合、相一致，是新发展方式的重要特点，具有很强的实践导向性。

总之，党的十八大报告根据国内外经济环境新变化，提出加快转变经济发展方式的新要求和工作重点，从立足于提高增长质量和效益，到激发市场主体活力、增强创新动力、构建现代产业新体系、增强开放型经济新优势；从加快形成新的经济发展方式到全面深化经济体制改革，是一个内在逻辑严密的完整体系。这是对中国未来 5 年乃至更长时期经济发展和改革的总体部署，也是指导中国经济体制改革和发展的行动纲领。

三、加快转变经济发展方式的战略途径

（一）全面深化经济体制改革

深化改革是加快转变经济发展方式的关键。经济体制改革的核心问题是处理好政府和市场的关系，必须更加尊重市场规律，更好发挥政府作用。要毫不动摇巩固和发展公有制经济，推行公有制多种实现形式，深化国有企业改革，完善各类国有资产管理体制，推动国有资本更多投向关系国家安全和国民经济命脉的重要行业和关键领域，不断增强国有经济活力、控制力、影响力。毫不动摇鼓励、支持、引导非公有制经济发展，保证各种所有制经济依法平等使用生产要素、公平参与市场竞争、同等受到法律保护。健全现代市场体系，加强宏观调控目标和政策手段机制化建设。加快改革财税体制，健全中央和地方财力与事权相匹配的体制，完善促进基本公共服务均等化和主体功能区建设的公共财政体系。构建地方税体系，形成有利于结构优化、社会公平的税收制度。建立公共资源出让收益合理共享机制。深化金融体制改革，健全促进宏观经济稳定、支持实体经济发展的现代金融体系，加快发展多层次资本市场，稳步推进利率和汇率市场化改革，逐步实现人民币资本项目可兑换。加快发展民营金融机构，完善金融监管，推进金融创新，提高银行、证券、保险等行业竞争力，维护金融稳定。

（二）实施创新驱动发展战略

科技创新是提高社会生产力和综合国力的战略支撑，必须摆在国家发展全局的核心位置。要坚持走中国特色自主创新道路，以全球视野谋划和推动创新，提高原始创新、集成创新和引进消化吸收再创新能力，更加注重协同创新。深化科技体制改革，推动科技和经济紧密结合，加快建设国家创新体系，着力构建以企业为主体、市场为导向、产学研相结合的技术创新体系。完善知识创新体系，强化基础研究、前沿技术研究、社会公益技术研究，提高科学研究水平和成果转化能力，抢占科技发展战略制高点。实施国家科技重大专项，突破重大技术瓶颈。加快新技术新产品新工艺研发应用，加强技术集成和商业模式创新。完善科技创新评价标准、激励机制、转化机制。实施知识产权战略，加强知识产权保护。促进创新资源高效配置和综合集成，把全社会智慧和力量凝聚到创新发展上来。

（三）推进经济结构战略性调整

经济结构调整是加快转变经济发展方式的主攻方向。必须以改善需求结构、优化产业结构、促进区域协调发展、推进城镇化为重点，着力解决制约经济持续健康发展的重大结构性问题。要牢牢把握扩大内需这一战略基点，加快建立扩大消费需求长效机制，释放居民消费潜力，保持投资合理增长，扩大国内市场规模。牢牢把握发展实体经济这一坚实基础，实行更加有利于实体经济发展的政策措施，强化需求导向，推动战略性新兴产业、先进制造业健康发展，加快传统产业转型升级，推动服务业特别是现代服务业发展壮大，合理布局建设基础设施和基础产业。建设下一代信息基础设施，发展现代信息技术产业体系，健全信息安全保障体系，推进信息网络技术广泛运用。提高大中型企业核心竞争力，支持小微企业特别是科技型小微企业发展。继续实施区域发展总体战略，充分发挥各地区比较

优势，优先推进西部大开发，全面振兴东北地区等老工业基地，大力促进中部地区崛起，积极支持东部地区率先发展。采取对口支援等多种形式，加大对革命老区、民族地区、边疆地区、贫困地区扶持力度。科学规划城市群规模和布局，增强中小城市和小城镇产业发展、公共服务、吸纳就业、人口集聚功能。加快改革户籍制度，有序推进农业转移人口市民化，努力实现城镇基本公共服务常住人口全覆盖。

（四）推动城乡发展一体化

解决好农业农村农民问题是全党工作重中之重，城乡发展一体化是解决“三农”问题的根本途径。要加大统筹城乡发展力度，增强农村发展活力，逐步缩小城乡差距，促进城乡共同繁荣。坚持工业反哺农业、城市支持农村和多予少取放活方针，加大强农惠农富农政策力度，让广大农民平等参与现代化进程、共同分享现代化成果。加快发展现代农业，增强农业综合生产能力，确保国家粮食安全和重要农产品有效供给。坚持把国家基础设施建设和社会事业发展重点放在农村，深入推进新农村建设和扶贫开发，全面改善农村生产生活条件。着力促进农民增收，保持农民收入持续较快增长。坚持和完善农村基本经营制度，依法维护农民土地承包经营权、宅基地使用权、集体收益分配权，壮大集体经济实力，发展农民专业合作和股份合作，培育新型经营主体，发展多种形式规模经营，构建集约化、专业化、组织化、社会化相结合的新型农业经营体系。改革征地制度，提高农民在土地增值收益中的分配比例。加快完善城乡发展一体化体制机制，着力在城乡规划、基础设施、公共服务等方面推进一体化，促进城乡要素平等交换和公共资源均衡配置，形成以工促农、以城带乡、工农互惠、城乡一体的新型工农、城乡关系。

（五）全面提高开放型经济水平

适应经济全球化新形势，必须实行更加积极主动的开放战略，完善互利共赢、多元平衡、安全高效的开放型经济体系。要加快转变对外经济发展方式，推动开放朝着优化结构、拓展深度、提高效益方向转变。创新开放模式，促进沿海内陆沿边开放优势互补，形成引领国际经济合作和竞争的开放区域，培育带动区域发展的开放高地。坚持出口和进口并重，强化贸易政策和产业政策协调，形成以技术、品牌、质量、服务为核心的出口竞争新优势，促进加工贸易转型升级，发展服务贸易，推动对外贸易平衡发展。提高利用外资综合优势和总体效益，推动引资、引技、引智有机结合。加快走出去步伐，增强企业国际化经营能力，培育一批世界水平的跨国公司。统筹双边、多边、区域次区域开放合作，加快实施自由贸易区战略，推动同周边国家互联互通。提高抵御国际经济风险能力。

★ 第三节　2020 年全面建成小康社会 ★

党的十八大报告站在新的历史起点上，准确把握国际国内发展大势，在强调我国发展仍处于可以大有作为的重要战略机遇期的同时，特别指出，我们要准确判断重要战略机遇期内涵和条件的变化，全面把握机遇，沉着应对挑战，赢得主动，赢得优势，赢得未来，确保到 2020 年实现全面建成小康社会宏伟目标。

一、全面建设小康社会取得的巨大成就

党的十七大以来，在以胡锦涛同志为总书记的党中央正确领导下，我们高举中国特色社会主义伟大旗帜，以邓小平理论和“三个代表”重要思想为指导，深入贯彻落实科学发展观，有效应对国内外环境的复杂变化和风险挑战，战胜了前进道路上的重重困难，取得了经济社会发展新的巨大成就，积累了建设中国特色社会主义新的丰富经验，谱写了全面建设小康社会的新篇章。

综合国力迈上新台阶。经济平稳较快发展，2007～2011年，我国国内生产总值年均增长10.5%，是同期世界经济平均增速的3倍多。2011年，我国经济总量达到47.3万亿元，跃居世界第二位；全国财政收入达到10.37万亿元，是2007年的2倍多；人均国内生产总值超过5400美元，进入中等偏上收入国家行列；成为世界上最大的制造大国、商品出口国和外汇储备国以及对世界经济增长份额贡献最大的国家之一。我国国际地位和影响力显著提高。

结构调整取得新成效。社会主义新农村建设稳步推进，农业综合生产能力持续提升，粮食生产实现“九连增”，粮食综合生产能力历史性地稳定跃上了1万亿斤新台阶。战略性新兴产业发展壮大，传统产业不断实现技术和产品升级，现代服务业加快发展，基础设施进一步完善。区域发展总体战略和主体功能区战略深入实施，区域发展的协调性增强。城镇化步伐加快，城镇化率从2007年的45.9%提高到2011年的51.3%。

社会发展取得新成绩。覆盖城乡居民的社会保障体系初步形成，公共卫生服务体系和基本医疗保障服务体系不断健全；城乡免费义务教育全面实现，教育均等化水平持续提高，2011年普通本专科和研究生在校生分别达到两千三百多万人和一百六十多万人；保障性住房建设大规模推进，2008～2011年，全国新开工保障房共2343万套，建成1232万套。研发投入持续增加，科技创新能力不断提高，航空航天、超级计算机、高速铁路、载人深潜等一些重大或关键技术领域取得突破。文化事业和文化产业快速发展。社会管理得到加强。

生态文明建设取得新进展。深入贯彻节约资源和保护环境的基本国策，充分运用经济、法律和必要的行政手段，着力推进节能减排和生态环境保护，促进资源节约型、环境友好型社会建设不断深入。能源利用效率提高，可再生能源使用比重不断增加。主要污染物排放得到控制，江河湖泊污染治理力度加大，全面推进江河湖泊休养生息。森林覆盖率持续提高，2010年底达到20.36%。扎实推进生态示范区创建，全国已有52个地区开展生态文明建设试点，有1000多个县(市)开展生态县(市)建设，一些重点生态功能区的生态功能得到修复。

人民生活获得新改善。城镇就业持续扩大，居民收入较快增长，2007～2011年，城镇居民人均可支配收入和农民人均纯收入分别由13786元和4140元增加到21810元和6977元，分别年均增长9.3%和9.7%，是改革开放以来增长最快的时期之一，城乡居民收入差距也由3.33∶1下降为3.13∶1。城乡居民家庭财产稳定增加，居民家庭恩格尔系数有所下降，消费结构加快升级，衣食住行用条件明显改善，人民群众精神文化生活更加丰富多彩。2010年人均期望寿命达到74.8岁。

党的十七大以来我国经济社会发展取得的巨大成就表明，全面建设小康社会已经取得重大进展，我们朝着既定目标又迈出了坚实步伐。根据国家统计局《中国全面建设小康社

会进程统计监测报告(2011)》的测算结果，2010 年我国全面建设小康社会目标的实现程度为 80.1%，其中东部地区实现程度为 88%，东北地区为 82.3%，中部地区为 77.7%，西部地区为 71.4%。按照国家统计局的预测，到 2020 年，我国多数地区可以如期实现小康社会目标，但有些地区实现的难度较大。因此，为确保到 2020 年各地区都能如期实现全面建成小康社会的奋斗目标，需要对当前和今后一个时期我国经济社会发展面临的国际国内环境进行全面、辩证分析，以科学判断我国发展的重要战略机遇期内涵和条件发生了哪些变化，真正廓清我国经济社会发展面临的新机遇和新挑战，以及这些机遇和挑战如何影响我国发展等重大问题，以便更有针对性地采取措施，着力破解经济社会发展中的难题，促进经济持续健康发展和社会和谐稳定。

二、发展仍处于可以大有作为的重要战略机遇期

从国际环境看，尽管国际金融危机给世界经济造成深度冲击，世界经济增长速度减缓，各种形式的保护主义抬头，气候变化、能源资源安全、公共卫生安全等全球性问题更加突出，国际和地区热点问题此起彼伏，国际敌对势力对我国西化、分化的战略图谋没有改变，但和平、发展、合作仍是时代潮流，世界多极化和经济全球化深入发展，国际力量对比继续朝着有利于世界和平与发展的方向演化，我国同各大国、周边国家、发展中国家等的关系持续平稳发展，各国加强对华经济技术合作的意愿进一步增强，我国国际影响力和国际地位明显提高，国际环境总体上有利于我国集中精力搞建设、谋发展。

从国内发展条件看，尽管我国发展中不平衡、不协调、不可持续的问题依然突出，保障和改善民生工作压力较大，社会矛盾凸显。但我国正处于工业化、城镇化加速发展阶段，国内市场潜力巨大，劳动力资源丰富，国民储蓄率较高，科技创新能力不断增强，转变经济发展方式和调整经济结构步伐加快，经济长期向好的发展趋势依然存在，各方面体制机制不断完善，社会政治大局稳定，这些都为保持我国经济社会发展良好势头创造了有利条件、提供了广阔空间。

综合判断国际国内形势，应该十分明确地说，我们面临前所未有的机遇，也面对前所未有的挑战，但我国发展的重要战略机遇期存在的基本条件和我国发展机遇大于挑战的基本面，并没有因为国际国内形势新变化而发生根本变化。党的十八大报告关于我国仍处于可以大有作为的重要战略机遇期的重大判断，是符合实际的、完全正确的，具有充分客观依据和重大战略意义。

三、全面建成小康社会的目标

党的十八大报告根据我国经济社会发展实际，在党的十六大、十七大确立的全面建设小康社会目标的基础上，提出了一些更具明确政策导向、更加针对发展难题、更好顺应人民意愿的新要求，以确保到 2020 年全面建成的小康社会，是发展改革成果真正惠及十几亿人口的小康社会，是经济、政治、文化、社会、生态文明全面发展的小康社会，是为实现社会主义现代化建设宏伟目标和中华民族伟大复兴奠定坚实基础的小康社会。全面建成小康社会的目标是：

一是经济持续健康发展。在全面建成小康社会的进程中，发展仍是解决我国所有问题

的关键。在当代中国，坚持发展是硬道理的实质就是坚持科学发展，只有推动经济持续健康发展，才能筑牢国家繁荣富强、人民幸福安康、社会和谐稳定的物质基础。党的十八大报告提出的经济持续健康发展要求体现在六方面：第一，转变经济发展方式取得重大进展；第二，在发展平衡性、协调性、可持续性明显增强的基础上，实现两个“倍增”，即国内生产总值和城乡居民人均收入比2010年翻一番；第三，通过增强创新驱动发展新动力，使科技进步对经济增长的贡献率大幅上升，进入创新型国家行列；第四，通过构建现代产业发展新体系，促进工业化、信息化、城镇化、农业现代化同步发展，使工业化基本实现，信息化水平大幅提升，城镇化质量明显提高，农业现代化和社会主义新农村建设成效显著；第五，通过继续实施区域总体发展战略，充分发挥各地区比较优势，区域协调发展机制基本形成；第六，通过培育开放型经济发展新优势，使对外开放水平进一步提高，我国经济的国际竞争力明显增强。

二是人民民主不断扩大。人民民主是我们党始终高扬的旗帜。改革开放以来，我们总结发展社会主义民主正反两方面经验，强调人民民主是社会主义的生命，始终坚持党的领导、人民当家做主、依法治国有机统一，始终把政治体制改革摆在改革发展全局的重要位置，坚定不移加以推进，取得了重大进展，成功开辟和坚持了中国特色社会主义政治发展道路，为实现最广泛的人民民主确立了正确方向，为经济社会发展提供了有力政治保障。同时，我国政治体制也还有一些需要完善和发展的环节，在扩大人民民主方面还存在一些不足。当前和今后一个时期，推进政治体制改革、加强政治建设，总的就是要在党的领导下，发展更加广泛、更加充分、更加健全的人民民主，使民主制度更加完善、民主形式更加丰富，人民积极性、主动性、创造性进一步发挥；更加注重发挥法治在国家治理和社会管理中的重要作用，维护国家法制统一、尊严、权威，实现依法治国基本方略全面落实，法治政府基本建成，司法公信力不断提高，人权得到切实尊重和保障。

三是文化软实力显著增强。文化实力和竞争力是国家富强、民族振兴的重要标志。我们要全面建成的小康社会、建设的现代化，是物质文明和精神文明全面发展的小康社会和社会主义现代化。无论是推动经济社会发展，还是改善民生、促进社会和谐，都必须推动社会主义文化大发展大繁荣，提高国家文化软实力，发挥文化引领风尚、教育人民、服务社会、推动发展的作用。党的十八大报告从以下方面提出了增强文化软实力的目标要求：第一，社会主义核心价值体系是兴国之魂，决定着中国特色社会主义发展方向，必须使之深入人心；第二，全面提高公民道德素质是社会主义道德建设的基本任务，必须坚持依法治国和以德治国相结合，使公民文明素质和社会文明程度明显提高；第三，让人民享有健康丰富的精神文化生活，是全面建设小康社会的重要内容，必须实现文化产品更加丰富，公共文化服务体系基本建成，文化产业成为国民经济支柱性产业；第四，文化越来越成为国际竞争力的重要元素，要不断增强中华文化国际影响力，必须使中华文化走出去迈出更大步伐。总之，要使建设社会主义文化强国的基础更加坚实。

四是人民生活水平全面提高。在经济发展基础上使人民物质文化生活水平全面提高，是改革开放和社会主义现代化的根本目的，是扩大消费、促进经济发展的根本动力，也是保持社会稳定、促进社会和谐的重要保证，体现了人民群众对美好生活的新期待。人民生活水平全面提高体现在以下六个方面：第一，基本公共服务均等化总体实现，这是人民生活水平全面、普遍提高的重要标志；第二，全民受教育程度和创新人才培育水平明显提高，进入人才强国和人力资源强国行列，教育现代化基本实现，这是实现人的全面发展的基础；第三，就业更加充分，这是民生之本得到保障的具体体现；第四，收入分配差距缩小，中等收入群体持续扩大，扶贫对象大幅减少，这是发展改革成果惠及全体人民的重要体现；第五，社会保障全民覆盖，人人享有基本医疗卫生服务，住房保障体系基本形成，这是实现老有所养、住有所居、病有所医的必然要求；第六，社会和谐稳定，这是人民安居乐业的必要前提。

五是资源节约型、环境友好型社会建设取得重大进展。推动形成人与自然和谐发展现代化建设新格局，是保持经济持续健康发展、提高人民生活质量、促进社会和谐稳定的必然要求。针对发展面临的越来越突出的资源环境制约，适应人民群众对良好生态环境越来越迫切的要求，在推动经济社会发展的同时，生态文明建设必须在以下四方面取得明显成效：一要优化国土空间开发格局，使主体功能区布局基本形成；二要全面促进资源节约，初步建立资源循环利用体系；三要加大自然生态系统和环境保护力度，单位国内生产总值能源消耗和二氧化碳排放大幅下降，主要污染物排放总量显著减少；四要实施重大生态修复工程，实现森林覆盖率提高，生态系统稳定性增强，人居环境明显改善。

全面建成小康社会，必须以更大的政治勇气和智慧，不失时机深化重要领域改革，坚决破除一切妨碍科学发展的思想观念和体制机制弊端，构建系统完备、科学规范、运行有效的制度体系，使各方面制度更加成熟更加定型。一是要加快完善社会主义市场经济体制，完善公有制为主体、多种所有制经济共同发展的基本经济制度，完善按劳分配为主体、多种分配方式并存的分配制度，更大程度更广范围发挥市场在资源配置中的基础性作用，完善宏观调控体系，完善开放型经济体系，推动经济更有效率、更加公平、更可持续发展。二是加快推进社会主义民主政治制度化、规范化、程序化，从各层次各领域扩大公民有序政治参与，实现国家各项工作法治化。三是加快完善文化管理体制和文化生产经营机制，基本建立现代文化市场体系，健全国有文化资产管理体制，形成有利于创新创造的文化发展环境。四是加快形成科学有效的社会管理体制，完善社会保障体系，健全基层公共服务和社会管理网络，建立确保社会既充满活力又和谐有序的体制机制。五是加快建立生态文明制度，健全国土空间开发、资源节约、生态环境保护的体制机制，推动形成人与自然和谐发展现代化建设新格局。

第十一章　市场经济的国际化

随着生产社会化的不断发展，一国市场经济活动的范围必然会突破国界的限制，与外部世界发生日益广泛和密切的联系。日益加深的国际化成为现代市场经济的一个重要特征。这种国际化日趋广泛和深化的标志在于，在商品贸易日趋扩大的同时，资本、技术、劳动力也在不断加快国际化进程，国际收支关系已成为影响一国经济运行和发展的重要方面。本章通过研究市场经济国际化的主要内容和规律，使我们能够初步了解国际经济的发展趋势，有效推动我国经济的国际化进程。

★ 第一节　对外贸易 ★

一、对外贸易的产生及其作用

(一) 对外贸易的产生

对外贸易，是指一个国家或地区同别国或地区进行的商品(或劳务)交换活动，包括出口和进口两个方面。它是国内流通的延伸和补充。对外贸易分为有形商品贸易和无形商品贸易两大类。前者是指具有外形的货物的进出口，包括初级产品和制成品；后者是指不具有货物外形的商品的进出口，其中，主要是服务贸易(如运输、保险、贷款、旅游、技术等方面提供的服务)

对外贸易属于历史范畴，是在一定的历史条件下产生和发展起来的，是一国市场经济发展过程中交换的层次和范围不断深化和扩大的必然要求。从根本上说，社会生产力的发展和社会分工的扩大，是对外贸易产生和发展的根本动因。原始社会末期出现了国家，商品流通超越国界，就产生了对外贸易。在奴隶社会和封建社会，由于生产方式和交通条件的限制，对外贸易在当时的社会经济中都不占重要地位，贸易的范围和商品品种都有很大的局限性，贸易活动也不经常。只有到了资本主义社会和近代机器大工业之后，在一国国内市场相对于其生产规模显得日益狭小的情况下，对外贸易才获得了广泛的发展，真正具有了世界性。这不仅表现为贸易数量和贸易商品种类的大幅度增加，更表现为贸易的范围已扩展到整个世界。因此，开展对外贸易是一国经济发展的必然要求。对外贸易的基础在于各国在自然禀赋、技术水平及经济诸条件上的差异。这些差异的存在，导致了各国在既定的时间内生产的商品具有不同的国际价值，使各国可以通过国际市场交换，获得比较价值，分享国际分工的好处。

(二) 贸易利益的表现

在各国经济日趋国际化的条件下，对外贸易可以获得贸易利益，对一国经济发展和全球经济的繁荣具有重要的作用。从一国角度来看，这种贸易利益表现在四个方面：

(1) 可以使生产者扩大市场占有量，增加商品销售，获得更大的市场收益。

(2) 可以通过出口获得比在国内市场更大的市场收益，用以进口比在国内生产时更多的产出，使消费者支付同量的货币能获取更多的产品，从而提高国民的福利水平，改进生活质量和消费水平；同时，由于参与国际分工，提高本国生产的专业化水平，使国内产品价格更加便宜，也可以提高国民的货币购买力，提高福利水平。

(3) 通过出口使得国内生产得以扩大，本国就业率提高，提高劳动力资源的使用率和产出率，有利于本国经济增长和社会稳定。

(4) 通过对外贸易带动相关产业的发展，可以产生产业关联的投入产出效应，带动前向产业或后向产业的发展和繁荣，产生整体产业结构的优化、升级效应。

(三) 发展对外贸易在一国整个国民经济中的重要作用

(1) 对外贸易是刺激本国经济迅速增长的强大推动力。

通过对外贸易可以连接和利用国内外两个市场和两种资源，在充分利用国外市场扩大本国产品的价值实现，获得质优价廉的本国所需产品、资源和先进技术，降低成本，提高经济效益的同时，又可直接感受到国际市场竞争的压力和挑战，看到本国经济与国际先进水平之间的差距，从而促进国内生产不断更新技术，提高劳动生产率和产品的国际竞争力，激发出全民族增强本国的经济实力，提高经济技术水平，赶超发达国家的精神动力。

(2) 对外贸易有利于节省社会必要劳动，取得比较经济利益。

通过出口本国具有相对优势的产品，进口本国处于相对劣势的产品，达到以同样的劳动和费用，取得更多的经济效益的功效。

(3) 对外贸易是国民经济发展的国外延伸，其发展可以辐射带动工业、交通运输、邮电、金融、保险和生产服务等其他部门的相应发展，从而推动整个国民经济融入世界经济加速发展。

(4) 对外贸易可以互通有无，调节余缺，增加市场供给，充分满足国内对生产资料和生活消费品的多方面需要，有利于人民生活内容的丰富和生活质量的提高。

要发挥对外贸易对经济的有利作用，还取决于建立适当的对外贸易体系，选择正确的进出口发展战略，否则对外贸易也会带来负效益。

二、影响进出口贸易的因素

(一) 影响出口贸易水平和结构的因素

就出口水平看，它受到下列国内、国际因素的影响：

(1) 一国自然资源的丰裕程度。一般说来，如果一国资源比较丰富，除用来满足本国的生产和消费需要之外还有剩余，就可以用来出口。因此，资源丰裕程度制约出口水平的高低。

(2) 一国生产能力的大小。在自然资源和生产资源一定的条件下，资源的利用、加工能力越高，产出越有效率，就越能增大出口水平。

(3) 汇率水平的高低。随着汇率的变动，出口产品在国外的价格也会发生变动，从而出口量也将发生相应的变动。

(4) 一国政府采取的出口政策也对出口水平具有重要影响。

(5) 国际市场需求状况及各国的贸易政策对出口贸易水平的影响是十分明显的。

影响出口结构的因素，主要有以下几处方面：

(1) 国内各种资源的结构及在国际上的相对丰裕程度。相对丰裕程度高的资源种类所产出的产品在出口商品结构中比重就较高。

(2) 技术水平。如果技术水平低，加工能力低，在出口产品中的初级产品和农副产品加工所占比重就大，反之，技术水平高、加工能力强，出口产品结构中的加工制成品比重则高。

(3) 世界产业结构和需求结构的变化，对不同类型出口国家(如劳动密集型产品为主或资本密集型产品为主)会提出不同的需求，进而制约各国的出口结构。

(二) 影响进口贸易水平和结构的因素

就进口水平来说，根本的国内因素在于社会总产出和收入水平的提高。一方面，社会总产出水平提高了，对进口设备和原材料的需求将随之增大，从而扩大进口；另一方面，居民的收入水平提高了，通常会消费更多的进口商品，提高收入增长的进口率水平。

影响进口结构的因素主要是：在正常情况下，一定时期内进口商品的构成，取决于一国的资源状况、产业结构状况和消费结构的变动，并在很大程度上取决于一国政府在一定时期所采取的经济政策。

从总体状况看，如果进口需求强，出口能力弱，进口值大于出口值，就会外贸入超(或净进口)；反之，如果出口能力强，进口需求弱，出口值大于进口值，就会造成外贸出超(或净出口)。

三、对外贸易与宏观经济平衡

保持宏观经济大体平衡是一国经济实现正常发展的基本条件。在存在进出口的情况下，宏观经济中社会总需求与社会总供给的平衡条件是：

$$\text{社会总需求} = C + I + G + X$$

$$\text{社会总供给} = C + S + T + \mathrm{IM}$$

$$C + S + T + \mathrm{IM} = C + I + G + X$$

式中，C 为消费，I 为投资，G 为政府需求，S 为储蓄，T 为政府供给，X 为出口，IM 为进口。

将该式移项整理后可得：

$$X - \mathrm{IM} = (C + S + T) - (C + I + G)$$

这个平衡式的含义是：在开放经济条件下出口影响社会总需求，进口影响社会总供给，出口与进口的差额应等于国内总供给与总需求的差额。进出口是影响宏观经济平衡的两个重要变量，政府对外贸易变量的调控构成宏观经济调控的一个极为重要的内容。

当经济发生失衡时，而国内经济变量又不易调整的情况下，政府通过对进出口的直接或间接调节，可以使经济实现均衡。比如，任一国发生国内需求过大而出现通货膨胀，又无法抑制时，政府可以通过增加进口或减少出口而使总供求趋于平衡。相反，当一国总需求不足而出现失业现象时，政府也可借助于扩大出口或减少进口的办法而消除生产过剩的危机，实现社会总供求的平衡。

★ 第二节　资本的国际流动与跨国公司 ★

一、国际资本流动的概念和方式

（一）国际资本流动的概念

国际资本流动是指资本的跨国流动，即从一个国家(或地区)转移到另一个国家(或地区)，实现国际经济交往的目的。资本的国际流动是市场经济发展的内在要求，是市场经济国际化的重要表现。

从资本流动的方向来看，资本的国际流动一般包括两个方面：资本流出与资本流入。资本流出是指本国资本输出到国外，即本国向外国支出本国货币或外汇，属于国际收支的支出项目。其主要包括：① 本国在外国的资产增加；② 本国对外国的负债减少；③ 外国在本国的资产减少，④ 外国在本国的负债增加。资本流入是指外国资本输入到本国，即从外国收入本国货币或外汇，属于国际收支的收入项目。其主要包括：① 外国在本国的资产增加；② 外国对本国的负债减少；③ 本国在外国的资产减少；④ 本国在外国的负债增加。

国际资本流动的范围、方式、规模以及顺利程度要受各国外汇管制条件的约束，以及国际资本市场健全程度的影响。

（二）国际资本流动的方式

国际资本流动的方式可以有多种划分方法。例如，按照资本流动的具体方式不同，可以分为借贷资本与生产资本的国际流动；按照资本占有实体的不同，可以分为国家资本流动与私人资本流动；按照资本流动期限不同，可以分为长期资本(一年以上或未规定到期期限的资本流动)与短期资本(期限为一年或一年以内的资本流动)。

二、国际资本流动的原因及效应

（一）国际资本流动的原因

国际资本流动产生和发展需要多方面的条件，有其深刻复杂的国际政治、经济原因。既是当代世界经济一体化的显著特征，又是其必然产物。

(1) 资本作为生产要素或一种特殊商品在世界市场上的供求失衡是国际投资的前提条件和首要原因。

从国际资本的供给方面看，发达国家的经济发展水平高，资本积累的规模越来越大，但其国内经济增长缓慢，各种经济矛盾不断激化，国内投资场所日益萎缩，投资收益逐渐下降，因而出现了大量相对过剩的资本。在这种情况下，过剩的资本就会通过国外投资流向其他国家以谋取高额利润，特别是流向劳动力充裕，自然资源丰富的发展中国家。从国际资本需求方面看，大多数发展中国家的经济落后，国内资金短缺，不能满足经济发展的需要，不得不以积极的姿态和优惠的待遇引进外国资本，从而形成了对国际资本的巨大需求。资本的大量过剩和巨大需求并存，是国际投资产生和发展的根本原因。

(2) 一国政府为引导和协调国民经济发展所制定的经济政策对国际资本流动的影响也很大。

例如，为克服国内资金短缺的困难，政府会制定出一系列优惠政策来吸引外国资本；当国际收支出现逆差时，政府会利用资本输入，暂时改善国际收支状况；为刺激国内经济发展，政府可能实行赤字预算和通货膨胀政策，而财政赤字和通货膨胀也会引起国际资本流动；为调节国际投资的方向和规模，政府可采取或松或紧的外汇管制，并制定出国内外的投资政策指南等。特别在世界经济不景气或国际经济关系不稳定时期，各国经济政策对国际投资产生的影响更为重要。

(3) 在现实经济生活中，由于市场的缺陷和各种消极因素的存在，造成投资者经济损失的风险随时可能出现。

为避免风险，大量资本从高风险的国家和地区转向低风险的国家和地区。同时，从投资策略上看，降低风险可能造成的损失，不仅要求投资分散于不同的行业，而且要求投资分散于不同的国家。因为投资者可以利用行业和国家之间的差异以丰补歉，保证投资收益的稳定性，从而使公司面临的总体风险相对缩小些。

(4) 通过国际资本流动既可以直接有效占领和扩大世界市场，增加商品输出，又可以降低成本和增加利润。

在别国投资生产可以获得石油、矿产等多种廉价的原材料，利用发展中国家廉价的劳动力降低商品输出的费用，还可以绕过贸易对方国的关税壁垒，有效提高产品的竞争力。国际投资所具有的这些增加效益的独特机制和效果，是刺激和吸引投资者积极扩展海外投资的直接动因。

此外，利率和汇率作为市场经济运行中的两大经济杠杆，也直接决定和影响着国际资本流动的方向和规模。

(二) 国际资本流动的效应

国际资本流动产生是当代世界经济发展的内在要求，反过来又对世界经济发展，对资本输出国、输入国的经济产生广泛深远的影响。它可以使先进生产技术、管理经验得到传播，推动国际合理分工，使资本等生产要素得到高效的配置和利用，从而提高世界的总产量和投资收益率，促使国际金融市场的成熟，加快世界经济一体化的进程，因而已成为世界经济发展的主要推动力。目前几乎所有国家和地区都加入了国际资本流动的行列，使国际资本流动成为国际间经济联系的一条纽带。但由于各国国情和利用国际资本流动的方法、水平不同，因此具体到每一个资本输出国或输入国来说，既可能有积极的影响也可能产生消极的影响。

1. 国际资本流动对资本输出国的经济影响

(1) 能够提高资本的边际效益。通过把在本国预期利润率较低的资本转移到资本短缺或投资环境好的国家和地区，即可提高资本使用的边际效益，增加投资的总收益。

(2) 可以带动商品和劳务的出口。国际投资不是简单的货币资本流动，而是包括货币资本、技术装备和管理经验等在内的总体转移。例如到国外去投资办厂不仅需要投入货币资本，而且需要投入工艺技术、生产设备和专家服务。对外贷款，特别是出口信贷，往往是与购买本国成套设备和大宗产品相联系的。因此，有助于扩大输出国的出口规模，推动国内经济的发展。

(3) 是跨越贸易保护主义壁垒，维持和扩大国外市场份额的有效途径。80 年代后，日本和韩国等国加大对欧美等国的长期投资，其目的就是为了躲避美国的贸易制裁和欧洲大市场的共同关税壁垒，并获取当地的国民待遇，就近向那里的市场扩张。

(4) 有利于提高国际地位。在当今世界，一个国家在国际社会中的地位越来越取决于该国的经济实力和经济影响力。国际投资，一方面可以增强输出国的经济实力，另一方面又可以直接影响输入国的经济、政治，甚至整个社会生活，从而有利于提高输出国的国际地位。美国今天之所以成为世界上最重要的国家之一，这是与它庞大的资本输出不无关系的。

通过资本输出进行国际投资对输出国经济可能带来消极的影响是：① 如果资本输出过多，可能会削弱输出国的国内投资项目资金供给能力，导致就业机会减少，财政收入降低，妨碍国内经济的稳定发展。② 因海外各国情况各异，影响投资安全和收益环境因素非常复杂，与国内环境因素区别很大且更难以全面掌握，从而加大了国际投资的风险。③ 直接投资会提高东道国的产品的国际竞争能力，从而增加潜在的竞争对手。

2. 国际资本流动对资本输入国的经济影响

(1) 缓和资金短缺的困难。发展中国家经济发展中的主要困难在于资金匮乏，通过输入外国资本，可以在短期内获得大量资金，一方面可以解决资金供不应求的矛盾，另一方面又能加大经济建设中的资金投入，从而促进经济发展。

(2) 尽快提高工业化水平。国际投资重心向知识密集型行业的转移可以推动输入国产业结构升级，同时，以技术入股、技术转让等方式向输入国提供先进的技术、工艺和产品，这能够改善输入国的技术装备状况，提高产品的高技术含量。

(3) 扩大产品出口。资本输出国把在东道国国内所生产的产品返销本国市场或国际市场，可以扩大输入国的产品出口，同时输入国也可利用外资所带来的先进技术和海外销售渠道，提高自己产品的出口创汇能力。

(4) 资本输入能带来资金、技术、设备和其他生产要素，在较短时间内创造出较多的就业机会。

对资本输入国经济的消极影响主要有：① 大量的外国资本渗透到国民经济的重要部门或控制众多的工商企业，会损害输入国工业体系和经济发展的独立性和自主性。② 掠夺资源和挤占市场，使输入国企业生存和发展的空间变得狭小，危及国民经济正常运行。③ 可能造成沉重的债务负担。

三、跨国公司与企业国际化

(一) 企业国际化的过程

从事国际投资的主体，包括一国政府、个人(自然人)和企业(法人)。其中，跨国公司占据着举足轻重的地位，二战以来的国际直接投资主要是靠跨国公司实现的。所谓跨国公司，按照联合国经济及社会理事会的定义，即：跨越国际从事营利性经营活动的企业组织。跨国公司可以在母公司和海外分、子公司之间实行整体性统筹规划，使其资金、技术及中间产品通过公司内部转让，进而实现公司系统的总利润最大化，同时还可制定和实施全球战略，在世界范围内配置资源、安排生产，获取垂直的和水平的分工利益及规模经济效益，占有接近于垄断状况的优势。因此，随着生产和资本的国际化，跨国公司迅速发展。

跨国公司的出现是企业组织结构和运作管理方式的重大变革，是企业国际化进程的直接体现和主要推动力。企业国际化是适应经济国际化的需要而产生的，按照程度和范围，可分为四级：

第一级国际化，企业特征是：① 和国外市场的接触是间接的、被动的；② 公司的经营方向和国际业务的开展都是在国内；③ 国际活动的方式主要是货物与劳务的对外贸易，④ 在组织结构上依然是国内传统的。

第二级国际化，企业特征是：① 和国外市场的接触是直接的、主动的；② 公司的经营方向和国际业务的开展都是在国内；③ 国际活动的方式也还是货物与劳务的对外贸易，④ 在组织结构上有一个负责国际业务的机构。

第三级国际化，企业特征是：① 企业主动、直接和国外市场接触，寻求国际业务的开展；② 国际业务的开展有的直接在国外进行；③ 公司除了对外贸易，还开展国外援助，并进行国外直接投资；④ 这时的企业有一个国际部专门负责国际业务的开展。

第四级国际化，这时的公司具有全球意识和全球组织，没有国别特性，经常把其国内活动仅仅看做是它的世界性活动的一部分。从事对外贸易、开展国际合作，进行国际投资，获取国际利润。

企业国际化的这四个级别既横向反映了各国各个企业处在国际化不同级别的不平衡状况，也纵向代表了企业国际化从低级向高级的发展历程。由此可以看出：跨国公司实际上是企业国际化较高水平的代表。因此，跨国公司的成因、特点、作用都深刻反映了企业国际化的必然性。

(二) 跨国公司的特征、成因及作用

1. 跨国公司组织和经营活动的特点

(1) 具有全球战略目标和高度统一的管理；

(2) 向综合化多种经营方式发展；

(3) 以开发新技术推动跨国公司的发展，在新技术革命中始终保持领先地位；

(4) 更多利用非价格竞争手段(如提高产品质量和性能、增加花色品种、改进包装、改善售前售后服务等)争夺世界市场；

(5) 具有明显的规模经济效益，无论从生产还是从市场占有量来看，一般都大于非跨国公司。

2. 跨国公司形成原因

现代经济学提出了四种代表性理论：

(1) 垄断优势论。认为跨国公司作为国际直接投资经济体的基础在于这些企业拥有垄断优势。这既包括生产技术、管理与组织技能及销售技巧等优势，以此在不具备这些优势的东道国投资办厂，即可降低成本，赢得当地市场竞争，赚取更多的优势。

(2) 区位理论。认为跨国公司的形成是从全球范围内寻求最佳投资环境、优化资源配置的结果。可以说明企业为什么要到特定的国家进行直接投资。

(3) 市场内部化理论。认为跨国公司可以在较大范围内建立生产经营实体，形成自己一体化空间和内部交换体系，能够把公开的外部市场交易转变为不公开的内部市场交易，从而克服外部市场的不完全性，节省交易费用，以实现利润的最大化。

(4) 国际生产折中论。主要是把直接投资、产品出口和技术转移等综合起来考虑。从所有权优势、内部化优势和区位优势三方面系统分析跨国公司的成因。

3. 跨国公司的发展对世界经济的发展产生着日益重要的促进作用

(1) 跨国公司本身成为当代世界经济最重要的力量之一。据联合国专家估计，到 20 世纪 80 年代初，跨国公司的生产总值相当于当年全世界生产总值的 1/3，远远超过第三世界国家国民生产总值的总和，也超过全世界贸易总额，在世界经济和国际经济关系中占有举足轻重的地位。

(2) 跨国公司的发展促进了经济生活国际化的进程。跨国公司的生产和发展是建立在生产国际化基础上的，而它的发展又大大加速了生产国际化的进程：跨国公司对外投资的发展推动了资本国际化、金融国际化的发展，跨国公司的多种经营和全球性活动使商品国际化程度不断提高；跨国公司的多种经营和全球战略，全面加速了经济生活国际化的进程。

(3) 跨国公司的发展促进了东道国经济的发展。跨国公司对东道国经济的直接影响是扩大就业数量、带动贸易出口、增加税收、刺激经济发展，提高人均国民收入；间接影响是通过产业关联，带动东道国一批协作企业的发展。并通过技术转移，刺激新兴工业部门的出现，同时也使东道国引入了先进技术和科学管理经验。这些都有利于东道国技术的发展。

当然，跨国公司的对外活动也加剧了资本主义国家之间的竞争和矛盾，对发展中国家的经济发展也有消极作用。如掠夺财富、控制其经济等。

★ 第三节　国际收支与外汇市场 ★

一、国际收支及其调节

(一) 国际收支的概念

一国的对外经济交往必然导致其与外国之间的债权或债务关系的发生，也必然涉及国际货币收支问题，也就是国际收支平衡及其调节问题。

国际收支是指一个国家或地区与其他国家或地区之间由于各种经济交易所引起的货币收付或以货币表示的财产的转移。具体包括：① 由于清算国际间债权债务而引起的国际间的货币收付，如进出口贸易引起的货币收付，资本的输出、输入等；② 不是因债权债务关系而发生的国际间的货币支付，如捐款、赠款、侨汇等单方面转移性货币收付；③ 无货币收付的财产在国际间的转移，如国际间的物资援助、易货交易等。

(二) 国际收支平衡表

国际收支平衡表也称国际收支差额表，是系统地记录一定时期内各种国际收支项目及其金额的一种统计表。它总括地反映一个国家的国际收支状况。

国际收支平衡表是按复式簿记原理并采用借贷记账法编制的。一切国际经济交易都在国际收支平衡表上的借贷两方得到表示。具体的表示方法是：一切资产减少，负债增加或收益项目，均列入表的贷方，称为正号(+)项目或收方项目，表示外汇资金的来源；一切资产增加，负债减少或项目，均列入表的借方，称为负号(–)项目或付方项目，表示外汇资金的运用。由于每一笔交易必须按相同的金额分别列入平衡表的借方和贷方，所以平衡表的借方总额与贷方总额在账面上总是相等的，其净差额为零。

但是，国际收支平衡表中的各个具体项目，如商品的出口与进口，劳务的收入和支出，资本的流进与流出等，经常是不平衡的，因而，每一个项目的收入与支出相抵后，就会出现贸易差额、劳务差额、资本差额等，这种差额通常称为局部差额。如果收入大于支出，出现贷方余额时，称为顺差；支出大于收入，出现借方余额时，称为逆差。各项局部差额的总和，就是一个国家的国际收支总差额。国际收支出现顺差(或盈余)用“+”号表示；国际收支出现逆差(或赤字)用“–”号表示。

国际收支平衡表一般由经常项目、资本项目和平衡项目三部分内容构成。

(1) 经常项目指一个国家对外收支中经常发生的项目，是国际收支平衡表中最基本、最重要的项目，它包括以下三个收入项目：贸易收支；劳务收支；转移收支。

(2) 资本项目，指资本的输出和输入，反映资本在国际间的流动，一般为长期资本和短期资本两大类。

(3) 平衡项目，包括：错误与遗漏；分配的特别提款权；官方储备。

(三) 国际收支的调节

国际收支经常处于不平衡状态。一国的国际收支能否保持基本平衡，对该国的经济和政治具有重要影响。如果一国的国际收支连年出现逆差，就会造成该国黄金、外汇储备减少，货币币值下降，短期资本大量外流，削弱该国的经济实力，以致发生国际支付危机；反之，如果一国的国际收支连年出现大量顺差，也会对该国经济产生消极影响。因为这会使本国货币币值坚挺，对外汇率上升，影响出口，同时，巨额的外汇储备需占用大量国内资金，必然增加货币供应量，造成通货膨胀。因此，不论是发生顺差或逆差，各国政府都要采用必要的政策措施加以调节，努力做到国际收支趋于平衡。一般来讲，在一国对外收支出现逆差时，通常使用中央银行提高再贴现率以刺激国内资本市场的利率上升的政策，通过政府干预外汇市场以稳定汇率的政策等。在国际收支出现顺差时，相应地采取与上相反的政策。常用的政策措施有：调整利率；调整汇率；财政收支增加和税率调整；贸易管制；外汇管制；外汇储备等等。

二、外汇、汇率与外汇市场

（一）外汇

外汇，通常指以外币表示的用于国际结算的支付手段和资产，它是国际经济活动得以进行的基本手段。外汇的概念有静态概念和动态概念。动态概念是指一国货币通过汇兑活动转换成另一国货币的实践过程，通过这种活动可以清偿国际间的债权债务；静态的概念是指国际间为清偿债权债务关系进行的汇兑活动所凭借的手段或工具。现实生活中常用的是指后者。静态的外汇定义就是：外汇是一种以外币表示的、用于国际结算的支付手段。外汇必须具备两个条件：

(1) 外汇是以外币表示的资产，任何以本币表示的资产对本国来说都不能称其为外汇；

(2) 外汇必须是可以自由兑换成其他形式的，或以其他货币表示的资产。

外汇指下列以外币表示的可以用作国际清偿的支付手段的资产：① 外国货币，包括纸币、铸币；② 外币支付凭证，包括票据、银行存款、邮政储蓄凭证等；③ 外币有价证券，包括政府公债、国库券、公司债券、股票、息票等；④ 特别提款权，欧洲货币单位；⑤ 其他外汇资产。外汇包括外币，但外汇不等于就是外币，外汇中还包括其他内容，外汇的主要内容是外汇支付凭证。外汇包括外币，但外币并非都是外汇。通常情况下，只有可以自由兑换的外币才是外汇。

（二）汇率

汇率，又称汇价，是两国资本相互兑换的比率，或者说是一种货币表示的另一种货币的价格，是衡量两国货币价值大小的标准。

汇率的表示方法有两种：① 直接标价法。指以一定单位的外国货币为标准来计算折合多少单位的本国货币。例如，100 美元等于 612.3 元人民币。② 间接标价法。指一定单位的本国货币为标准来计算折合若干单位的外国货币。例如，1 美元等于 0.6372 英镑。

外汇汇率制度可分为两种：① 固定汇率制。指在本国货币与其他货币之间维持一定固定比率，汇率波动只能限制在一定范围内，官方可以出面干预以维持汇率稳定的一种汇率制度。② 浮动汇率制。指本币与外币之间的汇率不由官方制定，而由外汇市场供求关系自发地决定，即汇率可以自由波动的制度。

在市场经济条件下，汇率与进出口贸易有着密切的联系。简单地说，本国货币汇率下跌有利于出口，不利于进口；本国货币汇率上升，有利于进口，不利于出口。汇率与进出口的这种关系使汇率成为各国调节经济的一种手段。

（三）外汇市场

外汇市场是进行各种外汇买卖活动的交易场所，是国际金融市场的重要组成部分。外汇市场活动的参与者主要有经营外汇业务的指定银行、外汇经纪入、进出口商、外汇投机者和其他外汇供求者，还有各国的中央银行。外汇市场的发育应具备一定的条件，在一个实行严格外汇管制的国家里，很难有真正的外汇市场。只有实行自由的或管制较松的外汇制度的国家，才能有较完备的外汇市场。

外汇市场的存在和发展，促进和顺利了国际货币交易的进行，对世界经济生活具有重大作用。主要表现在：实现购买力的国际转移，提供国际性的资金融通；反映国际间外汇资金运动和汇率变化的趋势；避免或阻止外汇风险的发生。

★ 第四节　国际技术贸易与劳动力的国际流动 ★

一、国际技术贸易与劳动力的国际流动的概念和作用

在现代国际经济交往中，除了对外贸易和资本的国际流动之外，还存在着以生产要素形式发生的技术贸易与劳动力的国际流动。它们作为经济生活国际化的内容，对一国市场经济的运行及其资源配置具有重要影响。

（一）国际技术贸易

国际技术贸易是指政府机构或企业之间按照商业条件签订技术协议或合同进行的有偿技术转让活动。由技术的输出和输入两方面构成，习惯上称技术输入为技术引进，技术输出一般伴随着机器设备的输出。但当一国只是进口机器设备时，并不等于就引进了技术。

国际技术贸易对双方同样都是有利的。就输出方来说，一方面，由于它拥有的技术对输入方来说是一种垄断优势，可以收取大量的技术转让费，并占领国际市场；另一方面，伴随着技术贸易的发生，一国的产品及劳务出口也会增加，从而获得外汇收益。就技术输入方来讲，利益更加明显。首先，一种相对于国内较为先进的技术引进，可以提高生产效率，增加收入；其次，可以加快本国国民经济各部门的技术改造和发展速度，缩短新技术研制时间和研制费用，提高产品质量以增强在国际市场上的竞争能力。

国际技术贸易得以产生并具有促进经济技术发展的有利作用的根本原因在于技术转移既是科学技术本身发展规律的体现，是由技术的生命周期性所决定的，又是商品经济发展的客观要求，同时还是落后国家经济振兴的捷径。因此，在科学技术已成为第一生产力，知识经济迅速发展的今天，技术贸易日益受到世界各国的重视，呈现出加速发展的趋势。

（二）劳动力的国际流动

劳动力国际流动是指随劳动者实体的流动而发生的劳动力国际转移，包括劳动力的输出和输入两方面。劳动力流动的途径、方式具有多样性。就国际劳动力输出而言，主要包括对外承包工程劳动力输出；带动劳务输出的对外投资；向国外移民；对外人才援助；其他人才输出等渠道。相应的，国际劳动力输入主要是通过：外商承包工程劳动力进入；吸收外商投资而带动的人才输入；接受国外移民；接受外来人才援助以及其他形式的人才输入等渠道。

劳动力国际流动作为生产国际化的必然要求和产物，对世界经济的发展有积极的促进

作用，对各个参与国经济的影响和利弊性则要取决于各国经济的实际情况以及流动的劳动力本身构成等因素。对于劳动力流出国来说，有利于缓解国内的就业压力；增加外汇收入，改善国际收支；带动产品出口，促进国内生产的增长；同时还有利于学习国内外的先进技术、积累经营管理经验，培养本国的科技和管理人才。此外，通过劳动输出还可获得良好的国际影响，在获得经济效益的同时，形成一定的社会效益。但是技术劳务输出的不断增加，势必造成输出国特别是发展中国家人才流失，阻碍经济发展。

对于劳动力流入国而言，有利于解决国内劳动力短缺的问题；流入的若是高层次人才，还可有效提高技术和管理水严，增强经济竞争实力，并可降低劳动成本，获得比较利益；同时还有助于开拓新的生产领域，扩大国际技术交流。但同样也可能形成消极影响：诸如引发移民、交通拥挤等社会问题，劳动力供给过旺又会对就业造成压力，并增加财政负担，此外还可能导致技术断层。

因而，在参与国际人才交流的过程中，无论是劳动力的输出国还是输入国都要结合本国的实际情况，采取适当对策，力争在人才交流中趋利避害，发展经济。

总之，技术贸易和劳动力国际转移都属于一种生产要素的国际流动现象，它们与资本流动一样，使得国际范围内的资源可以更加直接的进行配置，从而会引致配置效率的提高和经济的发展。

二、技术贸易的内容和形式

（一）技术贸易的特征和内容

技术贸易的主体是技术，技术作为人类智慧的结晶所固有的特性和表现形态决定了技术贸易具有不同于商品贸易和资本流动的特征，即：① 它是一种无形贸易。② 在技术贸易中，技术的可共享性使得所有权并不会转移，但输入国则不必重复投资即可直接运用于生产经营过程。③ 双方的合作关系并不会因市场交换关系的结束而结束，往往有一个较长的持续过程。④ 技术在商品化以后，其定的弹性区间较宽。

与技术的多样性相对应，技术贸易的主要内容是：各种形式的工业产权的许可证交易；专有技术和专门知识的转让交易；提供可行性研究、技术咨询、培训管理人员和工程技术人员的交易；提供工程设计、设备安装、操作和使用技术的交易；成套设备交易或与技术转让有关的机器、设备、原料等交易。由上可见，技术贸易既包括技术知识的买卖，也包括与技术转让有关的机器设备等的买卖。在技术贸易中，前者被称为软件，后者被称为硬件。

（二）技术贸易的形式

由于各种技术的不同特点及其所有者的不同动机，技术贸易的形式很多，并在不断创新之中，主要包括：

1. 许可证交易

即我方从国外得到技术方许可的制造、销售该技术项目产品的权利，同时由我方向对方支付一定数额的报酬。许可证按其授权允许的范围可分为：独占许可证、排他许可证、普通许可证和交换许可证。

2. 合作生产

即我方同国外的企业根据所签协议，在某项或者几项产品的生产、销售上采取联合行动，在合作的过程中，由外方将有关该产品的生产技术知识传授给我方。

3. 技贸结合方式

即商品贸易与技术引进相结合，其具体做法有两种：一是以进口设备为筹码，结合技术引进；二是在引进设备的同时，通过合作生产制造的方式引进技术。

4. 交钥匙方式

即我方委托外方承包技术工程，至全部完工后，交付给我方。按照这种方式，外商应负责工程的全部技术工作与管理工作，包括工程设计、项目实施、直到开工试验，最后把一项能开工使用的工程交付我方。

其他还有技术援助、进口文献资料、合作研究等方式。在引进技术中，要注意选择经济有效的方式引进我国需要又适合的技术。

三、劳动力国际流动的特点与趋向

(一) 劳动力国际流动的特点

劳动力的流动因必须伴随劳动者本身一起发生，从而使其具有不同于其他生产要素的国际流动的一系列特点：

(1) 由于劳动者既定的某种生活习惯及其接受的道德规范的影响，使劳动力流动并不取决于经济因素的比较；

(2) 由于流入国家可能受雇佣的职业与劳动者本身既有的某种知识、技巧等并不一定吻合，从而使劳动者为获得就业就必须重新学习，这就增加了流动的障碍。

(3) 由于劳动力的国际转移，不仅会改变参与国的资源配置格局，而且会改变各国不同生产要素之间的收入分配格局，加之智力型劳动者需要花费大量投资才能培养出来，因此，其流动会受到政府等非市场因素的限制。

(4) 从经济上来讲，只有流入地区能提供足以弥补其流动的机会成本的更高报酬，劳动力国际转移才能发生。

(二) 劳动力国际流动的趋向

在资本、技术和劳动力三种生产要素的国际流动中，劳动力的国际流动是最困难的，但是，随着生产国际化和国际分工的深化，劳动力已经随同其他生产要素一道高度国际化了，劳动力国际流动冲破阻碍加速发展已成为大势所趋。战后以来，随着劳动力国际流动的必然性和积极作用不断显现，以及现代国际劳务市场的形成，劳动力国际流动也呈现出新的发展趋向。

(1) 由于各国对劳动力、国际人才的供给，需求的数量、素质不尽相同，使国际人才交流的竞争日趋激烈。

(2) 劳动力流动受高新技术发展等因素的影响向多层、高层化方面发展。

(3) 伴随国际承包工程的发展，劳动力国际流动向集团化方向发展。总之，劳动力国际流动发展趋势反映了各国平等的劳务交换的需要，已成为当今世界经济生活中的重要内容。

★ 第五节　经济全球化和我国的开放型经济 ★

20 世纪 80 年代中期以来，经济全球化和经济金融化的发展进程明显加快。这两股力量相互交融、彼此渗透，成为当代世界经济的重要特征和世界经济发展的重要趋势，从而给发展中国家实现工业化和经济发展赋予了新的内涵和挑战。

一、经济全球化的概念和特点

(一) 经济全球化的概念

经济全球化这个名词出现于 20 世纪 80 年代中期，据说最早是由特·莱维于 1985 年提出的，90 年代得到认可，但至今没有一个公认的定义。国际货币基金组织(IMF)在 1997 年 5 月发表的一份报告中指出，“经济全球化是指跨国商品与服务贸易及资本流动规模和形式的增加，以及技术的广泛迅速传播使世界各国经济的相互依赖性增强”。经济合作与发展组织(OECD)认为，“经济全球化可以被看做一种过程，在这个过程中，经济、市场、技术与通讯形式都越来越具有全球特征，民族性和地方性在减少”。为此，可从三方面理解经济全球化：一是世界各国经济联系的加强和相互依赖程度日益提高；二是各国国内经济规则不断趋于一致；三是国际经济协调机制强化，即各种多边或区域组织对世界经济的协调和约束作用越来越强。一般而言，经济全球化是指世界经济活动超越国界，在全球范围内通过对外贸易、资本流动、技术转移、提供服务而形成的相互依存、相互联系的有机经济整体。简单地说，也就是世界经济日益成为紧密联系的一个整体。

经济全球化，有利于资源和生产要素在全球的合理配置，有利于资本和产品在全球的流动，有利于科技在全球的扩张，有利于促进不发达地区经济的发展，是人类发展进步的表现，是世界经济发展的必然结果。但它对每个国家来说，都是一柄双刃剑，既是机遇，也是挑战。特别是对经济实力薄弱和科学技术比较落后的发展中国家，面对全球性的激烈竞争，所遇到的风险、挑战将更加严峻。目前经济全球化中急需解决的问题是建立公平合理的新的经济秩序，以保证竞争的公平性和有效性。

经济全球化作为生产和资本的国际化高度发展的产物，其内容包括了生产、贸易和金融等方面，即生产全球化、贸易全球化和资本全球化。

生产全球化是指随着科学技术的发展和高精尖产品及工艺技术的出现，生产领域的国际分工和协作得到增强。第二次世界大战后，国际分工的深化使得全球生产连为一体，各国的生产活动相互依存，形成一个完整的全球性的生产体系。某些产品，如大型计算机、飞机、卫星等高技术含量的产品，结构复杂，技术要求高，需要由不同国家的多个企业共同完成。例如：美国波音公司的波音 767 飞机，它在美国西雅图波音公司完成了设计并生产了座舱，机首和机翼的生产在意大利完成，机尾的生产在加拿大完成，挡风玻璃和发动机在英国生产，机身和高技术部件的生产在日本完成。总之，29 个国家参与了这架飞机的制造。这样一来，整个地球就变成了一个大工厂了。

贸易全球化是指随着科学技术的发展和各国对外开放程度的提高，流通领域中国际交换的范围、规模、程度得到增强。随着全球货物贸易、服务贸易、技术贸易的加速发展，经济全球化促进了世界多边贸易体制的形成，从而加快了国际贸易的增长速度，促进了全球贸易自由化的发展，也使得加入到 WTO 组织的成员以统一的国际准则来规范自己的行为。第二次世界大战后，国际贸易不断扩大，增长速度也很快。在 1950 年至 1985 年的 35 年中，国际贸易规模扩大了 30 倍，从 1950 年的 587 亿美元上升到 1985 年的 17966 亿美元。进口值占国内生产总值比重超过 30%的国家在 1960 年占全部国家数目的 30%，1970 年为 35%，1980 年上升到 40%；相比之下，出口值方面上升的更为突出：出口值占国内生产总值比重超过 30%的国家在 1960 年占全部国家数目的 19%，1970 年上升到 24%，1980 年进一步达到 35%。国际贸易的增长速度远远超过了世界经济的增长率。一般地说，国际贸易的平均增长率是世界经济增长速度的 1～1.5 倍，1990～1995 年其间达到了 3 倍之多。而且，1985～1995 年世界贸易总额占世界国内生产总值的比重从 29.8%上升到 35%。这意味着各国经济的发展依赖于世界市场的程度在不断加强。1995 年 1 月 1 日正式运行的世界贸易组织标志着国际多边贸易体系的形成。近年来国际贸易加快发展，2005～2011 年，世界货物贸易年平均增长率达到 10%，服务贸易年平均增长率达到 9%，远远高于世界经济的增长率。

资本全球化是指随着科学技术的发展和各国对外开放程度的提高，资本在国际间的流动速度加快。国际直接投资是资本全球化的基础。近年来，世界各国对外直接投资的规模迅速扩大，1990 年直接投资额高达 2043 亿美元，1992 年 2031 亿美元，1993 年 2255 亿美元，1995 年猛增到 3178 亿美元，1996 年则高达 3490 亿美元。对外直接投资的发展使各国之间的经济关系更加密切，使各国经济相互交织，融为一体。当前在金融危机的影响下，联合国贸易和发展会议(UNCTAD)《2011 年世界投资报告》显示，2010 年全球外国直接投资(FDI)小幅回升 5%，达到 1.24 万亿美元。尽管受到世界经济复苏放缓的拖累，但在发达国家带动下，2011 年全球对外直接投资(FDI)流入规模保持上升势头。据联合国贸发会议估计，2011 年全球 FDI 增长 16%，规模达到 1.66 万亿美元。

国际金融市场的形成也是资本全球化一个方面的内容。全球外汇市场平均日交易量从 1989 年的 6200 亿美元、1990 年的 8800 亿美元扩大到 1996 年的 1.5 万亿美元，1998 年已达 2 万多亿美元。1995 年 7 月 26 日，全球金融服务贸易谈判经过 3 年多的谈判达成协议，主要内容是金融业和保险业的市场准入拓宽，金融市场资本流通渠道更为广阔，全球 90%的金融市场获得开放。

(二) 经济全球化的特点

在新的国际背景下，经济全球化发展的新特点主要是：第一，全球范围配置生产要素以空前的速度和规模持续发展。特别是近几年来，世界商品出口占全球 GDP 的比例超过 20%，国际直接投资占全球 GDP 的比例为 21%，而 1913 年这两个数字分别为 8%和 5%。随着中国、印度、前苏联国家及东欧国家等新兴市场经济体逐渐融入全球经济体系，经济全球化的规模正在空前扩大。第二，发达经济体与新兴经济体之间的劳动分工和资本流动已突破“中心”与“外围”的格局。过去发达国家出口制成品，换回大宗初级产品，现在新兴市场经济体有能力生产并出口包括高技术在内的制成品。更重要的是，国际资本流动出现重大变化，十九世纪世界最大经济体英国拥有经常项目盈余并对外输出资本，而当今世界最大经济体美国拥有巨大经常项目赤字，并从新兴经济体输入资本。第三，国际资本市场更加成熟。目前全球资本流动总量扩大，资本流动形式也在增多。过去国际证券投资主要集中在基础设施建设融资、购买政府债券等少数领域；而现在的投资者拥有涉及众多部门的债券、股票及其他衍生金融产品。第四，跨国公司在全球范围内的企业生产过程布局达到了新的水平。高新技术的进步和应用，不仅使发达国家企业将制造业生产过程转移海外，也将服务业部分业务流程外包到发展中国家，以降低经营成本。服务外包使可交换的服务范围扩大，从而促进了服务贸易的发展。第五，市场经济成为全球经济体系。一方面表现为市场经济在地理空间上的扩展，即市场经济作为一种在一国范围内产生的经济体制，扩展到世界范围，形成为国际性经济体制；另一方面表现为市场经济在运行系统上的扩展，即各国市场经济的运行系统向国外延伸，形成全球市场经济运行系统。经济全球化发展趋势中出现的市场经济的全球化，已是不可逆转的趋势。第六，区域经济集团化日益发展。区域经济集团是指相邻的若干国家结合成一个范围较大的经济区，通过它们之间签署某种条约、协议而形成区域性一体化的国际经济组织。区域经济集团的宗旨是为了增强和扩大集团内部的经济实力，提高集团在国际经济中的竞争力，为集团成员国争得更大的经济利益。根据区域经济一体化程度的不同，区域经济集团的组织形式可分为：自由贸易区、关税同盟、共同市场、经济同盟、完全一体化。第七，跨国公司的主导作用增强。为了适应经济全球化发展，跨国公司的规模越来越强大，跨国公司之间的合作和联盟方式多种多样，跨国公司之间的联盟更有利于突破贸易壁垒、分散投资风险、引进新技术、开拓新市场，使世界各国的经济联系更加紧密，使国际竞争在更大的规模上得到开展，从而使经济全球化向纵深发展。

二、全面提高我国开放型经济水平

党的十八大报告中强调指出，要完善互利共赢、多元平衡、安全高效的开放型经济体系。这是在全面总结我国三十多年对外开放伟大实践的基础上，充分反映世情、国情新变化提出的新要求，为今后一个时期进一步扩大开放、全面提高开放型经济水平指明了方向，对于凝聚全党共识，在更大范围、更广领域、更高水平上推进对外开放，更好地以开放促发展、促改革、促创新，进而实现全面建成小康社会的奋斗目标，具有十分重要的指导意义。

（一）充分认识完善开放型经济体系的必要性和紧迫性

从国际看，今后一个时期，世界经济可能陷入长期低迷，外需疲弱很可能常态化，各种形式的保护主义上升，经贸摩擦将进入高峰期。各国围绕市场、资源、人才、技术、规则、标准等方面的竞争更加激烈，我国在传统优势产业与发展中国家竞争加剧，在中高端产业与发达国家竞争也在增多，我国发展面临的外部环境更加复杂。主要经济体纷纷加快科技创新和产业结构的战略性调整，美国推出“再工业化战略”，欧洲推出“2020战略”，日本推出“重生战略”，俄罗斯推出“创新俄罗斯——2020”，巴西推出“壮大巴西计划”，旨在重塑各自未来竞争新优势。国际经贸关系发生深刻调整，各国在多哈谈判受阻情况下，加快推进自贸区战略，强化区域次区域合作。美国力推跨太平洋伙伴关系协议，将未来开放的重点聚焦到服务贸易和投资领域，全力打造新一代国际投资贸易规则。

从国内看，经过加入世界贸易组织十余年的发展，我国的社会生产力、综合国力、人民生活水平大幅度提升，形成了相对完备的产业体系，参与国际竞争与合作的能力增强，已经具备了进一步扩大开放、提升开放水平的基础和条件，国外对我国承担更大国际责任也寄予更高期望。同时，开放型经济发展方式粗放，资源环境约束强化，传统优势被削弱，新优势尚未建立，转变发展方式和优化结构的任务艰巨，制约开放型经济发展的体制机制障碍仍然较多，对外开放面临的风险增大，开放的层次、水平和效益亟待提高，与全面建成小康社会的要求相比还有较大差距。

国内外形势的深刻变化，对新时期开放型经济发展提出了新的更高要求。我们必须切实转变观念，大胆探索，勇于创新，不断完善互利共赢、多元平衡、安全高效的开放型经济体系，才能在激烈的国际经贸格局变化中争取主动，才能解决开放型经济发展中不平衡、不协调、不可持续的问题，才能提升开放型经济发展质量和水平，增强全面建成小康社会的物质基础。

(二) 准确把握开放型经济体系的基本内涵

互利共赢，就是对外开放中要坚持共同发展，坚持通过合作促进世界经济强劲、可持续、平衡增长。在着眼于自身利益的同时，尊重和支持对方利益，最大限度地寻找利益交汇点。互利共赢是我国和平发展战略的必然选择。在开放型经济建设过程中，要更加自觉地把互利共赢理念落到实处，从国家全局和长远利益出发，坚持以开放换开放，不断拓展经济发展外部空间和良好国际环境。

多元平衡，就是对外开放中要坚持统筹协调，注重良性互动，实现多元发展、平衡发展。在提升制造业开放层次的同时，也要重视扩大服务业和农业开放；在扩大出口和吸引外资的同时，也要重视增加进口和对外投资合作；在巩固发达国家传统市场的同时，也要重视开拓发展中国家市场；在做强一般贸易的同时，也要重视提升加工贸易附加值；在加强自主创新的同时，也要重视参与全球化分工合作；在提升沿海开放水平的同时，也要重视加快内陆和沿边开放，不断增强开放型经济发展的平衡性、协调性和可持续性。

安全高效，就是对外开放中要坚持转变对外经济发展方式，培育开放型经济发展新优势，提高开放型经济的综合效益，增强抵御外部冲击和国际风险的能力。按照完善社会主义市场经济体制的要求，加快改革涉外经济管理体制，建立统一高效的对外开放决策、协调、管理和评估机制，完善开放条件下的对外经贸促进体系和风险防范机制，提高开放型经济对国民经济的贡献，增强风险防控水平。加强战略谋划，增进外交与经济紧密互动，全力维护国家和产业核心利益，切实保障经济安全。

(三) 加快转变对外经济发展方式，全面提高开放型经济水平

(1) 加快转变对外经济发展方式，推动开放朝着优化结构、拓展深度、提高效益方向

转变。

不断优化开放结构。从外贸看，重点是扩大自主品牌和高附加值产品出口，提升对发展中国家出口比重，推动服务贸易与货物贸易协调、互动发展，促进进出口基本平衡。从利用外资看，重点是引导外资更多投向现代农业、高新技术、先进制造、节能环保、新能源、现代服务业等领域，更多投向中西部地区。从对外投资看，重点是加快发展步伐，使金融投资与实体经济投资更加协调，使走出去与引进来更趋平衡。从区域角度看，重点是加快内陆和沿边开放。

不断拓展开放深度。要切实消除部分开放领域“玻璃门”、“弹簧门”现象，提高开放透明度，形成更加适应转变对外经济发展方式的制度、规则和标准。深化货物贸易开放，进一步降低关税水平，减少非关税措施。扩大服务领域开放，增加多样化服务供给，提高服务业市场化、国际化水平。认真研究国民待遇、准入清单等国际投资规则的通行做法，深化涉外投资体制改革，营造更加稳定、透明、高效的投资环境。

不断提高开放效益。要提高开放的经济效益，提升国际分工地位，提高对外开放的经济附加值。要提高开放的社会效益，通过开放提供更多的就业岗位，推动体制机制完善和思想观念进步。要提高开放的外溢效益，主动承担与我国综合实力相匹配的国际责任，积极为世界经济强劲、可持续、平衡增长作出更大贡献。

(2) 创新开放模式，完善全方位的对外开放新格局。

促进沿海内陆沿边开放优势互补。深化沿海开放，推动开放型经济率先转型升级。扩大内陆开放，加快培育全球重要的加工制造基地。加快沿边开放，实行特别开放政策，加强与周边地区合作。通过创新开放模式，协同推进沿海内陆沿边开放，打造分工协作、优势互补、均衡协调的区域开放新格局。

形成引领国际经济合作和竞争的开放区域。巩固东部沿海地区和全国特大城市的开放先导地位，推进科技研发基地建设，重点引进前沿高端产业，加快从全球加工装配基地向研发、先进制造基地转变。大力发展现代服务业，推进服务业开放的先行先试。发挥长江三角洲、珠江三角洲、环渤海地区对外开放门户的重要作用，建设若干全国乃至国际性的经济、贸易、航运、金融中心和次中心。

培育带动区域发展的开放高地。完善内陆开放布局，支持重点区域开放开发。鼓励东部地区与内陆地区共建开发区，在长江、陇海、京广、京九等交通干线沿线，形成若干国际加工制造基地和外向型产业集群。加快推进东北三省和内蒙古向东北亚开放、新疆向西开放、广西和云南向东盟和南亚开放，加快重点口岸、边境城市、边境(跨境)经济合作区建设，加强基础设施与周边国家互联互通，大力发展特色产业，不断增强对外开放对区域发展的带动作用。

(3) 坚持出口与进口并重，形成以技术、品牌、质量、服务为核心的出口竞争新优势。

加快培育出口竞争新优势。鼓励企业出口从传统的生产成本优势向技术、品牌、质量、服务为核心的新优势转化，促进“中国制造”向“中国创造”和“中国服务”跨越。支持外贸转型升级示范基地、贸易平台、国际营销网络建设，完善贸易、产业、财税、金融、知识产权政策，强化政策协调，增强企业技术创新、自我转型的内生动力。大力培育出口品牌，提高出口产品附加值。

促进加工贸易转型升级。提高加工贸易的国内配套能力，促进加工贸易从组装加工逐步向研发、设计、核心元器件制造、物流营销等产业链高端拓展，向东部欠发达地区和中西部重点开发区域有序转移。完善海关特殊监管区域的政策和功能，引导加工贸易逐步向海关特殊监管区域集中。

发展服务贸易。建立健全服务贸易促进体系，努力扩大文化、技术、中医药、软件和信息服务、商贸流通、金融保险等新兴服务出口，扩大研究与开发、技术检测与分析、管理咨询和先进环保污染治理技术等领域的服务进口。积极发展服务外包，完善支持服务外包示范城市发展服务外包产业的政策措施。

推动对外贸易平衡发展。坚持进口和出口并重，在稳定出口增长的同时，不断优化进口结构，积极扩大先进技术、能源资源、关键设备和零部件进口，适度扩大消费品进口。完善进口管理体制和调控体系，提高进口议价能力。推动发达国家放宽对我国高技术产品出口管制，提高进口便利化程度。拓宽进口渠道，促进重要商品进口来源地多元化。健全产业损害预警和进口贸易救济机制，维护重点产业安全。

(4) 提高利用外资综合优势和总体效益，推动引资、引技、引智有机结合。

提高利用外资综合优势。切实把利用外资从主要依靠生产成本优势转到主要依靠人才、环境、市场上来。抓紧完善利用外资法律法规，推进投资环境透明化和便利化。深化外商投资管理体制改革，简化审批程序。加强知识产权保护，健全市场信用体系，切实保护投资者合法权益。完善外资并购安全审查机制，依法实施反垄断审查。

推动引资、引技、引智有机结合。鼓励跨国公司在华设立地区总部、研发中心、采购中心、财务管理中心等功能性机构，与国内科研机构和企业联合开展技术研发和产业化推广。鼓励外资投向科技中介、创新孵化器、生产力中心、技术交易市场等公共科技服务平台建设。大力引进技术研发人才和经营管理人才，在重点地区建设一批留学人员创新创业基地。推动各类产业聚集园区转型升级和有效整合，成为提高利用外资综合效益的重要载体。建立利用外资科学评价体系，引导利用外资从注重规模向提高质量和综合效益转变。

(5) 加快走出去步伐，增强企业国际化经营能力。

积极扩大对外投资合作。加强对走出去的宏观指导和服务，实现政策促进、服务保障和风险控制的系统化和制度化。充分发挥我国轻纺、服装、机械、家电等行业比较优势，鼓励企业到境外投资设厂。鼓励重化工业到境外能源资源产地建立生产基地。深化国际能源资源开发和加工互利合作，拓展农业国际合作。支持有条件的企业积极开展境外基础设施建设和投资。创新境外经贸合作区发展模式，引导国内企业集群式走出去。提升对外承包工程和劳务合作的质量，培育“中国建设”和“中国劳务”国际品牌。

增强企业国际化经营能力。支持国内大型企业在全球范围通过跨国并购、股权置换、境外上市、联合重组等方式，开展资源和价值链整合，在研发、生产、销售等方面开展国际化经营，提高跨国经营管理水平，逐步提高海外营业收入和海外雇员比重，积极履行社会责任，形成一批具有国际知名度和影响力的跨国公司。注重发挥民营企业和中小企业优势，支持其联合开展对外投资。增强应对对外投资合作风险和突发事件的能力，充分保障境外企业和人员的合法权益。

(6) 统筹双边、多边、区域、次区域开放合作，加快实施自由贸易区战略。

全面深化双边经贸关系。创新与发达国家的合作模式，完善合作机制，拓展合作领域，加强政策协调，增进开放互信。深化与新兴市场国家和发展中国家的务实合作，实现优势互补、错位竞争，维护共同利益。推动同周边国家互联互通，向最不发达国家提供减免关税待遇。进一步加强和改进援外工作，优化对外援助结构，创新对外援助方式，着力增强受援国自主发展能力，实现共同发展。

积极支持多边贸易体制。坚持世界贸易组织推动全球贸易投资自由化、便利化的主渠道地位，推进多哈回合谈判。始终高举自由贸易大旗，坚决反对任何形式的保护主义，减少和消除贸易投资壁垒，通过协商妥善解决经贸分歧，加强与主要经济体的协调与合作，积极推动建立均衡、共赢、关注发展的多边经贸体制。切实提高各级政府和广大企业了解、掌握和有效运用多边贸易规则的能力，更好地依托世界贸易组织平台拓展发展空间，维护开放利益。积极参与全球经济治理，主动参与国际经贸规则制定，促进国际经济秩序更加公正、合理，营造于我有利的制度环境。

加快实施自由贸易区战略。适应区域经济合作发展的新趋势，在统筹扩大对外开放与维护国内产业安全的基础上，积极推进自由贸易区战略，形成东西呼应、区域协调、布局合理的自由贸易区格局。提高自由贸易区开放水平，在深化货物贸易合作的同时，着力提高投资、服务贸易合作水平。深化中韩、中日韩、中国与东盟、上海合作组织、金砖国家、亚太经济合作组织、东亚峰会、亚欧会议、中国与中东欧、中国与加勒比等区域合作机制，推进大湄公河、中亚、大图门倡议等次区域合作。

第十二章　宏观经济调控与社会保障体系

在现代市场经济发展中，宏观经济运行均衡的实现和市场失灵的有效克服，都有赖于政府对宏观经济的调控。政府一方面作为生产者和消费者直接参与经济生活，另一方面又作为宏观管理和调控者驾驭着市场经济运行的方向。同时，现代市场经济的有效运行和社会进步，也离不开完善的社会保障体系的功能和作用的发挥。本章通过对宏观经济的均衡、非均衡以及市场失灵的分析，提出了政府宏观调控的必要性，描述了宏观调控的基本体系的主要内容，并且对建立和完善我国社会保障制度的有关问题进行了分析研究，使我们对实现宏观经济健康运行的途径和手段有一个基本的了解。

★ 第一节　宏观经济与宏观经济调控 ★

一、宏观经济均衡与政府调控

宏观经济指的是国民经济总体，包括社会经济活动的总图景以及相应的变量总值、平均数或比例之间的关系。

(一) 两部门经济中宏观经济循环的模型

为了考察宏观经济均衡问题，我们首先建立一个只有企业和公众(居民)两个经济部门的模型。在这个模型中，居民向企业提供各种生产要素，如劳动、资本等，得到各种收入，并用收入去购买企业的产品(商品和劳务)。企业用各种生产要素进行生产，并向居民支付报酬，提供他们所需要的产品(商品和劳务)。这时，生产要素和产品在企业与居民之间周而复始地周转，构成了整个社会经济的循环。这个社会经济的循环模型见图 12-1。

由图 12-1 我们可以从两个不同的角度进行分析：

(1) 分别从外环和内环来观察，内环表示实物系统中生产要素(劳动、资本)如何通过市场从居民流向企业，以及产品(商品和劳务)如何通过市场从企业流向居民；外环则反映在货币系统中，企业向居民支付生产要素的报酬和居民用货币购入各种产品。

(2) 分别从图的上下两部分来观察，上半部表示在消费领域中企业向居民提供产品和居民向企业支付价款的对应关系；下半部则反映在生产领域中生产要素如何从居民流向企业和企业向居民支付报酬，包括工资、利息和利润的对应关系。

在图 12-1 中，如果居民把一部分收入用来作为储蓄存入金融机构，再通过金融机构把全部储蓄转化为投资，企业在居民的消费支出之外又获得了其他来源的投资，社会经济的循环仍可正常进行下去。

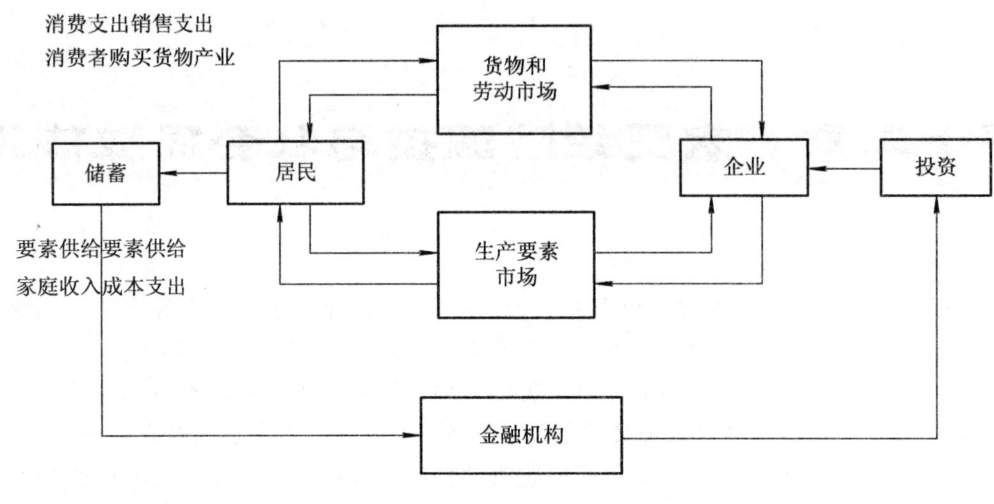

图 12-1

从上述模型中可以看到，社会经济循环是由家庭的支出决策和企业的生产决策所决定的。家庭的支出决策与企业的生产决策之间的相互关系如图 12-2。

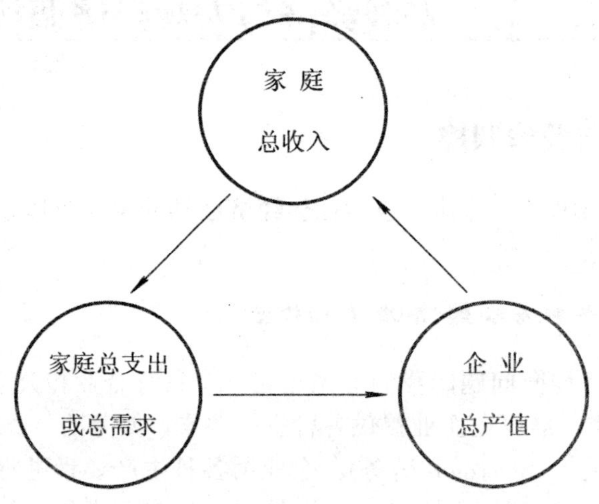

图 12-2

图 12-2 表明，居民或家庭对商品的购买支出(总需求)水平决定企业的产品产量(总供给)，这种联系由总需求与总产量之间的连线表示，产量水平又决定了生产要素的收入(工资、利息、地租)水平；最后，总收入水平又决定着总支出或总需求的水平。在整个循环中，任何一个因素的变动都会引起循环圈内其他因素的变动。例如，如果居民决定减少支出，企业就会相应减少生产和供给，生产的下降会引起收入水平的下降；反之，如果居民决定增加购买，这又会刺激生产增长，为了增加生产量，企业又需要更多地购买各种生产要素，结果会引起居民收入的增加，居民收入的增加又会增大对产品的购买，又刺激了生产增长……于是就形成了整个社会经济的平衡发展和良性循环。在这个图形中，企业的总产出(总供给)和居民的总支出(总需求)之间存在着互相联系和相互制约的关系。这种关系通过对国民收入构成的分析可以作进一步深入的考察。

(二) 两部门经济中国民收入的构成与均衡

国民收入是指一定时期(通常为一年)一个国家的人民所获得的收入总额。也可定义为，一国以当年价格计算的用于生产的各种生产要素(土地、劳动、资本以及企业家的才能)所得的全部报酬。它是国民经济中所生产的一切最终产品(包括货物和劳务)的货币价值总和减去折旧和间接税之后的数额，由工资、利息、租金、利润和非为雇主工作或不专为某一雇主工作的人的纯收入构成，是反映一国国民经济发展水平的重要综合性指标之一。西方经济学中国民收入概念不同于马克思经济学的国民收入概念。

可以从总供给和总需求两个角度来分析国民收入的构成。

从总供给方面分析，一国的国民收入是由各种生产要素所生产出来的，所以可以说是各种生产要素供给的总和，即劳动、资本、土地、企业家才能供给的总和，这种总和可以用各种生产要素得到的相应地收入的总和，即工资、利息、地租、利润的总和来表示。这些收入又可以分为消费和储蓄两个部分。

国民收入 = 各种生产要素供给的总和
= 各种生产要素所得到的收入的总和
= 工资 + 利息 + 地租 + 利润
= 消费 + 储蓄

如果以 Y 代表国民收入，以 C 代表消费，以 S 代表储蓄，则可以把上式写为：

$$Y = C + S$$

或简单地说：

国民收入 = 总供给

从总需求的方面分析，一国的国民收入是消费需求与投资需求的总和。消费需求与投资需求可以分别用消费支出与投资支出来代表，消费支出即为消费，投资支出即为投资。所以

国民收入 = 消费需求 + 投资需求
= 消费支出 + 投资支出
= 消费 + 投资

如果以 I 代表投资，则可以把上式写为：

$$Y = C + I$$

或简单地说：

国民收入 = 总需求

以上分析表明了国民收入与消费、储蓄、投资这三个总量之间的关系：

$Y = C + S$　(从供给方面看)

$Y = C + I$　(从需求方面看)

如果设想一国一定时期(如一年)的总支出能够买完该国该时期所生产的全部产品，或者说，产品能够全部“出清”，那么，就必须使得：

总支出 = 总收入

或

$$总供给 = 总支出$$

即

$$C + I = C + S$$

由于等式两端的 C 可以消去，则可得出总供给与总需求均衡的前提条件，即

$$I = S$$

即

$$投资 = 储蓄$$

这就是国民收入的均衡公式。即当总供给与总需求相等时，国民收入处于均衡状态。

按照古典经济学以来的传统经济的观点，这种均衡关系在市场的自动调节下是可以自动实现的。总供求均衡的自动实现还会自动实现充分就业，达到国民收入水平的最大化。然而，19 世纪以来，特别是 20 世纪 30 年代大危机的爆发，使人们开始重新认识这种传统理论，重新解释国民收入周期性不均衡的现象。凯恩斯的总需求不足理论提出了战后以来具有极大影响的新解释。

按照这一理论，总需求取决于下述三个基本因素：

(1) 边际消费倾向。即人们的消费增量在收入增量中所占的比例。凯恩斯认为：由于存在边际消费倾向递减的趋势，即收入增加的越多，收入增量中用于储蓄的部分也越多，用于消费的部分越少。于是就产生了居民对消费品的需求不足，即消费需求不足。

(2) 资本的边际效率。即增加一笔投资所能得到的利润的多少，也就是投资者的预期利润率。凯恩斯认为：一方面由于增加的投资品的价格会随投资的增加而上升；另一方面，投资的增加又会使资本的预期收入下降。所以投资的增加会导致预期的利润率下降，减少投资的吸引力，最终引起投资需求不足，即投资不足。

(3) 对货币的流动偏好。指人们愿意在手中保存一部分现金的偏好，利息是作为人们放弃灵活偏好的一种报酬。由于存在着流动偏好，利息率的降低受到限制。当预期利润率下降，利润率低于利息率时，人们的投资意愿就更低了。

上述三个因素引起了消费需求不足和投资需求不足，有可能引起总需求不足。

如果总需求小于总供给，表明社会上需求不足，产品卖不出去，这样价格必然下降，生产必然萎缩，加大工人失业和经济萧条，国民收入也减少。当然，如果总需求大于总供给，这就是由于投资不变而储蓄减少，或者储蓄不变而投资增多。在总需求大于总供给的情况下，发生过度需求，那么由于已经没有闲置的资源和没有可能增加产品供给，大量货币追逐少量商品，必然引发通货膨胀。

我们可将上述总供给与总需求的均衡关系以及由这种均衡关系的变动所产生的结果归结为三种情况：

$C + I = C + S$，国民收入达到均衡；

$C + I < C + S$，国民收入收缩，经济萧条，失业增加；

$C + I > C + S$，国民收入扩张，过度需求，通货膨胀。

上述分析是在假定政府不干预经济的前提下进行的。30 年代后，凯恩斯理论强调政府干预国民收入均衡的必要性。由于政府的财政和金融手段干预和调节经济，社会经济的循

环和周转发生了变化，国民收入的构成及均衡变动发生了很大变化。

(三) 三部门经济中国民收入的构成与均衡

三部门经济是包括了企业、居民户与政府的经济。在三部门经济流转中，政府通过税收取得一部分收入用于社会福利支出，它影响了家庭能用于开支的收入水平；此外，政府还购买商品和劳务，使对商品和劳务的总需求增加。图 12-3 说明在加入了政府收支(预算收支)的因素后，收入、支出和总产出的流转所发生的变化。

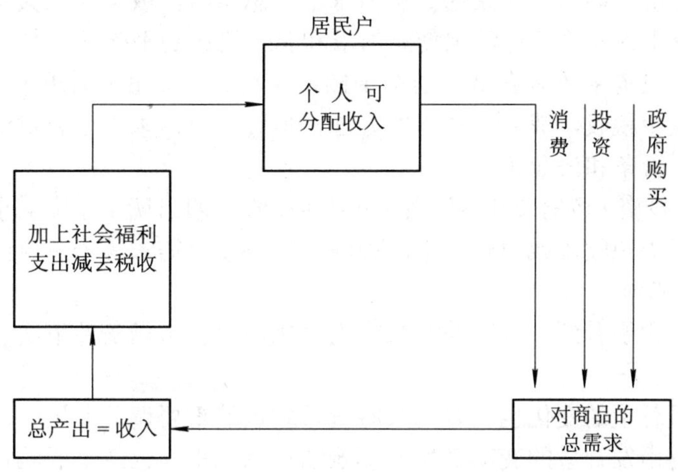

图 12-3

由于政府参与了社会经济活动，所以，国民收入的构成及其均衡状态的决定都发生了变化。这时，从总需求方面看，在两部门经济的消费需求与投资需求之外又加上了政府的需求，政府的需求可以用政府的支出来代表。这样：

总需求 = 消费需求 + 投资需求 + 政府的需求
= 消费支出 + 投资支出 + 政府的支出
= 消费 + 投资 + 政府支出

如果以 G 代表政府支出，就可以写成：

$$Y = C + I + G$$

从总供给方面看，在两部门经济的各种生产要素的供给之外又加了政府的供给，政府的供给得到了税收，所以可用政府税收来代表政府的供给。这样：

总供给 = 各种生产要素的供给 + 政府供给
= 生产要素的报酬 + 政府提供劳务的报酬
= 工资 + 利润 + 地租 + 利息 + 税收
= 消费 + 储蓄 + 税收

如果以 T 代表税收，就可以写成：

$$Y = C + S + T$$

这时，国民收入均衡的条件仍然是：

总需求 = 总供给

这个条件也可写成；

$$C+S+G=C+I+T$$

如果两边同时消去 C，则可得出：

$$I+G=S+T$$

当 $I+G=S+T$ 时，国民收入达到均衡；

$I+G<S+T$ 时，国民收入收缩；

$I+G>S+T$ 时，国民收入扩张。

加进了政府经济活动后，如果遇到总需求小于总供给，或总需求大于总供给时，便可以通过增减政府支出或税收的办法来使总需求和总供给达到平衡。

假定：消费＋投资＋政府支出＜消费＋储蓄＋税收，即出现需求不足，这时，可用增加政府支出，或减少税收，或双管齐下的办法，最终使总需求等于总供给，从而消除因需求不足引起的经济萧条和失业。

假定：消费＋投资＋政府支出＞消费＋储蓄＋税收，即出现了过度需求，这时，可用减少政府开支，或增加税收，或双管齐下的办法，最终使总需求等于总供给，从而消除因过度需求引起的通货膨胀。

以上分析中，我们看到，政府的财政收支变化是现代市场条件下实现社会经济均衡的重要手段。

另外，从货币总量的变化也可看到政府货币政策的重要调节作用。从货币流通规律研究中我们知道，货币发行量的变动必然会影响物价总水平，也就是影响币值变化，从而影响市场供求关系的均衡与波动。

从上面分析中我们看到，财政收支总额、货币收支总额等宏观经济变量对于市场经济的稳定运行具有决定性作用。而这些宏观经济变量都是由政府有关部门，如财政部、中央银行掌握和运用的。因此，在现代宏观经济运行中，必须有政府的宏观经济调控，否则，难以实现宏观经济均衡。

二、市场失灵与政府干预的必要性

在第一章里，我们分析研究了“市场失灵”的种种表现。“市场失灵”的主要表现及政府宏观经济调控的必要性主要表现在：

① 市场竞争的不完全性，要求政府实行宏观调控，保护竞争，防止垄断。

② 市场调节可一次性、暂时性地解决供求矛盾，而不能使这种矛盾得到比较长期的解决，要求政府实行宏观调控，促使供求矛盾得到比较好的解决，保证经济的稳定发展。

③ 市场调节的自发性、暂时性和滞后性，要求政府必须实行宏观调控，促进经济协调发展。

④ 市场调节具有单纯盈利性，使那些“公共物品”难以获得发展和有效供给，必须实行宏观调控，合理解决盈利少和不盈利的产品和服务的供给问题。

⑤ 市场调节的微观性和外部负效应，必须由政府从宏观角度、从社会角度调节资源合理配置，实现宏观经济的总量平衡和结构合理，尽可能减少微观经济活动产生的外部负效应，如公害等。

⑥ 市场调节的分化性必然导致社会成员之间收入差距过大乃至两极分化，不利于社会公平和共同富裕的实现，必须实行宏观调控，推动社会公平和共同富裕目标的实现。上述六个方面决定了现代市场经济必须实行政府的宏观调控。

对市场经济的宏观调控，也是由我国社会主义市场经济体制建立过程中的内在要求所决定的。我国市场经济是现代市场经济一种不发达的形式，价格机制、供求机制、竞争机制和风险机制不完善，统一、开放、竞争、有序的市场体系不健全，企业的法人实体和市场竞争主体地位还未真正确立，社会供求大体平衡的市场格局还未形成，产业结构不合理和投资体制不合理的状况还未根本改变。这些都使得市场机制正常运转和发挥功能的条件不具备，而加速建立市场经济体制的形势和任务又不容许我们仅仅依靠市场力量自发地、缓慢地去形成这些条件。实践证明，我国体制转换过程中，如果对市场采取完全放任自由的态度，就根本不可能尽快建立起正常的社会主义市场经济体制。相反地，还会导致市场混乱，社会经济运行无序。因此，创造市场经济正常运转的条件，加快建立市场经济体制本身也要求加强政府的宏观调控。

此外，现代市场经济作为一种开放性经济，需要政府代表企业和居民利益，进行有力量的国际谈判，争取有利国际贸易的合作条件，既有效地保护国内市场，又迅速扩大国际市场。这些方面，市场机制的作用是有限的，政府起着不可替代的作用。

★ 第二节　宏观经济调控的基本体系 ★

一、宏观经济调控的内涵和目标

（一）宏观经济调控的内涵

宏观经济调控是指国家通过各种宏观政策、经济杠杆对市场经济的运行从总量和结构上进行调节、控制的活动。宏观经济调控的主体是国家，调控的对象和客体则是市场经济运行的过程及其结果。政府宏观经济调控的目的在于弥补和纠正市场缺陷，实现宏观总量平衡和结构协调，保证经济持续、稳定增长。它主要体现为国家利用经济政策、经济法规、计划指导和必要的行政管理对市场并通过市场进行调节。这是市场经济国家政府的重要经济职能。

（二）宏观经济调控的目标

宏观经济调控的目标是一国政府在对宏观经济运行实施调节和控制时所要达到的一定经济目标。它具有多元化特征，不同国家或一个国家不同历史时期，往往有着不同的经济目标。就一般意义而言，政府宏观调控的目标是多元的，但最重要的有四个，即充分就业、物价稳定、经济增长和国际收支平衡。

1. 经济增长

经济增长是指在一个特定时期内经济社会所生产的人均产量和人均收入的持续增长。

它包括：一是维持一个高经济增长率；二是培育一个经济持续增长的能力。一般认为，经济增长与就业目标是一致的。经济增长通常用一定时期内实际国民生产总值年均增长率来衡量。经济增长会增加社会福利，但并不是增长率越高越好。这是因为经济增长一方面要受到各种资源条件的限制，不可能无限地增长，尤其是对于经济已相当发达的国家来说更是如此；另一方面，经济增长也要付出代价，如造成环境污染，引起各种社会问题等。因此，经济增长就是实现与本国具体情况相符的适度增长率。

2. 充分就业

充分就业是指包含劳动在内的一切生产要素都以愿意接受的价格参与生产活动的状态。充分就业包含两种含义：一是指除了摩擦失业和自愿失业之外，所有愿意接受各种现行工资的人都能找到工作的一种经济状态，即消除了非自愿失业就是充分就业；二是指包括劳动在内的各种生产要素，都按其愿意接受的价格，全部用于生产的一种经济状态，即所有资源都得到充分利用。失业意味着稀缺资源的浪费或闲置，从而使经济总产出下降，社会总福利受损。因此，失业的成本是巨大的，降低失业率，实现充分就业就常常成为宏观经济政策的重要目标。

3. 物价稳定

物价稳定是指物价总水平的稳定，一般用价格指数来衡量一般价格水平的变化。价格稳定不是指每种商品价格的固定不变，也不是指价格总水平的固定不变，而是指价格指数的相对稳定。价格指数又分为消费物价指数(CPI)，批发物价指数(PPI)和国民生产总值折算指数(GNP)三种。物价稳定并不是通货膨胀率为零，而是允许保持一个低而稳定的通货膨胀率，所谓低，就是通货膨胀率在 1～3%之间。所谓稳定，就是指在相当时期内能使通货膨胀率维持在大致相等的水平上。这种通货膨胀率能为社会所接受，对经济也不会产生不利的影响。

4. 国际收支平衡

国际收支平衡具体分为静态平衡与动态平衡、自主平衡与被动平衡。静态平衡是指一国在一年的年末，国际收支不存在顺差也不存在逆差；动态平衡不强调一年的国际收支平衡，而是以经济实际运行可能实现的计划期为平衡周期，保持计划期内的国际收支均衡。自主平衡是指基于商业动机的自主性交易，为追求利润或其他利益而独立发生的交易实现的收支平衡；被动平衡是指通过补偿性交易，即一国货币当局为弥补自主性交易的不平衡而采取调节性交易而达到的收支平衡。

国际收支平衡的目标要求做到汇率稳定，外汇储备有所增加，进出口平衡。国际收支平衡不是消极地使一国在国际收支账户上经常收支和资本收支相抵，也不是消极地防止汇率变动、外汇储备变动，而是使一国外汇储备有所增加。适度增加外汇储备被看作是改善国际收支的基本标志，同时由于一国国际收支状况不仅反映了这个国家的对外经济交往情况，还反映出该国经济的稳定程度。

以上四大目标相互之间既存在互补关系，也有交替关系。互补关系是指一个目标的实现对另一个的实现有促进作用。如为了实现充分就业水平，就要维护必要的经济增长；交替关系是指一个目标的实现对另一个有排斥作用，如物价稳定与充分就业之间就存在两难选择。为了实现充分就业，必须刺激总需求，扩大就业量，这一般要实施扩张性的财政和货币政策，由此就会引起物价水平的上升。而为了抑制通货膨胀，就必须紧缩财政和货币，由此又会引起失业率的上升。又如经济增长与物价稳定之间也存在着相互排斥的关系，因为在经济增长过程中，通货膨胀已难以避免。再如国内均衡与国际均衡之间存在着交替关系，这里的国内均衡是指充分就业和物价稳定，而国际均衡是指国际收支平衡。为了实现国内均衡，就有可能降低本国产品在国际市场上的竞争力，从而不利于国际收支平衡。为了实现国际收支平衡，又可能不利于实现充分就业和稳定物价的目标。

由此，在制定经济政策时，必须对经济政策目标进行价值判断，权衡轻重缓急和利弊得失，确定目标的实现顺序和目标指数高低，同时使各个目标能有最佳的匹配组合，使所选择和确定的目标体系成为一个和谐的有机整体。

对于同一时期的不同国家或同一国家的不同时期来说，上述四个目标的排列顺序并不是固定不变的，要根据既定时期内一国经济总运行中多种问题的轻重缓急情况予以选择和排列，以此决定政策目标的相应变化。

四大目标之间是互相联系的，有时甚至是相互冲突的，政府为达到某个目标可能要付出一定的代价，这就要求政府实行灵活机动的相机抉择，注意政策搭配，避免负效应的发生和政策时滞问题，增强政策的预期性。

政府按照四大目标调控经济的运行，只是在实际的经济形势严重偏离目标时才是必要的，并不是说在经济运行出现任何微小的偏差时都需要政府加以干预。因为市场经济中的波动和非均衡是常态的，并非任何波动都需要政府加以干预，市场经济的运行可以自动实现一定波动幅度的平衡。

二、宏观经济调控的主要政策

宏观经济调控政策是指政府有意识有计划的运用一定的政策工具调节控制宏观经济运行，以达到一定的政策目标。

(一) 国家的宏观计划

国家宏观计划是指国家按照预先确定的目标，运用一定的形式和方式对国民经济运行过程进行地自觉的调节机制。在市场经济中，国家进行宏观调控的目的，是要把国民经济运行过程及其结果，引导到国家预先确定和要求的方向上去。建立在市场机制基础上的计划和计划调控，实际上是整个宏观调控机制的中枢和核心，它规定了调控的主要任务和主要目标，选择确定了实施调控的具体方式和手段，协调各种调控政策和调控手段的综合运用以及正确处理各种经济利益关系，等等。这样的计划是以指导性计划和中长期计划为主的，计划要突出宏观性、战略性、政策性，指明经济走势，为全社会提供经济信息。计划指标不是层层下达到企业，计划的实施和实现，主要依靠运用经济政策和经济杠杆，通过利益机制引导企业的行为，达到宏观经济计划目标。

(二) 财政政策

财政政策是政府通过财政收支总量和结构的变化调节经济运行，实现经济目标的经济政策。财政政策是宏观经济政策体系的重要构成部分，主要是通过国家预算、税收、国家信用、财政投资、财政补贴等手段来实施的。

财政政策包括财政收入政策和财政支出政策。财政收入主要来源于税收，因此，财政收入政策的基本内容是税收政策。财政支出政策主要用于政府购买、公共工程建设和财政补贴等，财政支出政策主要通过国家预算支出的编制和执行来实现。

政府运用财政政策调节宏观经济主要有两种模式：

一是扩张性财政政策。当经济衰退时期，工人失业增加，企业开工不足，经济运行和发展主要受到需求不足的制约，这时政府可以采用扩张性财政政策，即增加财政支出，减少税收，以刺激总需求扩张、降低失业率。

二是紧缩性财政政策。在经济高涨时期，可利用的经济资源已经得到比较充分的利用，经济发展主要受供给能力的制约，这时，过大的需求只会引起物价上涨。对此政府应采取紧缩性财政政策，即减少财政支出，增加税收，以抑制总需求，降低通货膨胀率。显然，财政政策运用的这种“经济逆风向行事”，有助于实现经济的稳定增长，充分就业和物价稳定。

但是，在运用财政政策时，往往会遇到许多困难。例如，不同的政策会遇到不同阶层与集团的反对，有些政策执行起来比较容易，但又不一定能收到预期的效果，任何财政政策都有一个“时滞”问题。所以政府在运用财政政策时，要充分考虑各种困难，合理搭配使用各种政策，以收到预定的效果。

（三）货币政策

货币政策是中央银行代表政府，为实现宏观经济调节目标而制定的各种管理调控货币供应总量和货币流通措施的总称。货币政策由中央银行通过利率、信贷、汇率、货币发行，外汇管理及金融法规条例等金融工具来实施，以经济增长和稳定币值为目标来调节宏观经济活动。

货币政策的目的是在经济衰退时期扩大货币供应量，降低利息率，刺激总需求；在经济高涨时期缩小货币量，提高利息率，抑制总需求。主要运用的政策措施有：

1. 公开市场业务

中央银行在金融市场上买进或卖出政府债券，以调节货币量。在经济萧条时期，中央银行买进政府债券，把货币投入市场。这样，出售债券的企业和居民得到货币，把这些货币存入商业银行，于是商业银行的存款增加，并可以通过商业银行创造货币的机制使市场上的货币流通量增加，利息率下降，总需求扩大。另外，中央银行买进债券，会使债券价格上升，引起利息率下降。在膨胀时期，中央银行卖出政府债券，回笼货币。这样，一方面购买债券的企业和居民从商业银行提取存款，使银行减少放款或收回贷款，同样也可以通过银行创造机制的作用使市场上货币流通量减少，利息率上升，总需求缩小。另外，中央银行卖出政府债券，还会导致债券价格下降，利息率上升。

2. 再贴现率政策

再贴现率是中央银行向商业银行贷款的利息率。在萧条时期，中央银行降低再贴现率，放宽贷款条件，增加商业银行的准备金，扩大放款，并通过银行创造机制的作用增加货币供应量，降低利息率，从而增加向企业贷款，增加货币供应量。在膨胀时期，中央银行提高再贴现率，紧缩贴现条件，减少商业银行向中央银行的借款，商业银行的准备金减少，信用将紧缩，货币供应量减少，利息率上升。放款的收缩会减少货币供应量，使经济“降温”。

3. 改变法定准备率

如前所述，银行创造货币的多少与法定准备率成反比。这样，中央银行就可以通过变更法定准备率来影响货币供应量和利息率，控制货币供应量和社会总需求。例如，在萧条时期，中央银行可以降低法定准备率，使派生存款增加，从而增加货币供应量；反之，在出现膨胀时，中央银行往往采取提高法定准备率的方法，减少银行所能创造出的派生存款，从而减少货币供应量，抑制通货膨胀，保证经济稳定增长。

货币政策除了上述三种重要措施外，还有五种较次要的武器，即：道义上的劝告、局部的控制、利息率的上限、控制分期付款的条件、控制抵押贷款的条件。这些措施的变动，都会影响货币供应量，影响经济均衡波动。

我国中央银行当前使用的调节手段还有：信贷管理与指导、利率管理、对商业银行的存贷款利率进行限制、金融检查等。

货币政策的运用基本上可以归结为两种类型：一是扩张性货币政策。当经济衰退时，总需求不足，失业率上升，中央银行应采取扩张性货币政策，即放松银根，扩大货币供应量，以刺激有效需求的增长。可选择的手段主要有增发货币，降低法定准备率，降低再贴现率，购进政府债券等。当经济高涨，形成通货膨胀压力时，中央银行应采取紧缩性货币政策，即紧缩银根，减少货币供应量，以抑制总需求的过度膨胀。可选择的手段主要有提高法定准备率，提高再贴现率，抛售政府债券，道义上劝告，控制分期付款和抵押贷款等。

但是，货币政策的运用也存在局限性。因为利率的降低总有一定最低限度，超过这一限度，货币供应量无论如何增加也不会降低利息率。此外，商业银行承担风险的意愿如何，商业银行追求利差的行为等，也使中央银行放松或紧缩货币供应的政策难以奏效，公开市场业务也往往由于公众的不配合而流于失败，国际金融市场的变动，其他政策措施的影响以及政策本身的“时滞”都会影响政策效应。在运用货币政策时，需针对不同情况，选择具体的手段组合，并与财政政策和其他经济政策相匹配。

（四）产业政策

产业政策指一国中央或地方政府制定的主动干预产业经济活动的各种政策的集合。产业政策的主要内容有：

一是产业结构政策。即根据经济发展的内在联系，揭示一定时期内产业结构的变化趋势及其过程，并按照产业结构的发展规律保证产业结构顺利发展，推动国民经济发展的政策。它通过对产业结构的调整而调整供给结构，从而协调需求结构与供给结构的矛盾。调整产业结构包括：根据本国的资源、资金、技术力量等情况和经济发展的要求，选择和确定一定时期的主导产业部门，以此带动国民经济各产业部门的发展；根据市场需求的发展趋势来协调产业结构，使产业结构政策在市场机制充分作用的基础上发挥作用。

二是产业组织政策。即通过选择高效益的、能使资源有效使用、合理配置的产业组织形式，保证供给的有效增加，使供求总量的矛盾得以协调的政策。实施这一政策可以实现产业组织合理化，为形成有效的公平的市场竞争创造条件。这一政策是产业结构政策必不可少的配套政策。

三是产业布局政策。即产业空间配置格局的政策。这一政策主要解决如何利用生产的相对集中所引起的“积聚效益”，尽可能缩小由于各区域间经济活动的密度和产业结构不同所引起的各区域间经济发展水平的差距。

（五）收入分配政策

收入分配政策是政府根据既定目标而规定的个人收入总量及结构的变动方向，以及政府调节收入分配的基本方针和原则。一般地说，收入分配政策的任务主要是通过收入总量的变化调节总需求，通过收入结构的调整避免社会成员收入差距过大和收入平均主义化，实现公平与效率的统一。收入分配政策的实施需要综合运用各种经济和非经济调节手段，主要有个人所得税、遗产税等税收调节、转移支付和其他各种福利措施、最低工资标准的法律规定、实施工资和物价管制、通过举办公共事业增加就业以提高部分个人与阶层的收入水平等。

三、宏观经济调控政策的实施手段

政府要完成宏观调控的任务，实施宏观经济政策，必须借助于一定的调控手段。

（一）经济手段

经济手段是指政府用以调节市场的各种经济杠杆。经济手段通过改变市场信号参数，间接引导企业等微观经济主体的活动，使之符合宏观发展目标的要求。经济手段主要是通过宏观经济政策来体现的，但是并不是实施宏观经济政策的唯一手段。常见的经济手段或经济杠杆主要有：价格、税收、信贷、财政、利率、汇率等。财政补贴、政府支出也可以起到一定的经济杠杆的作用。

（二）法律手段

法律手段是国家依靠法权力量，通过经济立法和经济司法，调节市场经济的一种手段。法律手段对市场经济主体具有普遍的约束力和严格的强制性，对经济运行的调节具有相对稳定性和明确的规定性。

法律手段包括：

立法——对宏观调控的办法和措施以及组织机构、调控职能、办事程序、法律责任、调控原则和手段用法律形式加以确立和规范。

执法——宏观调控中必须依法行事。

监督检查——对执法机构和调控对象的监督检查。

（三）行政手段

行政手段是国家凭借政权力量，通过颁布命令、规章、制度、条例、指示、规定等形式，直接干预和控制经济活动的手段。行政手段具有强制、快速、直接的特点，具有一定积极作用。但是行政手段易于产生行政垄断，企业缺乏活力，经济运行震荡等弊端。因此，行政手段仍要保留并发挥积极作用，但它只能是作为经济手段和法律手段的补充。这是因为经济手段调节具有滞后性和后果不确定性，法律手段调节缺乏灵活性。当这两种手段不能有效发挥作用时，就可以适当采用行政手段。但行政手段的超经济强制干预性，只能把它限制在一定限度内。努力提高运用的科学性和合理性，必须在法律范围内运用。

四、完善我国宏观经济调控

（一）加快转变政府职能

处理好政府和市场关系是深化经济体制改革，完善宏观经济调控的核心问题和战略制高点。党的十八大报告强调必须更加尊重市场规律，更好发挥政府作用。要深入推进政企分开、政资分开、政事分开、政社分开，从制度上更好地发挥市场在资源配置中的基础性作用，更好地发挥公民和社会组织在社会公共事务管理中的作用。要加强政府公共服务和社会管理职能，强化政府促进就业和调节收入分配职能。要改善经济调节和市场监管职能，进一步减少和调整行政审批事项，减少政府对微观经济活动的干预。

（二）继续完善基本经济制度

要毫不动摇地巩固和发展公有制经济，全面推进国有经济战略性调整，加快国有大型企业改革，充分发挥国有企业在促进产业升级、参与国际竞争、提升综合国力等方面的重要作用。同时，也要看到，非公有制经济特别是中小民营企业，在吸纳就业和技术创新等方面发挥着重要作用。要毫不动摇地鼓励、支持、引导非公有制经济发展，消除各种制度性障碍，强化产权保护，保证各种所有制经济依法平等使用生产要素、公平参与市场竞争、同等受到法律保护。

（三）加强和改善宏观调控政策

进一步健全财政政策、货币政策和国家规划等多种政策工具相统一的宏观调控体系，加强宏观调控政策协调配合。经济增长、结构调整、科技创新、节能环保、民生改善等调控目标之间要相互衔接，避免顾此失彼。各项调控目标与政策手段之间要协调配合，财政、货币、投资、产业、土地等政策工具要科学统筹、综合运用，实现各项宏观调控政策的内在统一，避免政策工具之间相互矛盾和抵消，不断提高宏观调控的有效性。

（四）加快改革财税体制

积极构建有利于转变经济发展方式的财税体制。建立中央和地方财力与事权相匹配的体制，增加一般性转移支付规模和比例，健全县级基本财力保障机制；完善预算编制和执行管理制度；健全国有资本经营预算与收益分享制度；改革和完善税收制度；扩大增值税征收范围；全面改革资源税；逐步建立健全综合和分类相结合的个人所得税制度；构建地方税体系。

（五）深化金融体制改革

金融是现代市场经济的命脉。必须健全促进宏观经济稳定、支持实体经济发展的现代金融体系，不断增强金融市场功能；继续深入推进国家控股的大型金融机构改革，积极稳妥推进金融业综合经营试点；加快多层次金融体系建设，积极发展债券市场；稳步推进利率和汇率市场化改革，完善以市场供求为基础的有管理的浮动汇率制度，推进外汇储备管理体制改革，逐步实现人民币资本项目可兑换；建立存款保险制度；积极培育发展中小金融机构；完善地方政府金融管理体制；稳步推进金融开放，防范和化解金融风险。

★ 第三节　社会保障体系 ★

一、社会保障体系的内容和功能

（一）社会保障体系的内容

社会保障是依据一定的法律和规定，为保证社会成员的基本生活权利而提供的救助和补贴。社会保障制度是为保障社会成员享受免于贫困、疾病、失业等自由权利的一种制度，它是随着生产社会化发展的需要而产生、发展起来的。生产力的发展使生产的社会化程度越来越高，生产的社会性特征也越来越显著。与生产的社会化相适应，社会成员的保障问题也越来越成为社会所要考虑和解决的一大基本问题。

由社会来解决社会成员基本生活的保障问题，完全超越了企业、个人和家庭的局限，它可以依靠社会的力量，从社会制度的层次上来解决好这一问题。这就为更好地保障社会成员的基本生活需要创造了制度条件。因此，一个完善的社会保障制度，对于经济持续发展、社会成员生活安定、社会稳定发挥着不可缺少的作用。社会保障制度是否完善也是现代社会文明程度和社会全面进步的一个重要标志。社会保障主要包括四个方面的内容：社会保险、社会救济、社会福利和社会优抚。

1. 社会保险

社会保险是国家通过立法用强制手段对国民收入进行分配和再分配，建立专门基金，对劳动者暂时或永久失去劳动能力和劳动机会时在基本生活上给以物质帮助的形式和制度。社会保险包括养老保险、失业保险、疾病医疗保险、生育保险、工伤保险、死亡保险、遗嘱保险等。社会保险由国家举办，带有普遍性、强制性、互济性、储蓄性及补偿性等特征。社会保险是社会保障体系中最基本的内容。

2. 社会救济

社会救济是国家和社会对无劳动能力和生活来源的人给予短期或长期的物质帮助的制度。救济对象是遭到不可抗拒的天灾人祸、失业待业、鳏寡孤独、生老病痛、身心障碍丧失劳动自救能力，以及低于国家规定最低生活水准的社会成员。社会救济是国家和社会必须始终认真履行的最起码的社会保障职责。

3. 社会福利

社会福利是指工资、社会保险、社会救济以外，社会为其社会成员提供的各种福利性补贴，举办的各种福利事业的总称。社会福利包括职工福利、一般社会福利(如公共卫生、基础教育、环保等)和特殊社会福利(如残疾人福利、孤儿院、养老院等)。社会福利的目的是为了改善人民生活，提高公民的生活质量。一国的社会福利水平，基本上是由国民经济发展水平决定的。

4. 社会优抚

社会优抚是国家和社会依照法律和规定，对法定的优抚对象，如现役军人及其家属、退休和退伍军人及烈属等，为保证其一定生活水平而提供的优待和抚恤的特殊制度。

社会保障体系的建立和运行是以社会发展的根本利益为前提的，它体现了一种国民收入再分配的关系。社会保障的实质，就是国家履行管理义务的一种职责，是公民维持生活的一种权利。作为一种社会制度，社会保障主要有四个方面的特征：以社会安定为目标、以社会立法为手段、以社会公平为原则、以人道主义为本色。

(二) 社会保障体系的功能

社会保障体系对于维持社会安定、保障经济建设顺利进行具有十分重要的意义，是现代市场经济条件下不可缺少的动力机制和福利机制。越是发达的市场经济国家，越是要有一个健全的社会保障体系。从某种意义上说，社会保障的发达程度是衡量一个社会进步的晴雨表。

社会保障体系对社会发展的重要意义体现在它的功能上。具体来说，社会保障的功能主要有以下几个方面：

1. 社会稳定功能

社会保障对于社会稳定有极大的作用。它通过调节社会成员的收入差别，保证公民基本生活需求，从而缓解社会矛盾，避免社会动荡。世界各国都把社会保障看成是一种有效的“社会减震器”。

2. 市场运行的保障功能

如果没有社会保障，市场竞争中的消极后果会使社会问题增多，不利于市场机制有效发挥作用。特别是对企业来说，社会承担了对员工的社会福利、生活保障，使企业能够按市场要求进行生产经营，包括进行员工的调整，使企业成为真正的市场主体。

3. 劳动力再生产功能

社会保障通过多方面作用为劳动力再生产提供物质保障：① 通过对劳动者收入的保障和医疗保险，使劳动者的劳动能力获得恢复和再生产；② 通过对失业和生活困难者提供生活保障，保护这部分劳动力，为其再就业创造条件；③ 通过对劳动者家属后代的保障，为新一代劳动力培养提供物质保证，等等。

4. 经济调节功能

社会保障作为政府和社会支出的一部分，能起到一定的经济调节作用。当经济增长时，劳动者收入增加，失业减少，社会保障支出随之减少，有利于缓解需求压力，抑制经济过热；反之，当经济状况不景气时，社会保障支出增加，会刺激社会有效需求相应增加，推动经济增长。

可见，社会保障体现了社会发展的基本目标。通过社会保障的逐步发展，可以使社会成员不同程度地分享到社会发展的成果，实现社会的进步和经济繁荣。然而，社会保障在某些条件下还可能产生一些消极作用。如在西方一些高福利国家出现了政府财政负担过重；部分劳动者工作积极性下降等问题。因此，我们应吸收、借鉴其他国家社会保障制度的经验，既发挥其积极作用，又抑制其副作用。

(三) 社会保障体系的基本原则

一般地，市场经济条件下的社会保障体系应符合以下几项基本原则：

1. 权利与义务相统一

一般来说，社会保障的受益者要先尽义务，做贡献，然后才有资格享受各种社会保障。每个公民都有按照法律或有关章程规定缴纳社会保障费用的义务和接受社会保障的权利，权利义务要相统一，体现社会公平与互助共济的原则。

2. 兼顾国家、企业和个人的利益

社会保障覆盖所有的劳动者，牵涉到国家、企业(或单位)和个人三方的利益。要维护社会的安定团结，发挥社会“稳定器”的作用，社会保障体系必须协调好国家、企业和个人的利益，社会保障的费用由三方合理分担。

3. 与经济发展水平相适应

一国社会保障体系的资金来源充足与否，很大程度上取决于该国的经济发展水平。社会保障的保障对象、保障形式、项目设置、保障标准等都要与经济实力相适应。在经济发展的基础上，逐步提高社会福利水平。既不能忽视社会保障事业的发展，也不能不顾国力盲目追求高福利。

4. 管理社会化、规范化、法制化

社会保障是覆盖全社会的事业，管理必须社会化。要建立统一的、权威性的社会保障管理机构，以及相应的监督、检查机构。要加强有关社会保障的立法，确保社会保障制度的规范化、法制化。

二、社会保障体系的建设和发展

社会保障是保障人民生活、调节社会分配的一项基本制度，关系人民幸福安康和社会公平和谐。党的十六大以来的十几年，党中央、国务院作出一系列重大决策部署，加快推进社会保险制度建设，加大政府财政补助力度，逐步妥善解决历史遗留的突出问题，社会保障制度改革取得突破性进展，成为我国社会保障事业加速发展的重要时期。

一是制度建设取得突破性进展。社会保险法颁布实施，城镇居民基本医疗保险、新型农村社会养老保险和城镇居民社会养老保险等重要制度先后建立，实现了由单位和家庭保障向社会保障、由覆盖城镇职工向覆盖城乡居民、由单一保障向多层次保障的根本性转变。

二是覆盖范围迅速扩大。2011 年，全国城镇职工基本养老保险、城镇基本医疗保险、失业保险、工伤保险、生育保险的参保人数分别达到 2.84 亿人、4.73 亿人、1.43 亿人、1.77 亿人、1.39 亿人，比 2001 年分别增长 100.2%、549.8%、38.3%、327.2%、302.1%。新农保和城镇居民养老保险参保人数达到 3.32 亿人，新农合参合人数达到 8.32 亿人。

三是保障水平稳步提高。2005～2012 年连续 8 年调整企业退休人员养老金，2012 年全国企业退休人员月人均基本养老金达到 1721 元，是 2002 年的 2.8 倍。逐步提高基本医疗保险报销比例和最高支付限额，失业、工伤、生育保险待遇明显提高。

四是社会保险基金规模不断扩大。2011 年，城镇 5 项社会保险基金总收入、总支出和累计结余规模分别达到 2.4 万亿元、1.81 万亿元和 2.9 万亿元，分别比 2001 年增长 6.7 倍、5.5 倍和 16.8 倍。

五是城乡社会救助体系全面建立。城市居民最低生活保障实现了动态管理下的应保尽保，农村居民最低生活保障制度实现了从试点探索到全面建立的历史性跨越，农村五保供养制度完成了从农民互助共济到政府保障为主的重要转变，城乡医疗救助制度普遍实施，经常性社会救助对象达到 8000 多万人，城乡困难群众基本生活得到有效保障。

三、统筹推进城乡社会保障体系建设

今后一个时期，我国社会保障事业面临着经济发展方式转变、城镇化、老龄化带来的巨大挑战，社会保障制度不完善、管理体制不规范、城乡发展不平衡等问题比较突出，社会保障体系建设的任务十分艰巨。党的十八大报告明确提出，要统筹推进城乡社会保障体系建设，把社会保障全民覆盖作为全面建成小康社会的重要目标，明确了推进社会保障制度改革和事业发展的基本方针和重大举措。

(一) 坚持全覆盖、保基本、多层次、可持续方针

社会保障体系建设的这一重要方针，是基于对我国现阶段经济社会发展基本国情和实现全面建成小康社会目标的科学判断，必须完整准确地理解和把握。

全覆盖就是要根据社会保障制度的类型实现最广泛的覆盖，其中基本养老和基本医疗保障制度要覆盖城乡全体居民，工伤、失业、生育保险制度要覆盖城镇所有职业群体，实现人人享有基本社会保障的目标。

保基本就是要坚持尽力而为、量力而行的原则，根据我国经济社会发展状况合理确定社会保障待遇水平，保障基本的生活需求。

多层次就是要以社会救助为保底层、社会保险为主体层，积极构建以企业(职业)年金等补充社会保险和商业保险为补充层的多层次社会保障体系。

可持续就是要立足制度的长远发展，统筹协调，探索建立长效机制，实现社会保障制度长期稳定运行。

(二) 统筹推进城乡社会保障制度改革

要以增强公平性、适应流动性、保证可持续性为重点，全面建成覆盖城乡居民的社会

保障体系。

增强公平性就是要实现各类群体的全覆盖，着力缩小城乡差距和地区差距，坚持公平与效率、权利与义务、统一性与灵活性相结合，增强制度的激励约束功能，明确政府、用人单位、个人和社会的责任。

适应流动性就是要适应市场经济条件下人们在城乡、地域、行业间的流动性日益增强的新要求，通过提高社会保险统筹层次、整合城乡社会保障体制、实现社会保险关系的顺利转移衔接，实现社会保障的城乡统筹和区域统筹，促进人力资源的合理流动。

保证可持续性就是要在着力解决现实突出问题和历史遗留问题的同时，着眼长远，统筹协调，实现社会保障制度长期、稳定运行。

今后一个时期我国社会保障制度改革的重点任务：

一是改革和完善企业和机关事业单位社会保险制度，在推进事业单位分类改革的基础上，同步推进机关事业单位社会保险制度改革，实现企业与机关事业单位各项社会保险制度的有效衔接，实现新老制度的平稳过渡；

二是整合城乡居民基本养老保险和基本医疗保险制度，建立城乡居民基本养老保险制度和城乡居民基本医疗保险制度，实现城乡居民在基本养老保险和基本医疗保险制度上的平等和管理资源上的共享；

三是逐步做实养老保险个人账户，实现基础养老金全国统筹，更好地体现我国养老保险社会统筹和部分积累相结合的制度要求；

四是建立兼顾各类人员的社会保障待遇确定机制和正常调整机制，合理确定社会保障水平，实现社会保障待遇与经济社会发展相联系的持续、有序、合理增长；

五是完善社会救助体系，健全社会福利制度，支持发展慈善事业，做好优抚安置工作；

六是建立市场配置和政府保障相结合的住房制度，加强保障性住房建设和管理，满足困难家庭基本需求。

（三）确保社会保障基金安全和保值增值

要扩大社会保障基金筹资渠道，建立社会保险基金投资运营制度，确保基金安全和保值增值。

扩大社会保障基金筹资渠道，就是要着眼于社会保障基金的长期平衡，抓住经济平稳较快发展的有利时机，开辟新的社会保障资金筹集渠道，进一步充实已经建立的全国社会保障战略储备基金。

建立社会保险基金投资运营制度，就是要在确保当期养老金发放和保证基金安全的前提下，积极稳妥推进基金投资运营，适当拓宽基本养老保险基金投资渠道，探索新的投资运营方式，切实加强基金监管，努力实现保值增值。

（四）健全社会保障经办管理体制

要健全社会保障经办管理体制，建立更加便民快捷的服务体系。随着我国社会保障事业的快速发展，社会保障经办管理体制不顺和服务能力不足的矛盾日益突出。

健全社会保障经办管理体制，就是要进一步理顺社会保障行政管理体制，着力整合管理资源，加强基层社会保障服务平台建设，切实提高管理服务效率。

建立更加便民快捷的服务体系，就是要加强社会保障规范化、信息化、专业化建设，建立标准统一、全国联网的社会保障管理信息系统，逐步建立覆盖全民的社会保险登记制度。特别是要加大社会保障卡发行力度，全面推行社会保障“一卡通”，努力实现为参保人员“记录一生，保障一生，服务一生”的目标。

后　记

为了适应我国经济改革和发展的新变化，适应高等学校经济学教学的需要，西安电子科技大学经济与管理学院的杜跃平教授、王林雪教授于2002年编写了教材《社会主义市场经济学教程》，该教材一直作为内部印刷教材在相关专业的教学中使用。近年来，我国改革开放和经济建设发生了许多新的变化，理论探索取得了许多新成果，特别是党的十八大以后，提出了许多创新性的理论，原有教材的许多内容需要根据经济理论和经济发展变化进行修改补充，因此，我们在原来教材的基础上进行了比较大的修改补充，特别是充分吸收了有关党的十八大报告的权威研究解读成果，以体现与时俱进的要求。

本书在体系结构和内容阐述等方面进行了一些探索和创新。全书注重对现代市场经济一般运行和发展规律的研究与阐述，分析了我国经济改革和经济发展中的一些新问题。在撰稿中注重吸收了经济改革和经济发展研究中的最新成果，具体内容的安排与撰写，力求做到系统性、简明性、创新性和现实性，使读者能够掌握社会主义市场经济学的基本原理，帮助人们去认识和分析现实经济问题，做到学以致用。

本书的主要作者是西安电子科技大学经济与管理学院的杜跃平教授、王林雪教授。西安财经学院的李文辉副教授、刘旭东老师、张敏老师、陕西省银行学校的熊湘辉老师等参与了部分章节内容的修改补充工作；西安电子科技大学经济与管理学院的硕士研究生王舒平、薛欢、马一丹、王嘉彤等同学参加了书稿的校对工作。在此，向各位表示衷心的感谢。

本书在编写过程中，参考并吸收了公开出版的大量专著、教材和文献资料，特别是有关党的十八大报告的权威解读的研究成果，在此谨向这些成果的作者致谢。由于作者水平有限，加之时间仓促，本书中定会存在诸多不妥之处，敬请有关专家和读者批评指正，以便再版时进一步修改完善。

编　者

2013年5月于西安